백만장자
명상법

일러두기

1. 책 제목은 《 》로, 앨범명은 『 』로, 곡명 등은 「 」로 묶었습니다.
2. 국내에 소개된 작품명은 한국어판 제목을 따랐습니다. 국내에 소개되지 않은 작품명은
   제목을 독음대로 적거나 우리말로 옮긴 후 원어를 병기했습니다.
3. 원서에서 굵은 서체와 대문자로 강조한 부분은 고딕체로, 이탤릭체로 강조한 부분은
   굵은 서체로 바꾸었습니다.

THE MAGICAL
PATH

원하는 삶을 끌어당기는
잠재의식의 힘

백만장자
명상법

마크 앨런 지음 | 한미선 옮김

RHK
알에이치코리아

제 강좌를 들어주신 모든 분들께 이 책을 바칩니다.
당신의 사랑과 관심,
그리고 끝없는 기적 같은 이야기에
감사드립니다.

영혼이 매 순간 우리의
생각과 말과 행동을 이끌어 주길 바랍니다.

그러면 기적이 기적을 부르고
경이로운 일이 결코 끊이지 않을 것입니다.
이는 우리의 모든 바람이
최고의 선을 위한 것이기 때문입니다.

어떤 위대한 목적이나 멋진 계획에 깊은 영감을 받으면
모든 생각이 제약을 벗어나고, 마음은 한계를 초월하고,
의식은 사방으로 확장된다.
그러면 당신은 새롭고 위대하고 멋진 세상에 있는
자신을 발견하게 될 것이다.

내면에 잠재되어 있던 활력, 능력, 재능이 되살아나고
당신은 이제껏 꿈꾸던 것보다 자신이
훨씬 더 훌륭한 사람임을 깨닫게 된다.

— 파탄잘리Patanjali

이 책에 쏟아진 찬사

이 책을 읽는 것은 지구상에서 가장 멋진 스승 한 분을 모시는 것과 같다. 그 스승은 당신 옆에 조용히 앉아서 당신이 꿈꾸던 삶과 세상을 어떻게 힘들이지 않고 손쉽게 창조할 수 있는지를 가르쳐준다.

– 아리엘 포드Arielle Ford, 《와비 사비 러브Wabi Sabi Love》의 저자

《백만장자 명상법》을 읽을 때 나의 내면에서 빛이 나는 것 같은 기분이 들었다. 이 책은 당신 내면의 등불을 밝히고 스러지지 않게 만들어 줄 것이다. 이 책은 풍요와 실용적인 마법으로 가득 차 있다.

– 샤크SARK, 《무엇이 됐든 기뻐하라Glad No Matter What》

마크 앨런의 삶은 모든 면에서 성공한 삶이다. 그는 이 책을 통해서 자신을 현대의 마법사로 만들어 준 비법을 전수한다.

– 아이샤 주드Isha Judd, 《날 수 있는데 왜 걸으려고 하는가?Why Walk When You Can Fly?》

마크 앨런은 나의 성공 롤모델이다. 그의 지혜는 군더더기 없을 정도로 단순하지만 매우 심오하다. 《백만장자 명상법》은 고차원의 영적 진리와 이를 뒷받침하는 수많은 실제 사례, 그리고 응용법으로 가득 채워져 있다. 나는 상황에 딱 맞는 확신의 말들로 풍요로워지고 힘을 부여받은 것 같은 기분이 들었다. 이 책을 읽고 나면, 이 책이 당신의 내면과 외면에 모두 이롭다는 것을 깨닫게 될 것이다.

– 앨런 코헨Alan Cohen, 《이미 충분한 당신Enough Already》의 저자

나는 내 두 손에 진정한 마법을 쥐고 있음을 언제나 알 수 있다. 그 순간 갑자기 안도감, 평화, 충만함을 느끼기 때문이다. 모두에게 이로운 의미 있는 삶을 선택할 때, 삶에서 기적을 일으키는 데 필요한 에너지와 정신을 불러올 수 있다. 이 책의 모든 페이지가 타고난 지혜로 진실을 꿰뚫어 보고 있으며, 성공적인 삶을 산 이들의 유산을 통해서 검증된 심오한 통찰로 가득 차 있다.

– 윌리엄 화이트클루드William Whitecloud, 《마법사의 길the Magician's Way》의 저자

마크 앨런은 스승이자 안내자 역할을 하며 우리가 바라는 삶을 선택하고 창조할 수 있도록 시대의 지혜를 나누다. 이 책은 삶을 본연의 방식대로, 즉 우리의 창조적인 정신과 함께 쉽고 즐겁게 살아가는 데 필요한 도구를 제공하는 탁월한 책이다. 그때 당신은 물질적인 것과 무관한 진정한 자아와 개인적 행복을 찾게 될 것이다. 친절과 사랑을 통해서 반역자가 되기로 한다면, 당신은 인류의 진정한 가족이 될 수 있고, 행복이 무엇인지 이해하게 될 것이다.

- 버니 S. 시겔Bernie S. Siegel, 《365 매일 읽는 마음 처방전》의 저자

마크 앨런은 우리가 삶에 맞서 싸우지 않고도 삶을 바꿀 수 있는 힘을 발견하는 것이 마법임을 잘 알고 있다. 저자는 내면의 창조적 생명 에너지, 즉 강력한 마법과 연결되는 방법을 알려준다. 사람들을 결속시키는 이 에너지는 우리를 성장시키고 치유할 뿐만 아니라 모든 이를 이롭게 한다. 나는 그의 현명한 가르침에서 독자들에 대한 사랑이 흘러나오는 것을 느낄 수 있었다. 그가 자신이 살면서 터득해 온 이 책의 주제를 사랑하는 만큼이나 이 주제를 공유하는 독자들을 사랑한다고 느꼈다.

- 리차드 모스Richard Moss, 《존재의 만다라The Mandala of Being》의 저자

마크 앨런은 마법의 길이 이상적인 삶을 창조하는 데 도움이 된다는 것을 몸소 보여준 살아 있는 증거다. 이 방법들을 사용해서 모범적인 가정생활, 멋진 집, 성공적인 사업을 모두 거머쥔 백만장자가 됐다는 사실만으로 그는 마법의 길 분야의 믿을 수 있는 전문가다. 쉽고 편안하게, 건강하고 긍정적인 방식으로 빈곤한 삶에서 벗어나 풍요로운 삶을 살게 된 그의 삶의 여정은, 성공하려면 각고의 노력과 희생이 필요하다고 생각했던 나의 믿음을 바꿔놓는 계기가 됐다. 이 책은 꿈꾸는 삶을 쉽게 창조하는 법을 알고 싶은 이들에게 꼭 필요한 훌륭한 책이다.

- 파말라 오슬리Pamala Oslie, 《라이프 컬러Life Colors》의 저자

독자에게 드리는 글

저는 완벽하게 객관적인 목소리로, 즉 절대 나 자신을 언급하지 않고 단지 현대 마법의 원리와 관행들만을 소개할 것인지, 아니면 나와 다른 이들의 삶의 이야기를 포함하여 좀 더 개인적인 방식으로 이 책을 집필할 것인지를 놓고 오랜 시간 고민했습니다.

지난 수년간 제가 들려준 개인적인 이야기들이 마법을 실천하는 데 도움이 되었다고 말하는 이들이 많았습니다. 그래서 그 이야기들을 이 책에 포함했지만, 그것이 이 책의 핵심은 아닙니다. 저나 다른 사람들의 이야기는 그리 중요하지 않습니다. 삶에서 중대한 변화를 만드는 것은 이 글들을 어떻게 활용하느냐에 달려 있습니다.

이 책에 소개된 이야기 중 마음에 들지 않는 것이 있다면 읽지 않고 건너뛰어도 됩니다. 이 책에는 방대한 자료가 소개되어 있고, 모두가 그 자료들을 좋아하리라 생각하지는 않습니다. 저는 각기 다른 시간에 각기 다른 목소리로 글을 썼고, 이 중 당신이 더 선호하는 목소리가 있을지도 모릅니다. 낮에 쓴 글은 한밤중에 떠오른 글과 완전히 다릅니다. 이 책을 처음부터 끝까지 다 읽어야 한다고 생각할 필요도 없습니다. 천천히 훑어보면서 몇 가지 수행을 따라 해보고, 당신에게 효과적인 것을 찾길 바랍니다.

당신에게 필요한 것만을 취하고,
나머지는 버리십시오.

차례

마법의 길

마법의 길은 단시간에 목표에 도달할 수 있는 지름길이다. 이 때문에 예술가, 젊은이, 박봉과 과로에 시달리는 사람, 절망에 빠진 사람, 끔찍할 정도로 게으른 사람 등 많은 이들에게 마법의 길은 매력적이고 유용하다.

마법의 길은 성공으로 가는 직선로라고 정의할 수도 있다. 당신은 우주의 창조력과 협력하여 상상 속에서만 그려보던 삶과 세계를 순식간에 완벽한 3차원 현실의 삶과 세계로 구현할 수 있다.

이 책은 진짜 마법에 관한 강좌다.

실제로 마법은 분명히 존재한다. 전 세계 다양한 사람들이 이를 각기 다른 이름으로 부를 뿐이다. 당신이 어떤 단어를 사용해서 기술하든, 그것이 무에서 유를 창조하는 신비로운 과정인 것만은 분명하다. 지금 이 순간 우리가 함께 이 이야기들을 숙고하는, 이 광대한 우주를 창조한 것도 바로 이 과정이다. 당신이 무엇이라고 부르든 그것은 언제나 신비한 삶의 과정이다.

나는 언제나 '**마법**'이라는 단어를 좋아했다. 그래서 아직도 어린 시절의 신비와 경이로움에 대한 기억을 간직하고 있으며, 늘 마법이라는 단어에 매료됐다. 그 마법을 다양한 어휘로 부를 수 있다. 만일 당신이 볼 때, 이를 지칭하는 단어로 **물리학** 혹은 **화학**이 좀 더 정확하고 합리적이며 현실적이라고 생각한다면 그렇게 불러도 무방하다. 혹은 **지적 설계**라고 불러도 좋다. 무엇이라고 부르든, 그것의 모습이 어떨 것이라고 상상하든, 이 우주를 설계하고 창조한 힘 안에는 분명 거대한 지능이 연루되었다. 그것을 하느님 혹은 과학이라고 부를 수도 있다. 또한 그것을 창조적 시각화라고 해도 좋고, 전략적 기획이라고 칭해도 된다. 성공한 사람들은 의식적이든 무의식적이든 늘 마법을 활용한다.

마법을 꽤 효과적으로 활용하는 많은 이들이 마법을 믿지 않고 심지어 **마법**이라는 단어 혹은 개념 자체도 달가워하지 않는다. '마법'이라고 하면 많은 사람들이 수많은 부정적 의미를 떠올리기 때문이다. 그러나 그들 중 많은 이가 자기 삶에서 '발현의 법칙'과 '마법 같은 창조'를 활용하는 법을 찾는 데 성공했다. 그들은 그 과정을 단지 각기 다른 명칭으로 부르는 것뿐이다. 그러므로 당신에게 맞는 단어를 선택하면 된다.

마법의 길을 지칭하는 단어 자체는 그다지 중요하지 않다. 그것을 칭하는 어휘들은 그 말을 능가하는 엄청난 힘을 끌어모으기 위한 도구일 뿐이다. 그러므로 이 신비한 과정을 무엇이라고 부르든 상관없다. 이 책에서는 이를 '**마법**'이라고 부르겠다.

언제나 창조라는 신비의 과정은 존재한다.
우리는 그것을 다양한 이름으로 부른다.
이 과정이 어떻게 역사하는지 결코 이해할 수는 없겠지만,
의식적으로 그것을 작동시킬 수는 있다.

창조의 과정은 우리의 내면에서부터 시작된다. 창조는 생각 혹은 꿈에서 시작하며 이는 바람에 날리는 작은 씨앗처럼 가볍고 약하며, 찰나이고 일시적이다. 이러한 생각이나 꿈에 집중하면 우리의 삶과 우리가 사는 이 세계에서 그것을 창조하는 방법을 발견할 수 있다. 우리는 분명 무無에서 의미 있는 무언가를 창조할 수 있다.

이 책의 강좌는 여러 개의 세션으로 이루어져 있다. 각각은 내적 탐구의 과정으로, 각 세션은 마법에 관한 전 과정의 핵심이 포함되어 있어서 그 자체로 완결성을 갖는다. 그러므로 이 책의 모든 장을 전부 익히거나 읽지 않아도 삶에서 광범위한 변화가 일어나는 것을 볼 수 있다. 한 장章을 선택한 뒤 그 안에 소개된 내용을 재미 삼아서 해본다면, 당신의 삶과 주변에 꽤 놀라운 일들이 생기기 시작할 것이다.

이 책의 내용을 전부 읽는 것은 그리 중요하지도, 필수적이지도 않다. 중요한 것은 당신이 내면의 여정을 통해 겪게 되는 경험이다.

오늘날 세계에서 마법의 길

내가 어떻게 마법을 알게 됐는지 짧게 소개하는 것이 도움이 될지 모르겠다. 내 이야기는 마법의 고대 법칙과 관행들이 어떻게 오늘날 우리 삶과 세상에 쉽게 적용될 수 있는지를 보여주는 한 가지 사례다.

이십 대 초반, 대학에 입학하고 3년 반이 흘렀을 즈음, 내 인생은 최악의 상태였다. 그동안 많은 책을 읽고 논문을 썼지만, 육체적·정서적 건강에 자양분이 될 만한 일은 거의 아무것도 하지 않았다. 나는 모든 과제를 수행하고 시험을 치르기 위해서 각성제에 지나치게 의존했다. 그 각성제가 나의 육체적·정신적·정서적 건강에 해가 되는지는 꿈에도 모른 채 말이다.

나는 우울증을 겪고 있었다. 그때를 돌이켜보면 한 가지 분명한 사실을 깨닫게 된다. 올라갔으면 반드시 내려온다는 진실이었다. 며칠간 다양한 각성제를 복용해서 끌어올렸던 나의 기분은 다시 가라앉을 수밖에 없었다. 더 심각한 것은 너무 자주 지속적인 불안감을 느꼈다는 것이다. 나는 나 자신과 이 세상이 뭔가 잘못되었다고 느꼈다. 뭐가 잘못됐는지를 정확하게 말할 수 없었지만, 내 삶과 이 세상이 엉망진창이 된 것 같았다.

나는 대부분의 시간을 불안에 시달리며 보냈다. 끊임없이 나를 괴롭힌 두려움 중 하나는 불안과 우울감이 너무 큰 나머지 내가 도저히 그것을 감당할 수 없을지 모른다는 생각이었다. 내면에서 들끓어 오르는 그러한 감정을 어떻게 다스려야 할지 도무지 알 수 없었다. 나는 무방비 상태에서 감정의 롤러코스터를 타고 있었다.

하지만 대학을 졸업하자마자 몇 가지 놀라운 변화가 찾아왔다. 극단에 들어갔고 우연히 요가 수업을 듣기 시작했다. 감독들은 요가가 신체 단련에 탁월한 효과가 있다고 생각하는 것 같았다. 우리가 그룹으로 수행한 신체 단련 요가와 명상은 강력한 치유 효과가 있었다. 나는 짧은 시간 안에 눈에 띄게 건강해졌다.

요가와 명상은 어떤 면에서 나를 열어 주었고, 탐험할 새로운 세계가 있음을 보여주었다. 한번은 '문 닫기closing the gate'라는 간단한 수행을 한 적이 있다. 우리는 편안하게 앉아서 심호흡을 한 다음 손가락으로 눈, 코, 입, 그리고 귀를 막았다(이 수행에 대해서는 뒤에서 좀 더 자세하게 설명할 예정이다). 살면서 처음으로 외적 공간만큼 거대하고 넓은 내적 공간이 나의 내면에 존재한다는 것을 깨달았다.

지금 생각해 보면 이상하게 들리지만, 이는 누구에나 명백한 사실이었다. 하지만 나는 우리가 원할 때 들어가서 탐험할 수 있는 거대한 내면의 세계가 있다는 사실을 이전에는 전혀 알지 못했다. 완전히 새로운 세상, 즉 상상의 세계가 내 앞에 열렸다. 나는 곧 마법 같은 창조가 일어나는 세계를 발견했다.

　요가와 명상을 시작한 지 얼마 되지 않았을 무렵(그때나 지금이나 게으르고 제멋대로인 나는 정기적으로 요가나 명상을 수행하지 않았고, 지금도 마찬가지다), 나는 위스콘신주 메디슨의 작은 서점에 들어갔다. 이름은 기억나지 않지만, 그곳은 마법과 관련된 서점으로, 동서양의 마법에 관한 책들로 가득했다. 관련 책을 읽어보거나 본 적도 없던 나는 그 서점에서 새로운 세상에 입문했다.

　검은 머리카락에 수염을 기른 한 남자가 구석진 모퉁이에 있는 책상 뒤에 앉아 있었다. 덥수룩한 수염이 그 남자의 얼굴을 대부분 가리고 있었다. 그 남성은 아마 이십 대였을 수도 있고 오십 대였을 수도 있다. 내가 서점을 둘러보는 동안 그는 조용히 책을 읽고 있었다. 문득 경외감, 흥분, 자각, 두려움, 충격이 뒤섞인 묘한 기분이 들었다. 나는 그 감정들이 정확히 무엇인지 알지 못했고, 마법이라는 방대하고, 상세하고, 불가사의한 주제를 공부하기 위해서 무엇부터 시작해야 할지 도통 알 수 없었다.

　나는 책상 뒤에 앉아 있던 그 남자에게로 다가가서 마법에 대해서 알아보려면 무엇부터 시작해야 하는지를 물었다. 그는 웃으면서 나무로 만든 낡은 안락의자에 앉으라고 권했다. 그러고 나서 의자에 등을 기댄 편안한 상태에서 서양 마법에 관해 이야기하기 시작했다. 그의 마법 입문 강의는 한 시간가량 지속됐다.

　이후 나는 옆구리에 책 몇 권을 끼고 서점 문을 나섰다. 그중에서 가장 먼저 읽은 책은 이스라엘 레가디Israel Regardie의 《진정한 치유의 기술the Art of True Healing》로, 가장 짧은 책이었다. 별다른 생각 없이 다른 책들은 다 제쳐두고 그 책을 읽는 데 열중했다. 내가 사온 나머지 책들은 눈길 한번 제대로 받지 못한 채 몇 달, 몇 년을 그 자리에 있었다. 세월이 흐르면서 나는 그 책들 대부분을 잃어버렸다. 그리고 앞으로 수년에 걸쳐 내게 도움이 될 만한 모든 것을 이스라엘 레가디의 책에서 발견했다.

그 책은 첫 문장부터 눈길을 끌었다. 확신과 권위의 목소리로 쓰여진 단순한 글이었다. 나는 그런 이야기를 어디에서도 읽어본 적이 없었다.

생명의 에너지
모든 사람의 내면에는
삶의 과정을 통제하고 방향을 지시해 주는 힘이 있다.
올바르게 사용하면 그 힘은 우리가 겪게 될
모든 고통과 질병을 치유할 수 있다.

나는 곧 올바르게 사용하면 이 생명의 에너지가 성취감을 주는 성공적이고 멋진 삶을 창조하는 데 도움 된다는 것을 알게 됐다. 이 작업의 기초는 미들필라 명상the Middle Pillar Meditation이라고 불리는 상상 훈련에 있다. 나중에 좀 더 자세히 다루겠지만, 이 명상법은 간단히 말해서 몸을 이완한 상태에서 머리끝부터 발끝까지 몸 중앙을 가로지르는 빛의 기둥을 시각화하거나 상상하는 것이다. 그 빛,

그 에너지를 몸 안팎 어느 곳으로나 보내서 자신과 타인을 치유할 수 있다. 그리고 그 빛의 장 안에는 꿈꾸고, 창조하고, 탐험하고, 당신의 삶으로 소환할 수 있는 상상의 내적 세계가 들어 있다.

미들필라 명상은 마법과 같은 창조의 길로 가는 간단한 비결이다. 나는 이 명상을 꽤 정기적으로 수행하기 시작했다. 아마 일주일에 평균 두어 번은 한 것 같다. 창조의 길까지 가는 데는 수년이 걸렸는데, 당시 나는 젊었고 좋아하는 일을 하면서 돈을 버는 법을 비롯해 모르는 것이 너무 많았기 때문이다. 하지만 미들필라 명상을 하면서 내가 살고 싶은 삶을 뚜렷하게 상상하자, 그 삶을 창조하기 위해 그다음에 해야 할 일이 명확하게 보이기 시작했다.

1장에서 하게 될 간단한 수행 중 하나를 통해서 나는 내가 살고 싶은 이상적인 삶을 상상하기 시작했다. 내가 원하는 삶에 대한 명확한 청사진을 갖게 되자, 그것을 실현하기 위해 해야 하는 다음 단계들이 분명해졌다. 나는 한 번에 한 걸음씩 내디뎠고, 결국 나의 꿈은 3차원의 컬러풀한 현실이 되었다. 이 모든 것이 놀라운 방식으로, 그 자체로 완벽한 시간에 저절로 이루어졌다.

나는 수년에 걸쳐 나의 마법사 도구에 몇 가지를 더 추가했다. 그것들은 모두 아주 간단해서, 열 살짜리 꼬마는 물론 꿈꾸고, 상상하고, 읽고 쓸 줄 아는 사람이면 누구에게나 가르칠 수 있다. 나를 믿지 않아도 괜찮다. 이 중 몇 가지를 시도해 보고 어떤 일이 일어나는지 확인하길 바란다.

우리는 모두 마법 같은 창조를 할 수 있는 도구들을 충분히 가지고 태어난다. 우리가 갖고 있지 않은 것 중 필요한 것은 아무것도 없다.

마법과 같은 창조에 필요한 도구는
우리의 꿈과 상상력이 전부다.

당신이 **이상적으로** 바라는 삶을 과감하게 꿈꿔라. 그리고 나서 당신의 강력한 잠재의식에 그 삶을 현실에서 실현할 방법을 보여 달라고 요청하라.

구하여라. 받을 것이다.

우리 대다수는 자신에게 제대로 된 질문을 충분히 자주 하지 않는다. 예를 들면, '어떻게 하면 내가 꿈꾸는 삶을 창조할 수 있을까?', '꿈꾸는 삶을 살려면 뭘 해야 하지?', '어떤 계획을 세워야 할까?' 등이다. 이러한 질문들을 해야 비로소 답을 얻을 수 있다. 그 답들은 당신에게 딱 맞는 최고의 답안이다. 왜냐하면 당신 내면으로부터 온 답이기 때문이다.

구하여라, 받을 것이다. 찾아라, 얻을 것이다. 예수가 한 이 말은 과장이 아니었다. 그리고 그는 "구하여라. **받을 만한 자격이 있으면** 받을 것이다."라고 말하지 않았다. 혹은 열심히 노력하거나, 제대로 된 교육을 받거나, 운이 좋거나, 좋은 별자리를 타고났다면 받을 수 있다고 말한 것도 아니다. 그는 원하는 삶을 실현하는 핵심 비결을 **"구하여라, 받을 것이다."**라고 간단명료하게 말했다.

당신은 무엇을 구할 것인가?

반복의 말

이 강좌 안에는 반복이 무수히 많다. 이는 의도적 장치로서 반복이 꼭 필요하기 때문이다. 우리가 실수 없이 완벽하게 알파벳을 외우기까지 얼마나 많이 말하고 노래 불렀는지 생각해 보라. 아마 수백 번은 말하고 노래 불렀을 것이다.

우리 대다수는 각인될 때까지, 즉 기억하려고 노력하지 않아도 가장 필요한 순간에 저절로 머릿속에 떠오를 때까지, 그리고 그것이 우리의 일상에 영향을 미칠 때까지 같은 자료를 반복해서 읽거나 들어야 한다.

뭔가를 반복할 때마다 그것을 다시 받아들이고 검토한다. 그것이 어떤 새로운 의미로 다가오는지 지켜봐야 한다. 그 말들을 반복해서 읽거나 들을 때 당신이 거치게 되는 물리적 경험에 주목해야 한다. 이 말 중 어떤 것들은 당신의 몸과 마음에 좀 더 깊숙하게 흡수되어, 깊이 생각하고 받아들이게 되면서 당신의 잠재의식이 이 새로운 지시를 받아들이게 되고 마법을 부리기 시작한다.

이 말들을 큰 글씨로 인쇄해서 보관하라. 이 말들을 복사해서 벽에 붙여두고 볼 것을 권장한다. 원하는 대로 문구를 바꿔 자신의 말로 표현해 보라.

이 강좌에서 가장 강력한 도구 중 하나는, 당신에게 특별한 의미가 있는 구절이나 기도를 선택해서 외워질 때까지 자주 반복하는 것이다. 그 말이 절호의 순간에 갑자기 떠오르면, 그때 당신의 잠재의식이 그 말을 받아들이고 새로운 시냅스 경로를 만들며, 삶을 변화시키는 기적들이 일어나기 시작한다.

당신은 꿈꾸던 삶을 창조하는 과정 중에 있다.

기적이 기적을 부르고
경이로운 일이 결코 끝나지 않을 것이다.
이는 우리의 모든 바람이 선을 위한 것이기 때문이다.

내가 아는 것의 본질

나는 이 책의 모든 지면에서 내가 아는 것의 본질에 도달하려고 노력했다. 어쩌면 이러한 글을 읽거나 들을 때, 당신에게 필요한 것은 단 **하나의 구절**일지도 모른다. 그리고 그 지식 혹은 지혜는 당신을 새로운 세상으로 인도하기에 충분할 것이다. 그 새로운 세상에서 당신은 자신의 꿈과 이상을 실현할 수 있다.

당신은 혜능Hui Neng이 한 경험을 하게 될지 모른다. 일천 년 전 그는 교육받지 못한 나무꾼이었지만, 중국의 위대한 스승 중 한 사람이 되었다. 어느 날 그는 손수레를 끌고 열린 창문 옆을 지나다가 그 방에서 흘러나오는 불경 한 구절을 들었다. 그는 그 구절을 이해하고 곧바로 깨달음을 얻었다.

깨달음은 그런 것이다. 한 구절이면 충분하다. 이는 당신에게도 마찬가지다. 이 책에 담긴 모든 이야기 중 당신에게 필요한 것은 단한 구절이다. 어쩌면 그 한 구절은 이것일지도 모른다.

진실은 당신 안에 있다.

이 강좌는 쉽고 편안하게, 건강하고 긍정적인 방식으로,

그 자체로 완벽한 시간에, 모두의 최고선을 위해서

자신의 삶은 물론 온 세상을 변화시키고

모든 이에게 이로운 세상을 창조할

일단의 이상가, 예술가, 기업가, 사업가, 교사, 지도자들의

성장을 돕는 것이 목적이다.

1장

꿈꾸고 상상하고
창조하라

: 우리의 내면세계가 가진 힘

외부에서 일어나는 일에 관심을 갖는 만큼,
자신의 내면에서 일어나는 일에도 관심을 가져라.
내면을 올바로 인식하면,
외부도 제자리를 찾을 것이다.
내면의 현실이 먼저이고, 외부의 현실은 그다음이다.
— 에크하르트 톨레Eckhart Tolle 《지금 이 순간을 살아라》

꿈은 꼭 필요하다

이 모든 것은 꿈에서부터 시작된다. 모든 것은 당신의 마음을 스쳐 지나가는 작고, 덧없고, 빈약한 소망에서 시작된다. 당연하다. 그밖에 어디에서 시작할 수 있겠는가? 지금까지 누군가가 창조한 것들은 모두 꿈에서 비롯됐다.

그것은 용기 있는 행동으로 시작된다. 대부분의 사람들은 불만족스러운 삶을 살아간다. 왜냐하면 그들은 광대하고 성취감으로 충만한 창조적인 삶을 감히 꿈도 꾸지 못하기 때문이다. 대체 우리는 왜 용감하게 꿈꾸지 못하는 것일까? 또 그러한 꿈을 실현하기 위해 뭐든 할 수 있는데도 시도조차 하지 못하는 이유는 무엇일까?

답은 간단하다. 우리 대부분은 두려움으로 가득 차 있고, 두려움과 불안이 언제든 깨질 수 있는 나약한 꿈을 가로막기 때문이다. 대다수가 실패를 너무나 두려워한 나머지 진정으로 원하는 일, 즉 우리를 행복하고 들뜨게 만들고, 생명력으로 가득 차게 만드는 일을 시도하지 못한다.

각 분야에서 성공한 이들은 모두 당신에게 "실패를 두려워하지 마", "두려움이 꿈을 억누르게 두지 마", "그냥 한번 해봐. 절대 후회하지 않을 거야"라고 말할 것이다. 물론 그 과정에서 실패를 경험할지 모른다. 사실 그럴 가능성이 높다. 하지만 실패한다고 해도 삶은 계속된다. 일단 몇 차례 실패를 경험하고 나면, 실패를 두려워할 이유가 전혀 없다는 것을 자연스럽게 깨닫게 된다. 그러니 실패한다고 해서 그게 무슨 대수이겠는가? 지금 무엇을 하고 있는가? 바로 그것이 중요한 것이다. 지금 이 순간이 우리가 가진 전부이며, 이 순간 우리가 원한다면, 용감하게 꿈꾼다면 아주 효과적인 마법을 부릴 수 있다.

상상이라는 내적 세계

일상에서 마법이 힘을 발휘하게 하려면 그 힘을 충분히 이해해야 한다. 이는 그렇게 복잡하거나 어려울 필요가 전혀 없다. 신비한 집단에 가입하여 33단계에 이를 정도로 힘겹게 혼신의 힘을 다해야

만 마법의 힘을 제대로 발휘할 수 있는 것도 아니다.

다음과 같이 생각하면 모든 것이 매우 간단하다.

지금까지 창조된 모든 것은
누군가의 혹은 어떤 것의 마음속에서 처음 창조되었다.
모든 창조는 생각에서 비롯된다.

이는 반박의 여지가 없이 옳은 말이다. 창조 행위는 하나의 생각, 막연한 아이디어, 꿈에서 출발한다. 출발점으로 그것 외에 또 뭐가 있을 수 있겠는가? 그것은 하나같이 우리의 상상에서 비롯된다.

우리 내면에는 활력이 넘치는 세계가 존재한다. 그 속에는 반짝이는 빛의 세계, 우리의 존재를 의미하는 빛, 우리라는 빛의 세계가 있다. (이런 멋진 표현을 선사해 준 에크하르트 톨레에게 무한한 감사를 보낸다.) 우리는 이 세계를 탐험하면서 마법과 같은 창조의 세계를 알게 된다. 그것은 모든 창조가 시작되는 곳, 즉 영혼과 마음이라는 내적 세계다.

영혼과 마음에 관한 글이나 말은 무수히 많다. 그러나 그러한 모든 글과 여기서 하는 말들은 그렇게 중요하지 않다. 당신의 삶에 영향을 미치는 것은 당신이 이 말들로 무엇을 하느냐다. 그러므로 이 강좌의 도입부인 이즘에서 잠시 시간을 내어 상상력을 깨우고, 내면세계를 탐구하고, 무슨 일이 일어나는지 살펴보자. 아주 간단한 훈련으로 이 여정을 시작할 수 있다. 나의 경우, 다음의 훈련을 통해서 내적 상상력의 세계를 열 수 있었다.

문 닫기

이 간단한 명상 훈련은 순전히 선택 사항이다. 만일 당신이 조금이
라도 명상을 해본 적이 있다면, 이 훈련이 필요 없을 수도 있다. 처
음 이 훈련을 했을 때 나는 한 번도 명상이란 것을 해본 적이 없었
다. 그래서 이 훈련을 통해서 강력한 효과를 봤다.

　'쓰리 브레스 엔트리Three-Breath Entry'라고 하는 훈련은 시작 훈련
으로 안성맞춤이다.

쓰리 브레스 엔트리 ————————————————

편안하게 앉거나 누운 자세로 몸을 이완시킨다.

숨을 깊게 들이마시고, 숨을 내쉴 때 몸의 긴장을 푼다.

두 번째 숨을 깊게 들이마시고, 내쉬면서 마음을 편안하
게 하고 모든 생각을 내려놓는다.

세 번째 숨을 깊게 들이마신 다음, 숨을 내쉬면서 모든
것을 내려놓는다.

잠시 몸을 완전히 이완시킨다.

그리고 당신의 존재, 당신의 실재를 느낀다.

내면의 생명 에너지로 이루어진 빛 속에 몸을 담근다.

문 닫기

두 손을 들어올리고 손가락을 편다.

이제 부드럽게 그리고 아주 조심스럽게 엄지손가락을 귀에 대고 소리를 최대한 차단한다.

그리고 나서 검지를 누르지 말고 눈 위에 가볍게 올려놓는다.

숨을 깊이 들이마시고, 중지로 코 측면을 눌러서 숨을 차단한다. 약지와 새끼손가락으로 입을 가려서 입도 호흡을 차단한다.

긴장을 풀고 최대한 오랫동안 편안하게 앉아 있는다. 숨을 쉬고 싶을 때, 중지, 약지, 새끼손가락에 힘을 빼고 코를 통해서 숨을 쉰다. 이때 눈과 귀는 잠시 동안 닫힌 상태로 유지한다.

당신의 내면에는 빛으로 이루어진 내적 세계가 존재한다. 내면의 생명 에너지로 이루어진 반짝이는 빛에 몸을 완전히 담근다.

훈련은 이것이 전부다. 어쩌면 당신에게 아무런 효과가 없을지도 모른다. 아니면 이미 내적 세계에 접근해 본 적이 있어서 내면을 들여다보는 것이 전혀 놀라운 경험으로 다가오지 않을 수도 있다. 나의 경우, 처음 이 훈련을 통해서 결코 잊을 수 없는 감동적인 경험을 한 바 있다. 나는 그전에는 존재하는지조차 알지 못했던 세상이 있다는 것을 알게 됐다. 그러한 세상의 존재를 알지 못했던 이유는 그저 한 번도 그것에 대해서 생각해 본 적이 없었기 때문이다. 그것은 순수한 빛의 세계, 우리가 마음 혹은 상상이라고 부르는 위대한 작품 안에서 빛의 속도로 창조된 세계다.

당신은 빛의 기둥이다

미들필라 명상은 나의 마법사 도구에서 빠지면 안 되는 중요한 부분이다. 나는 원체 게으르지만, 이 명상은 내가 일주일에 몇 차례씩 정기적으로 꾸준히 하는 수행 중 하나다. 이 명상의 가장 큰 장점은 등을 바닥에 대고 누워서 할 수 있다는 것인데, 이는 내가 가장 좋아하는 요가 자세(시체 자세)다. 시체 자세는 가만히 누워서 두 팔을 비스듬하게 밖으로 뻗고, 손바닥은 하늘을 향하게 하는 것을 말한다. 이 명상은 편안하게 앉아서 할 수도 있고, 서서 할 수도 있고, 심지어 걷거나 뛰면서도 할 수 있다.

미들필라 명상의 세 가지 버전
나는 수년에 걸쳐서 세 가지 버전의 미들필라 명상을 변형해서 사용해 오고 있다. 이 명상 중 둘은 짧게, 나머지 하나는 길게 수행한다. 첫 번째 버전은 그냥 편안하게 앉아서 환한 빛에너지가 있다고 상상하는 것이다. 즉 정수리에서 반짝이는 빛에너지가 당신의 몸 중앙을 관통해서 흐른다고 상상한다. 다시 말해 이 빛에너지가 머리 끝에서 발끝까지 흐른다고 상상하면 된다. 그게 전부다. 정말 간단하고 쉽지 않은가?

두 번째 버전은 서 있거나, 걷거나, 뛰는 동안에 빛이 당신의 온몸을 채우게 하는 것이다. 세 번째 버전은 몇 가지 선택사항이 있으며, 앞서 소개한 두 가지 버전보다 명상 시간이 좀 더 길다. 원한다면 이 세 가지 버전을 자신에게 맞게 변형해도 된다.

그럼 다시 이스라엘 레가디의 《진정한 치유의 기술》 서문을 살펴보기로 하자.

모든 사람의 내면에는
삶의 과정을 통제하고 방향을 지시해 주는 힘이 있다.
올바르게 사용하면 그 힘은 우리가 겪게 될
모든 고통과 질병을 치유할 수 있다.

이 내면의 힘은 우리가 만족스럽고 성공적이며, 멋지고 풍요로운 삶을 살 수 있게 도와준다. 우리의 정수리는 우주의 에너지와 연결되어 있고, 발바닥은 지구와 연결되어 있으며, 지구를 넘어 온 우주와도 연결되어 있다. 먼저 우리의 몸을 관통하는 빛나는 빛에너지 기둥을 상상한다. 그다음 그 빛이 우리의 몸을 돌아다니게 한 후 그 빛을 한곳으로 모은다. 우리는 의식적으로 그 빛, 그 에너지를 몸 안팎 어느곳으로든 모이게 해서 우리 자신과 타인을 치유할 수 있다.

또한 의식적으로 그 빛에너지, 즉 상상의 빛을 마법과 같은 내적 세계로 향하게 하고, 그곳에서 온갖 멋진 일들을 해낼 수 있다. 우리는 내면의 안식처를 만들고 내면의 안내자를 만날 수도 있다. 가장 높고 광대한 꿈을 상상한 다음, 그 에너지를 불러와서 그 꿈을 우리의 삶과 주변의 세계에서 그대로 창조할 수 있다.

이 간단하고 평온한 명상이 이 모든 강좌에서 당신이 얻어갈 수 있는 것의 전부일 수 있다. 다음에 나오는 수행을 직접 해볼 것을 적극 권장한다. 처음 두 수행은 결코 긴 시간이 걸리지 않는다. 낮 혹은 밤, 언제든지 한 번의 호흡만으로 한순간이면 뚝딱 해치울 수 있다.

단순한 미들필라 명상

깊이 숨을 들이마시고, 내쉬고, 몸의 긴장을 푼다.

당신의 정수리에서 치유의 빛기둥이 빛을 발산하고 있다고 상상한다.

그 빛이 머리에서부터 시작해서 발끝까지 이동하는 것을 느껴본다.

그다음 그 빛이 다시 머리 꼭대기로 올라오는 것을 느낀다.

당신의 몸이 빛을 발산하는 빛의 기둥이라고 상상한다.

자신을 빛의 기둥이라고 상상하라.

이것은 짧은 명상이지만 그 효과를 절대 과소평가해서는 안 된
다. 우리가 진정으로 누구이며, 무엇인지를 보여주는 하나의 관문
이기 때문이다. 우리와 우리 몸의 모든 세포는 생명의 힘으로 가득
차 있다. 그 생명, 그 빛은 존재의 가장 깊은 차원에서 우리가 누구
이고 무엇인지 말해준다. 지금도 그리고 앞으로도 그렇다.

걸으면서 하는 미들필라 명상 ────────────

서 있거나 걸을 때 (또는 뛸 때), 내면으로 당신의 존재를
느껴본다.
당신의 존재를 느낀다.
당신의 몸은 생명 에너지로 이루어진 기둥이며, 치유의
빛이 당신을 감싸고 있다.
그렇다. 당신의 몸은 빛의 기둥이다. 늘 내면에 존재하는
그 기둥을 느낀다.
그것은 가장 깊은 차원에서 당신의 모습이다.

밤에 외출하는 경우, 불빛이 없는 어두운 곳에서부터 밝은 곳으로
이동하면, 생명 에너지가 몸속 모든 세포에 스며드는 것처럼 느껴
지면서 그 경험을 확장할 수 있다.
세 번째 버전의 미들필라 명상은 항상 쓰리 브레스 엔트리로 시

작하는 것이 좋다.

쓰리 브레스 엔트리

편안하게 앉거나 누운 자세로 몸을 이완시킨다.

숨을 깊게 들이마시고, 숨을 내쉴 때 몸의 긴장을 푼다.

두 번째 숨을 깊게 들이마시고, 내쉬면서 마음을 편안하게 하고 모든 생각을 내려놓는다.

세 번째 숨을 깊게 들이마신 다음, 숨을 내쉬면서 **모든 것을 내려놓는다.**

잠시 앉아서 완전히 몸을 이완시킨다.

그리고 당신의 존재, 당신의 실재를 느낀다.

내면의 생명 에너지로 이루어진 빛 속에 몸을 담근다.

좀 더 긴 미들필라 명상

숨을 깊게 들이마신다. 숨을 내쉴 때, 머리 꼭대기에서 빛을 발산하는 따뜻하고 밝은 빛을 느낀다. 이 빛은 생명의 에너지다.

생기 넘치게 빛나는 그 빛을 보고, 느낀다.

그 빛이 정수리에서 내려와서 머리 전체, 즉 정신과 제3의 눈을 생명력 넘치는 평온한 치유의 빛으로 가득 채우는 것을 느낀다.

깊게 숨을 들이마시고 내쉬면서 이 빛의 세계를 편안히 받아들인다.

그러고 나서 그 빛이 다시 아래로 내려가 당신의 목구멍 중앙에 자리를 잡는다고 느낀다.
깊게 숨을 들이마셔서 당신의 목 안으로 공기가 유입되게 하고, 내면의 따뜻한 빛이 확장되면서 평온하고 놀라운 치유의 에너지가 되게 한다.
그 빛을 느껴본다. 그것은 생명의 온기다.

그것이 다시 확장되어 아래로 내려가서 가슴 중앙으로 이동하게 둔다.
호흡을 통해서 온기와 치유 에너지를 당신의 심장과 폐로 주입시킨다.
반짝이는 빛이 확장되어 당신의 내면을 가득 채우게 한다. 당신의 심장이 모든 사람과 모든 사물을 향해 활짝 열리게 한다.

그 빛나는 빛이 다시 아래로 이동해서 당신의 배 중앙, 즉 당신의 세 번째 차크라(신체에서 기가 모이는 곳-옮긴이)인 **하라**hara에 자리 잡게 한다. 그것은 당신의 에너지 센터다.

호흡을 통해서 당신의 배 속과 장 속의 놀라운 네트워크에 치유의 빛을 불어넣는다.

그 빛이 당신을 치유하고 당신에게 힘을 줄 수 있게 한다.

이 빛이 다시 아래로 이동해서 두 번째 차크라인 생식기관 중앙에 자리 잡게 한다.

그 부분 전체가 따뜻한 치유의 빛에 감싸여 있다고 느낀다.

이 에너지 센터는 창조성의 원천이다.

말 그대로 새로운 생명을 창조하는 곳이다. 이 에너지 센터를 치유의 생명 에너지로 가득 채운다.

마침내 그 빛이 척추 맨 아래에 있는 뿌리 차크라로 내려가서 그 에너지 센터를 치유의 생명 에너지로 채우는 것을 느낀다.

이제 이 빛에너지가 다리를 통해 내려가서 두 발을 빠져나가 땅속으로, 그리고 우주 전체로 흘러가게 둔다.

그 빛에너지가 두 발을 통해서 위로 이동해서 몸의 중앙 기둥을 따라 머리 꼭대기까지 이동하게 둔다. 정수리에서 이 빛에너지가 당신을 감싸고 온몸을 빛으로 채우는 것을 느낀다.

원한다면 이 과정을 몇 차례 반복해서 수행한다.

당신의 몸이 위로는 우주, 아래로는 지구와 연결된 밝게 빛나는 빛의 기둥이라고 상상한다. 이 기둥은 우리가 우주라고 부르는 이 마법 같은 창조물 속 모든 것과 연결돼 있다.

당신 몸 안의 모든 에너지 센터가 밝게 빛나는 빛의 중심부라고 상상한다.
그것들은 모두 서로 연결되어 밝게 빛나는 빛의 기둥을 형성한다.
이 빛이 당신의 본질이며, 이것이 당신 자체이자 빛이고 생명이다.

이 빛, 이 생명은 우리가 누구이고 무엇인지 말해준다.
지금도 그리고 앞으로도 그렇다.
이 빛, 이 생명은 사랑이다.

다음과 같이 확신의 말을 한다.

내가 어디에 있든, 어디로 가든
내 몸은 빛의 기둥이다.

빛에너지 모으기

머리에서부터 발끝까지 몸의 기둥에 에너지를 모으면, 이 집중된 에너지로 온갖 놀라운 일들을 할 수가 있다. 당신은 다양한 방식으로 이 에너지를 몸 전체에 순환시키고, 필요한 신체 부위로 치유의 에너지를 보낼 수 있다. 이 에너지를 다른 사람에게 전달해서 그들을 치유할 수도 있다. 당신은 이 에너지를 사용하여 돈을 끌어들이고, 문제를 해결하며, 어려움에 처한 친구들을 도울 수 있다.

이 에너지를 사용하는 방법은 무궁무진하다. 마치 마법처럼 삶에서 이루고 싶은 것을 창조하는 데 활용할 수도 있다.

앞으로 소개될 명상법들은 그저 제안일 뿐이며, 원하는 대로 이를 자유롭게 바꿀 수 있다. 나는 이벳 솔러_{yvette Soler}(오타가 아니다. 그녀는 이름의 철자를 소문자로 쓴다.)라는 젊고 현명한 한 여성이 다음과 같이 말하는 것을 들었다. 그 여성의 스승은 자신이 그녀에게 알려준 명상이나 수행을 할 때마다 적어도 한 가지씩 변화를 주라고 했다. 그러면 그 명상법이나 수련법을 자신의 것으로 만들 수 있다고 말이다. 미들필라 명상을 몇 번만 해보면, 얼마 안 가서 온갖 기발한 방식을 이 명상법에 적용하게 될 것이다.

에너지 순환시키기

이제 당신의 몸은 활력 넘치는 치유의 빛 에너지로 가득 차 있으므로 다양한 방식으로 그 빛을 몸 전체에 순환시킬 수 있다.

우선 발 주변에서 따뜻하게 빛나는 이 에너지를 느낀다.
이 빛이 몸의 앞면을 타고 올라가 신체의 모든 에너지
센터를 통과하는 것을 상상한다. 즉 빛의 기둥을 통해
위로 이동한다고 상상한다.
이 빛이 정수리에 도달한 다음, 다시 등을 따라 내려오
면서 당신을 치유의 빛 에너지로 채운다.
이 훈련을 원하는 만큼 반복한다.

그런 다음 그 빛 에너지가 다시 두 발 주변에 모였다가
몸 왼쪽으로(혹은 더 편하다면 오른쪽으로) 올라가면서 몸
의 모든 에너지 센터를 다시 한번 밝게 비춘다고 상상
한다.
그 빛이 정수리에 도달한 다음 몸 오른쪽을 타고 내려
간다.
이 에너지를 몸 전체에 몇 차례 더 순환시킨다.
그것은 생명 에너지 그 자체다.

이제 이 에너지가 당신의 두 발에서 몸 중심을 통해 빛
나는 미들필라를 타고 올라오는 것을 상상한다.
모든 차크라가 빛나는 치유의 빛으로 가득 채워진다.

이제 이 에너지가 정수리에 도달하여 몸 위로 쏟아지고,

흘러내리며, 생명 에너지의 빛나는 치유의 빛으로 모든
세포를 흠뻑 적신다.

생명 에너지인 이 빛을 온몸에 순환시키면, 강력한 전류인 치유
의 에너지가 당신의 몸에 모인다. 이 치유의 에너지는 늘 당신 안에
존재한다. 이제 당신은 상상력을 통해서 그 에너지를 확장시키고,
집중된 사고력을 통해서 그 에너지를 다스릴 수 있다. 이제 자신을
치유할 준비가 된 것이다.

자기 치유하기

깊게 숨을 들이마시고 내쉬면서 점점 더 깊이 이완한다.
다시 한번 더 깊게 숨을 들이마시고, 빛나는 생명 에너
지를 모은다.
이 치유의 빛이 몸속 모든 세포를 채우게 한다.
이제 치유가 필요한 신체 부위에 집중하고 그 부위가 빛
나는 치유의 빛에 휩싸이는 것을 본다.
그 부위를 따뜻하고 부드러우며, 강렬하게 반짝이는 빛
으로 가득 채운다.

깊게 숨을 들이마시면서 산소, 에너지, 따뜻한 온기를 해
당 부위 안으로 유입시킨다.
몸의 긴장을 풀고 당신 몸의 놀라운 치유 시스템이 이제

완전히, 강력하게 활성화되어 치유 작업을 수행하고 있
다고 상상한다.

이때 다음과 같이 생각하거나 말한다.

쉽고 편안하게, 건강하고 긍정적인 방식으로,
그 자체로 완벽한 시간에, 모두의 최고선을 위해서
나는 매일 모든 면에서 나아지고 있다.

나는 치유의 에너지로 가득 차 있다.
나는 치유되었고 온전하다.
나는 있는 그대로 완벽하다.

1분, 1시간 혹은 이보다 좀 더 긴 시간 동안 치유의 빛
속에 조용히 앉아 있는다.
생명 에너지가 당신 주변에서 빛을 발하는 것을 느껴보
고, 놀라운 치유 시스템인 당신의 몸이 제 몫을 할 수 있
게 둔다.
당신 자신이 치유되는 것을 느낀다.
당신은 치유되고 있고, 온전하며, 완벽한 창조물이다. 또
지금도 그렇고, 앞으로도 영원히 생명으로 가득 차 있을
것이라고 스스로에게 확신의 말을 한다.

구하여라, 받을 것이다. 치유를 요청하고, 몸을 누이고 자신에게 치유를 선사하라.

같은 방식으로 다른 사람도 치유할 수 있다. 가장 편안한 방법은 그 사람들 옆에 놓인 의자에 앉아 휴식을 취하는 것이다. 그들이 침대 혹은 소파에 등을 대고 편안하게 눕게 한다. 만일 그들이 열린 자세를 취한다면, 함께 소리 내어 명상을 시작할 수 있다. 아니면 혼자서 조용히 명상을 시작한 다음, 치유 과정에서 영혼의 안내에 따라 어떤 방식으로든 그들에게 말할 수 있다.

타인 치유하기

숨을 깊게 들이마시고 천천히 내쉬면서 몸의 긴장을 푼다.

다시 한번 더 깊게 숨을 들이마시고 마음을 편안하게 한다.

또다시 깊게 숨을 들이마시고 모든 것을 놓아버린다.

몸의 긴장을 풀고, 당신의 존재를 느끼고, 내면의 자신을 느낀다.

생명 에너지인 치유의 빛으로 온몸을 감싸안는다.

괜찮다면 잠시 치유 에너지가 온몸을 순환하게 한다.

이제 주의를 외부로 옮겨, 앞에 누워 있는 사람에게 집중한다.

당신의 치유 에너지 순환 범위에 그 사람도 포함시킨다.

당신의 에너지장을 하나로 모아서, 두 사람이 하나의 밝은 치유의 빛을 형성하게 한다.

그냥 가만히 앉아서 치유에너지가 작용하는 것을 느껴본다. 필요하다면 일어서서 두 손을 올리고, 당신의 터치로 그들의 치유 에너지가 증폭되게 만들 수 있다.

피부 접촉이 반드시 필요한 것은 아니다. 그냥 그들의 신체 부위 위에 두 손을 높게 들어 올려도 된다. 그러면 그들은 당신의 존재가 주는 온기를 느낄 수 있을 것이다.

두 손으로 할 수 있는 일은 많다. 지금 이 순간, 가장 좋은 방법이 무엇인지 안내를 요청한다. 아래에 몇 가지를 제안하겠다.

그들의 머리 위에 손을 얹고, 정수리 차크라의 에너지를 느끼게 한다.

그런 다음 7개의 차크라를 모두 지나 내려오고, 마지막으로 두 다리와 두 발을 통과하면서 그들의 온몸을 치유의 에너지로 채운다.

적절하다고 느끼는 방식으로 당신의 두 손을 사용하여 그 에너지를 이끌고 순환시킨다.

치유가 필요한 부위 위에 가만히 손을 얹는다.

평온한 상태로 그들과 함께 잠시 앉아 있는다.

아무 말을 하지 않아도 되고, 그 순간 머릿속에 떠오르는 말을 해도 된다.

매일 모든 면에서
당신은 점점 더 나아지고 있다.

당신의 몸은 빛나는
치유의 생명 에너지로 가득 차 있다.

치유된 당신의 모습,
온전하고 강해진 당신의 모습을 상상해 본다.
우주의 치유 에너지를 들이마시고,
놀라운 치유 에너지를 완전히 활성화한다.

당신이 어디에 있든, 어디로 가든
당신의 몸은 치유의 빛에너지로 이루어진 기둥이다.

원한다면 기도를 바칠 수도 있다.

나는 두 눈을 감고 빛의 장을 본다.
그리고 그 빛과 생명이 내 몸속 모든 세포에 스며들어
영양분을 공급하고 치유하는 것을 느낀다.

나는 그 빛과 생명, 사랑이

나이고, 현재이며, 영원히 내 모습임을 안다.

아멘.

이러한 치유를 수행하고 나면 이 방법이 굉장히 효과적임을 분명하게 알게 된다. 최근에 한 대규모 연구에서 낙관론자가 비관론자보다 치유가 훨씬 빠르고 건강상 문제도 적다는 사실이 밝혀졌다. 긍정적 사고에는 확실히 힘이 있다.

접촉을 통한 치유에도 분명 힘이 있다. 당신은 손의 에너지를 느낄 수 있다. 자기 몸과 타인의 몸을 통해서 그 에너지가 전달되는 것을 느낄 수 있다. 그리고 이 에너지는 분명 스트레스를 해소하고 치유하는 데 도움이 된다. 이러한 치유의 힘을 대다수 사람이 분명하게 의식하고 있다. 긴장을 풀고 다른 사람에게 손을 얹는 것만으로도 신체적으로 긍정적인 영향을 미칠 수 있다.

어떤 이들은 이러한 치유의 효과가 물리적으로 먼 거리에서도 나타난다는 말에 의심의 눈길을 보낸다. 그러나 수백, 수천 마일 떨어져 있어도 상대방은 여전히 이러한 명상의 효과를 느낄 수 있다.

내 말을 모두 믿을 필요는 없다. 다만, 이 수행 중 몇 가지를 시도해 보고 무슨 일이 일어나는지를 지켜보라. 나의 경우, 이 중 그 어떤 것을 믿거나 절대적 믿음을 갖지는 않았다. 그저 바닥에 등을 대고 누워서 명상을 시도했고, 그 결과를 내 눈으로 확인했을 뿐이다.

셰익스피어는 《햄릿》에서 이를 아주 아름답게 표현했다.

하늘과 땅 사이에는 인간의 철학으로는
상상할 수도 없는 일이 얼마든지 있다.

하늘과 땅에는 우리가 결코 이해할 수 없는 것이 훨씬 더 많다.
창조, 탄생과 죽음, 그리고 영생에 대한 위대한 신비는 적어도 이번
생애에서는 미스터리로 남을 것이다.

우리는 창조의 과정이 어떻게 작동하는지 결코 완벽하게 이해할
수 없다. 하지만 그 과정을 작동시키는 방법을 배울 수는 있다. 그
결과는 마법처럼 보이고, 실제로도 마법과 같다. 왜냐하면 삶 자체
가 마법의 과정이기 때문이다.

이 명상법 중 일부가 어떻게 작동하는지 이해하려고 하지 말고,
그냥 시도해보고 무슨 일이 일어나는지 지켜보라.

원거리에서 타인 치유하기

숨을 깊게 들이마시고 몸의 긴장을 푼다.

다시 한 번 더 숨을 깊게 들이마시고 좀 더 몸을 이완시
킨다.

온몸에 치유의 에너지가 돌게 한다.

원한다면 우선 자신을 치유한다.

이제 당신이 치유하고 싶은 사람을 생각한다. 그들의 영

혼과 존재를 불러낸다.

치유의 에너지를 보내기 위해 그들과 한자리에 있을 필요는 없다.

방향을 잡은 후 동서남북의 위치를 파악하고, 지금 이 순간 그들이 있는 곳을 상상한다.

이제 먼 곳에 있는 그들에게 밝게 빛나는 치유의 빛에너지를 보낸다고 상상한다.

그들을 치유의 빛으로 감싼다.

마음의 힘으로 그들이 지닌 위대한 자연 치유 시스템을 회복하도록 돕는다.

기도하고 그런 일이 일어날 것임을 확신한다.

당신이 어디에 있든, 어디로 가든,
당신의 몸은 치유의 빛에너지로 이루어진 기둥이다.
매일 모든 면에서 당신은 점점 더 나아지고 있다.
그렇게 될 것이고, 그렇다.

이외에도 미들필라 명상을 일상의 용도에 맞게 변형하는 방법은 여러 가지가 있다. 예를 들면 당신의 삶에 재물과 풍요로움을 끌어당기기, 다른 사람을 돕기, 문제 해결하기, 당신이 바라는 꿈을 명확하게 시각화하기 등이 있다. 쉽고 편안하게, 건강하고 긍정적인 방

식으로, 완벽한 시기에, 모두의 최고선을 위해서 그 꿈은 실현될 것
이다.

재물과 풍요로움 끌어당기기 ────────

숨을 깊게 들이마시고 몸의 긴장을 푼다.

숨을 깊게 들이마시고 마음을 편안하게 하고 모든 생각
을 내려놓는다.

숨을 깊게 들이마시고 **모든 것을 내려놓는다.**

그저 당신이라는 존재, 반짝이는 치유의 빛 속에서 떠다
닌다.

그 치유의 빛이 몸의 중앙 기둥을 통과하는 것을 느껴
본다.

치유의 빛을 충분히 받았다는 느낌이 들 때까지 그 치유
의 빛에너지가 순환하게 둔다.

이제 당신 주변과 몸속에서 그 빛의 색이 바뀌어 아름답
게 빛나는 푸른빛으로 변하는 것을 상상한다.

이 푸른빛이 당신이 꿈꾸던 엄청난 돈과 풍요로움을 끌
어당기는 것을 상상한다.

부와 풍요의 힘찬 에너지를 흠뻑 받는 당신의 모습을 느
끼고 확인한다.

이제 동서남북, 위, 아래 등 사방에서 그 힘찬 에너지가

당신에게 다가오는 것을 보고 느낀다.

원한다면 조용히 또는 큰 소리로 EL이라는 단어를 외운다. EL은 신의 이름이다.

당신을 가득 채운 푸른 빛의 바다가 당신이 바라는 모든 것을 끌어당기고 있는 것을 시각화하고, 보고, 느끼고, 감지한다.

> 매일 모든 면에서 나는 점점 더 나아지고 있다.
> 나는 풍요와 빛 그리고 사랑의 바다에 살고 있다.
> 그렇게 될 것이고, 그렇다.

타인 돕기

숨을 깊게 들이마시고 몸의 긴장을 푼다.
숨을 깊게 들이마시고 마음을 편안하게 하고 모든 생각들을 내려놓는다.
숨을 깊게 들이마시고 **모든 것을** 내려놓는다.
당신 안의 에너지장이 몸속의 세포 하나하나를 치유하는 것을 느낀다.

어떤 식으로든 도움을 주고 싶은 사람을 떠올린다.

이제 당신 주변과 몸속에서 그 빛이 아름답게 빛나는 보랏빛으로 바뀌는 모습을 상상한다.

보라색 빛이 바깥으로 뿜어져 나간다. 그 빛이 당신이 도움을 주고 싶은 사람을 향해서 뿜어져 나가는 것을 상상한다.

도움을 주고 싶은 사람의 영혼, 그 사람의 존재를 생각한다.

당신의 영혼과 당신의 존재를 그 사람에게로 가져간다.

당신의 에너지가 그 사람을 돕고, 지지하고, 그에게 힘을 주는 것을 상상한다.

당신이 그 사람에게 필요한 것을 줄 수 있다고 상상한다. 그것은 이해일 수도 있고, 치유일 수도 있으며, 능력일 수도 있고, 풍요일 수도 있으며, 내면의 평화, 사랑, 혹은 다른 어떤 것일 수 있다.

당신이 그들의 존재, 그들의 실채를 당신이라는 존재의 최고선으로 채우고 있다고 상상한다.

머리에 떠오르는 말이 무엇이든, 그 말을 확신하고 기도로 바친다.

다음과 같은 말로 마친다.

매일 모든 면에서
우리는 점점 더 나아지고 있다.

완전히 만족스럽고 조화로운 방식으로
모두의 최고선을 위해서
이것 혹은 이보다 나은 것이
곧 실현될 것이다.

쉽고 편안하게, 건강하고 긍정적인 방식으로,
그 자체로 완벽한 시간에, 모두의 최고선을 위해서
그렇게 될 것이고, 그렇다.

다음 명상은 어렵고, 심지어 불가능하게 보이는 문제들을 해결하는 데 도움이 된다. 특히 관련된 사람들이 잠든 한밤중에 수행하면 가장 효과가 좋은 것 같다.

문제 해결하기 ─────────────────

조용한 장소와 시간을 선택한다.
숨을 깊게 들이마시고 몸의 긴장을 푼다.
숨을 깊게 들이마시고 마음을 편안하게 하고 모든 생각을 내려놓는다.
숨을 깊게 들이마시고 모든 것을 내려놓는다.

치유의 빛인 당신의 존재, 당신의 생명 에너지 속에서 몸의 긴장을 푼다.

당신의 몸이 반짝이는 빛의 기둥이라고 생각한다.

원하는 만큼 미들필라 명상을 수행한다.

원한다면 에너지가 당신의 온몸을 순환하도록 둔다.

이제 당신의 몸이 빛나는 치유의 빛으로 가득 채워진 모습을 상상한다.

갈등을 겪는 사람 혹은 사람들의 존재의 빛이 멀리에서 보인다고 생각한다.

당신의 존재가 그들이 있는 곳으로 다가가는 장면을 상상한다.

그들의 내면에서 반짝이는 빛을 본다.

이것을 수행하는 한 가지 방법은 '나마스테'라는 말로 그들에게 인사하는 것이다. 나마스테의 뜻은 다음과 같다.

나는 당신 내면의 빛에 절을 한다.

당신의 존재 안에서 당신과 타인이 하나되는 것을 느낀다.

모든 창조물에 대한 사랑과 존중을 느낀다.

애정 어린 존경심으로 그들에게 다가가서 가상의 대화를 나눈다.

그들에게 당신의 입장, 즉 당신이 볼 때 문제가 무엇인지 이에 대해 말한다.

그런 다음 그들의 생각을 들어본다.

경청하고, 그들의 관점을 받아들일 수 있는지 살펴본다.

때로는 이것만으로도 충분하지만, 어떤 때에는 가상의 대화를 계속하고 싶을 수도 있다. 문제 해결을 위해 무엇이 필요한지, 어떻게 하면 좋을지에 대해 그 사람들의 의견을 물어볼 수 있다. 조용히 듣고 그들이 해답을 줄 수 있는지 확인한다.

문제를 해결하기 위해 어떤 일이 일어나기를 바라는지 그들에게 말한다.

조용히 앉아서 어떤 일이 벌어지는지 지켜본다.

쉽고 간단하게 해결책이 나타날 수도 있다.

최고의 선을 위한 해결책이 나타날 수도 있다.

다음과 같이 확신의 말을 한다.

매일 모든 면에서
우리는 점점 더 나아지고 있다.

쉽고 편안하게, 건강하고 긍정적인 방식으로,
그 자체로 완벽한 시간에, 모두의 최고선을 위해서

우리 사이의 문제는 해결된다.

그렇게 될 것이고 그렇다.

간혹 짧은 대화를 하고 나서 다음 날이 될 때까지 그냥 내버려 두는 것이 해야 할 일의 전부일 때도 있다. 마치 한밤중에 당신이 마음속으로 한 말을 그들이 듣기라도 한 것처럼 느껴질 수 있다. 당신은 힘들이지 않고 수월하게, 최고의 선을 위해서 그 문제가 해결됐다는 것을 알게 될 것이다.

내적 안식처와 내적 안내자

다음 두 가지 명상은 내가 '실바 마인드 컨트롤Silva Mind Control'이라는 교육과정에서 배운 것이다. 이 명상들은 내면의 여정을 이끌어 주고 우리를 새로운 세상, 즉 무한한 상상의 세계로 인도한다.

쓰리 브레스 엔트리로 시작하고 원한다면 명상 끝에서 카운트다운을 추가해도 좋다.

쓰리 브레스 엔트리

편안하게 앉아서 몸을 이완시킨다.

숨을 깊게 들이마시고, 숨을 내쉴 때 몸의 긴장을 푼다.
두 번째 숨을 깊게 들이마시고, 내쉬면서 마음을 편안하게 하고 모든 생각을 내려놓는다.
마치 바람에 흩날려 떨어지는 나뭇잎처럼, 숫자를 10부터 1까지 천천히 세면서 심호흡한다.
열… 아홉… 여덟… 일곱… 여섯… 더 깊이 심호흡하고… 다섯… 넷… 셋… 둘… 하나… **제로**….
모든 창조물 속 광활한 빈 공간 속으로 들어가 편안하게 긴장을 풀고 있는 당신을 느껴본다.
잠시 앉아서 완전히 몸을 이완시킨다.
당신의 존재를 느낀다. 당신의 실재를 느낀다.

당신의 내적 안식처

두 눈을 감고 수 마일 떨어진 곳까지 볼 수 있다고 상상한다. 상상력으로 빛나는 온전한 세상을 창조할 수 있다고 상상한다.
생각의 속도로 이 세상을 구석구석 돌아다닌다.
당신 마음속에 있는 멋진 평화와 휴식의 공간인 내적 안식처를 찾을 때까지 주변을 둘러본다.
그곳은 언제나 당신을 기다리는 완전히 고요한 장소다.
그곳은 바다, 산, 숲, 어린 시절의 특별한 장소와 같이 당신이 예전에 가봤던 장소일 수 있다. 혹은 이 세상에서

한 번도 본 적 없는 장소일 수 있다. 즉, 당신의 상상 속에만 존재하거나 다른 세상에만 존재하는 곳일 수 있다. 이곳이 당신의 안식처다. 당신은 이곳에서 완벽하게 안전하며, 평화로움을 느낀다. 당신은 이곳에서 완전하다. 모든 것이 잘될 것이다.

여기에 몇 가지 디테일을 더한다. 당신은 그곳을 생생하게 볼 수도 있고, 그저 상상의 파편만을 볼 수도 있다. 그곳은 어떤 모습인가? 당신이 지금 있는 곳은 자연 속인가? 어떤 종류의 건축물이 있는가?

당신은 여기에 내적 사무실을 가지고 있을 수도 있다. 그 사무실에는 당신이 사용할 수 있는 컴퓨터가 있을지도 모른다. 어딘가에 당신이 사용해야 할 정보로 채워진 파일 캐비닛이 있을 수도 있다.

그곳은 당신의 안식처이자 피난처이며, 당신이 정보, 지식, 지혜를 얻기 위해서 찾아가는 곳이다.

당신이 창조한 빛으로 가득 찬, 따뜻하고 멋진 안식처에서 편안하게 휴식한다.

내면의 평화를 만끽한다.

당신의 안식처는 늘 이곳에 있으며, 휴식, 재충전, 내면의 평화, 혹은 질문에 대한 답이 필요할 때마다 언제든 이곳을 이용할 수 있다.

이곳에서 보내는 시간은 언제나 보람 있다.

당신의 내적 안내자

당신이 소환할 때마다 당신의 안식처를 찾아오는 특별한 손님이 있다. 바로 당신의 내적 안내자다.

그 안내자는 생각만으로 소환할 수 있다. 안내자를 만나고 싶다고 요청하기만 하면, 그 안내자가 나타날 것이다.

먼 곳을 바라보면서 멀리서 점처럼 보이는 희미한 존재의 실루엣이 당신에게 다가오는 것을 상상한다.

그 존재가 가까이 다가오면 이제 그 모습을 자세하게 볼 수 있다. 그는 남성인가, 여성인가, 아니면 어린아이인가? 동물인가? 천사인가? 아니면 성인聖人인가? 여신인가?

당신의 안내자는 깊은 애정을 갖고 빛나는 온기로 다가온다.

이름이 뭐냐고 물어보고, 조용히 대답을 들어본다.

당신이 원하는 것은 뭐든 물어보고, 들어본다.

내적 안내자는 항상 당신의 부름에 응답하며, 당신을 인도하고, 보호하며, 경이로움을 보여준다.

앉아서 당신의 안내자와 차 한잔(치유의 묘약)을 마신다.

혹은 그냥 서서 이야기하거나, 춤을 추거나, 뛰어다니거나, 장난을 치는 등 그 순간 당신이 하고 싶은 게 뭐든 그것을 한다.

당신은 상상 속에서 멋진 내면의 친구를 창조하고 있다. 그 친구는 항상 그 자리에서 훌륭한 조언과 현명한 충고를 해준다. 당신의 내적 안내자의 목소리에 귀를 기울인다.

당신을 찾아와 준 그 안내자에게 감사하고, 현명한 조언에 감사한다.

어쩌면 당신은 그를 포옹할지도 모른다.

이제 안내자는 떠나고 그들 존재의 빛 속에 있었던 당신 역시 은총, 내면의 평화, 빛으로 가득 차 있음을 깨닫는다.

몸의 긴장을 풀고 이 명상을 하면 당신 안에 반짝이는 빛의 세계, 당신 존재의 빛, 그리고 당신의 실재를 깨닫게 된다. 그것은 마법 같은 창조의 세계다.

뭔가를 창조하려면 창조 대상과 그 결과를 최대한 실제처럼 상상해야만 한다. 결과에 초점을 맞추고 그 결과를 늘 염두에 둔다. 그렇다면 애초에 아주 큰 그림으로 시작하는 것은 어떨까? 당신의 **이상**을 꿈꿔보고, 새로운 가능성을 지닌 새로운 세계를 탐험해 보지 않겠는가?

이상적인 장면의 힘

스물두 살 때 나는 우리가 한 이 재미있고 사소한 일이 10년 후 나에게 어떤 영향을 미칠지 전혀 알지 못했다. 처음 이 일을 할 땐 아무 생각이 없었다. 나는 당시 여자친구를 따라 농촌활동에 참여했고, 그 활동은 비가 내리고 춥던 4~5개월 내내 계속됐다. 그러던 어느 날 밤, 결코 잊을 수 없는 일이 일어났다.

우리는 모닥불 둘레에 앉아 있었다. 열 명에서 열두 명 정도 모였을 때, 한 커플이 이렇게 말했다. "우리 교회 캠프 때 했던 게임 해보자. 5년이 흘렀고, 모든 게 너희가 상상한 대로 순조롭게 흘러갔다고 상상하는 거야. 그때 너희의 삶은 어떤 모습일 것 같아?"

모닥불 주변을 걸으며 우리는 서로 이야기를 나눴다. 당시 내가 무슨 말을 했는지는 전혀 기억나지 않는다. 그러니 당연히 내 삶에 아무런 영향도 미치지 못했다. 그러던 어느 날, 서른 살이 됐을 때 문득 그 게임을 했던 기억이 났고, 다시 게임을 해봤다. 처음에는 종이 한 장을 꺼내 맨 위에 '**이상적인 장면**'이라고 쓰고 종이를 채워 내려갔다. 10분 정도가 걸렸다.

나중에는 이 게임을 내가 원하는 방식으로 다시 해봤다. 등을 대고 편안하게 누워서 깊이 이완한 후 쓰리 브레스 엔트리를 시작했다.

쓰리 브레스 엔트리

편안하게 앉거나 누운 자세로 몸의 긴장을 푼다.

숨을 깊게 들이마시고, 숨을 내쉴 때 몸의 긴장을 푼다.

두 번째 숨을 깊게 들이마시고, 내쉬면서 마음을 편안하게 하고 모든 생각을 내려놓는다.

세 번째 숨을 깊게 들이마신 다음, **모든 것**을 내려놓는다. 잠시 앉아서 몸을 완전히 이완시킨다. 깊이 이완하는 기분이 얼마나 좋은지 느낀다.

내면의 생명 에너지 빛 속에 몸을 담근다.

이상적인 장면 명상

당신을 둘러싼 주위와 앞쪽, 위쪽, 그리고 당신 안에 있는 빛의 장을 의식한다.

당신은 그 반짝이는 빛 안에서 원하는 것은 무엇이든지 상상할 수 있다.

5년이 지났고, 모든 것이 꿈꾸던 대로 순조롭게 진행됐다고 상상한다. 당신은 유능한 마법사가 되어 마음속, 번쩍이는 세계에서 꿈꿨던 것들을 현실로 만들 수 있다.

당신의 삶은 어떤 모습인가?

그 세상은 어떤 모습인가?

평소에 무엇을 하면서 하루를 보내는가?

주변에는 무엇이 있는가?

당신은 어떤 사람이 되어 있는가?

무엇을 이루었는가?

이 세상에 어떤 기여를 했는가?

당신의 삶에서 가장 중요한 것은 무엇인가?

당신은 밝게 빛나는 창조적 에너지 기둥이다.

당신의 이성과 마음은 하나로 연결되어 있다.

> 머릿속에서 창조한 세계가 마음과 연결될 때,
>
> 당신은 사랑하는 것을 창조하게 된다.

머릿속으로 꿈꾸는 꿈이 마음속의 사랑으로 넘쳐날 때,

그 꿈은 곧 당신의 세상에서 실현된다.

당신이 궁극적으로 꿈꾸는 이상적인 장면을 최대한 명확하게 상상한다.

매 순간 당신이 사랑하는 삶을 상상한다.

그리고 나서 그 장면을 황금빛으로 감싸고, 우주로 내보낸다.

다음과 같이 확신의 말을 한다.

쉽고 편안하게, 건강하고 긍정적인 방식으로,

그 자체로 완벽한 시간에, 모두의 최고선을 위해서

이것 혹은 이보다 더 나은 것이 실현될 것이다.

그렇게 될 것이고 그렇다.

만일 당신이 너무 게을러서 명상하기 어렵다면, 잠시 짧은 자기 성찰을 해도 좋다.

이상적인 장면을 그려보는 짧은 명상 ────────

5년이 지났고 모든 게 당신이 꿈꾸던 대로 순조롭게 진행됐다고 상상한다. 당신의 삶은 어떤 모습인가?

그런 다음 자신에게 이렇게 질문한다. '이상적인 장면을 실현하기 위해서 이제 무엇을 해야 하는가?' 답에 귀를 기울이고 다음에 해야 할 일을 한다.

────────

자기 자신과 세상 돌보기

두려워하지 않고 꿈에 정신을 집중하면, 그 공기보다 가벼운 꿈을 구체적인 목표로 바꿀 수 있다. 목표에 집중할수록 그 목표를 달성하기 위해 해야 하는 일들이 좀 더 분명해진다.

이상적인 장면을 상상할 때, 우리가 이상적인 장면 안에서 자신은 물론 나머지 세상까지도 돌보고 있다는 사실이 이내 분명해진다. 집중해야 하는 핵심적인 과제는 두 가지다. 첫 번째는 인생에서의 빛나는 성취, 즉 자기실현이고 두 번째는 모든 사람에게 이로운 세상을 만드는 것이다. 우리는 이 두 가지 과제가 사실은 하나라는 것을 안다. 우리의 삶과 세상 사람들의 삶은 분리할 수 없을 정도로 상호 연결되어 있기 때문이다. 우리는 같은 세상을 공유하는 하나의 지구촌 가족이다.

누구나 삶에서 바라는 것은 똑같다. 모두 평화와 번영을 원하고, 미래 세대에게까지 물려줄 수 있는 지속 가능한 풍요로운 세상에서 살기를 바란다. 그래서 자아실현을 중요하게 생각하는 동시에 세상을 더 나은 곳으로 만들려고 노력한다.

나 자신과 다른 모든 이에게
이로운 세상을 만드는 데 집중해야 한다.

대부분의 사람들이 해야 하는 첫 번째 행동은 자신에게 집중하는 것이다. 먼저 우리 자신을 돌봐야 한다. 그런 다음에 다른 사람이나 다른 것을 돌볼 수 있다.

5년 후 혹은 10년 후 당신이 도달하고 싶은 위치에 대한 분명한 목표를 세우고, 그 목표를 명심한다. 그 목표를 달성하기 위해서 끊임없이 집중하면, 그 목표에 다다를 방법들이 당신 앞에 드러날 것이다.

그 과정에서 정신을 집중시킬 수 있는 또 다른 분명한 목표를 세울 수도 있다. 그것은 모두에게 이로운 세상을 만드는 것이다. 이미 수백만 명이 그 목표를 달성하기 위해 노력 중이다. 모두가 그 대열에 합류하여 더 나은 세상을 만들기 위해 자신이 할 수 있는 일을 해야 한다.

이제 다음과 같은 확신의 말을 해본다.

우리는 하나의 생명 에너지이며,

자신의 삶은 물론 온 세상을 변화시키고

모든 이에게 이로운 세상을 창조할

마법사, 이상가, 예술가, 기업가, 사업가,

교사, 지도자로 이루어진 군단이다.

우리는 쉽고 편안하게, 건강하고 긍정적인 방식으로,

그 자체로 완벽한 시간에, 모두의 최고선을 위해서

모두에게 이로운 세상을 만들어 가고 있다.

그렇게 될 것이고, 그렇다.

2장

꿈을 확신하기

: 입말의 힘

말씀은 한처음 천지가 창조되기 전부터
하느님과 함께 계셨다.
그 안에 생명이 있었으니
이 생명은 사람들의 빛이라.

— 요 1:4

한처음 말씀이 있었다

우리가 살펴보았듯이 모든 것은 생각, 꿈과 같은 덧없는 것에서부터 시작한다. 그리고 생각은 말이 되고 그 과정에서 힘, 추진력, 심지어 실체를 갖게 된다.

모든 말에는 힘이 있다. 입말, 글말, 심지어 머릿속의 생각들조차 좋든 나쁘든 모두 힘을 갖는다. 그래서 우리의 삶에 도움을 주는 말에 집중하고, 우리를 해롭게 하는 말은 버리는 것이 좋다. 그것은 간단한 일이며 실천하기에도 그리 어렵지 않다.

당신의 생각과 말을 의식하는 것은
매우 효과적인 훈련이며

그 자체로 완벽한 정신적인 길이다.

생각과 말을 의식하는 것은 삶의 모든 면에 지대한 영향을 미칠 수 있다. 어떤 사람들에게 이 단순한 훈련은 그 자체로 완벽한 정신적인 길이다. 부처는 이를 올바른 사유의 길이라고 불렀다.

제임스 앨런은 자신의 저서 《당신이 생각한 대로As You Think》에서 정사유의 길에 대한 놀라운 통찰을 전해준다. 이 놀라운 책은 서두에 있는 시에서 정사유의 길을 다음과 같이 요약한다. (어떤 불교 서적에서는 책의 서두에 나오는 시를 이해할 수 있다면, 그 책을 읽을 필요가 없다고 말한다. 이는 책의 핵심이 그 시에 담겨 있기 때문이다. 나는 이 말이 제임스 앨런의 책에도 적용된다고 생각한다.)

마음은 틀을 짜고 만드는 힘이다.
사람은 곧 마음이며,
생각을 도구 삼아 원하는 것을 빚고,
천 가지 기쁨과 천 가지 불행을 낳는다.
우리가 은밀히 생각하는 것은 그대로 현실이 된다.
우리의 세계는 우리를 비추는 거울에 불과하다.

우리는 은밀히 생각하고, 그러고 나서 그 생각을 말로 표현한다. 인생에서 이루어지길 바라는 좋은 것들에 집중하고 그 말을 반복하면, 말의 힘이 강화되고, 그 말은 삶을 바꾸는 확언이 된다. 동양의 전통에서 이러한 확언을 '**만트라**'라고 한다. 즉 힘을 증폭시키기 위해 외우고 반복하는 말이다.

'**affirm**'이라는 영어 단어는 문자 그대로 '확고하게 하다'라는 의미이다. 생각을 마음속으로 또는 입말로 반복하면, 그 생각은 스쳐 지나가는 생각보다 좀 더 구체적인 것이 된다. 확언과 만트라가 실제로 작용하는 방식은 언제나 수수께끼로 남아 있겠지만, 우리는 그 힘을 작동시키는 법을 배울 수 있다. 그 방법은 여러 가지가 있으며, 서로 다른 전통에서 온 다양한 말들이 있다.

그것을 확인할 수 있는 한 가지 방법이 여기 있다.

확언과 만트라는
우리의 거대한 의식적·무의식적 사고를 조정한다.

우리가 하는 모든 생각과 말은 우리의 사고, 즉 의식적 사고와 무한하고 강력한 무의식적 사고를 조정한다. 우리 대다수는 살면서 무수히 많은 모순된 정보로 우리 자신을 프로그래밍하고, 결국 상충하는 믿음을 갖게 된다. 우리는 어느 정도 과감한 꿈을 꾸기도 한다. 세상에는 우리가 그 꿈을 달성하는 데 필요한 재능과 수단을 갖고 있다고 자신에게 긍정의 말을 건네는 이들이 있는가 하면, 우리를 가로막고 수많은 꿈을 좌절시키는 의심, 두려움, 믿음으로 마음을 가득 채우는 이들도 있다.

확언은 의구심과 두려움을 극복하게 해주고, 나아가 우리에게

별로 도움이 되지 않는 낡고 제한적인 믿음을 바꿀 힘을 갖고 있다. 확언은 세상과 우리 자신에 대한 가장 근본적인 믿음을 바꾸거나 변화시킬 힘도 갖고 있다. 따라서 확언은 성공과 꿈의 실현으로 가는 지름길을 찾는 데 도움이 되는 가장 강력한 도구다.

과거에는 나 역시 통념으로 자리 잡은 것을 믿었다. 바로 "인생은 고난이다. 성공하기란 어렵다. 근면해야 하며 엄청난 행운이 따라야 한다. 그래서 실제로 성공하는 사람은 극소수이며 그들 역시 어차피 비참한 삶을 산다. 그러니 성공할 가능성은 희박하다는 현실을 직시해야 한다. 나의 문제점들과 단점들을 감안하면, 성공할 확률은 특히 더욱 낮다."라는 말이다.

그러다가 어느 순간 **이러한 뿌리 깊은 통념이 반드시 맞는 말은 아닐 수 있다는** 사실을 깨달았다. 어쨌든 이 세상에는 완전히 다른 생각을 하는 사람들도 있기 때문이다. 그러나 **우리가 믿는 순간, 이러한 통념은 우리의 경험에서 진실이 된다.** 믿음은 자기 예언적이라 우리가 믿는 대로 이루어진다. 다행히 믿음은 유연해서 바뀔 수도 있고, 실제로 바뀐다.

확언은 의도적으로, 의식적으로
우리의 믿음을 바꾸는 데 도움을 준다.

당신이 풍요로운 세상에 살고 있다고 확신의 말을 하고 나서 무슨 일이 일어나는지 지켜봐라. 당신은 성공할 수 있으며, 쉽고 편안하게, 건강하고 긍정적인 방식으로 꿈꾸는 삶을 살 수 있다고 확신하고 나서 어떤 일이 일어나는지 보라. 이를 믿을 필요는 없다. 그냥 시도해 보라. 그러면 놀라운 변화가 아주 빨리, 심지어 마법처럼 일어난다는 것을 깨닫게 된다.

나는 수년에 걸쳐 나의 굳센 믿음들이 극적으로 바뀌는 것을 목격했고, 그러한 변화가 끊임없이 확신의 말을 반복한 결과임을 안다. 내 삶과 내가 살고 있는 이 세상이 모두 완벽하게 변했다. 나는 지금 더할 나위 없이 풍요로운 세상에서 부족함 없이 살고 있다.

몇 년 동안 나는 돈 문제로 어려움을 겪었다. 왜냐하면 돈 관리에 소질이 없다고 믿었기 때문이다. 나는 성공에 필요한 요건을 하나도 갖추지 못했다고 믿었다. 한번은 이러한 믿음을 분명하게 확인하고 아주 간단명료한 말로 표현해 봤다. 그러고 나서 그러한 믿음과 정반대가 되는 확신의 말을 찾아냈다.

"나는 돈 관리를 현명하게 잘하고 있고, 쉽고 편안하게, 건강하고 긍정적인 방식으로 성공으로 가는 길을 만들고 있다."

나는 이 말을 항상 염두에 두고 싶었다. 그래서 이 말을 큰 글씨로 써서 집과 사무실 벽면 이곳저곳에 붙였다. 나는 사본을 하나는 지갑 안에 넣고, 또 다른 사본은 책상 위 전화기 옆에 뒀다. 그리고 이후 몇 년간 그 문구를 수천 번 반복해서 말했더니, 힘들이지 않고 마치 마법처럼 그 문구가 내 삶에서 실현됐다.

무수히 많은 확언이 있다. 가장 좋은 것은 스스로 생각해 낸 문구다. 적절하다고 판단되는 문구를 계속해서 추가하거나 바꿔도 된다.

확언의 효과

확신의 말은 효과가 있다. 수많은 전통에서 유래한 다양한 수행들이 그 효과를 입증하고 있다. 기도도 효과가 있다. 공개적 선언이나 만트라, 소환, 창의적 시각화, 긍정적인 사고 역시 효과가 있다. 안타깝게도, 우리가 하는 부정적인 생각 역시 효과가 있다. 부정적인 생각은 확언, 기도, 꿈을 약화시키고 파괴할 힘을 갖고 있다.

마치 온 우주가 신비로운 방식으로 우리가 하는 모든 생각에 "그래."라고 말하는 것과 같다. 우리가 무언가를 확신하면 우주가 "그래."라고 말하고 나서 우리에게 속삭이기 시작하고, 앞으로 우리가 해야 할 일이 무엇인지를 분명하게 보여준다.

그러나 만일 우리가 "아무래도 이번엔 성공하기 어렵겠어. 성공한 사람이 거의 없잖아."라고 말하면 우주가 이렇게 말한다. "맞아, 그렇게 생각하는 너에게는 어려울 수 있어." 그리고 아니나 다를까, 세상사는 어렵고 고난의 연속이 된다. (끔찍하고 부정적인 확신의 말을 빌리자면) "산 넘어 산"인 것이다.

하브 에커T. Harv Eker는 멋진 비유를 통해 다음과 같이 말했다. "마음은 마치 원하는 모든 것으로 가득 찬 거대한 우주의 저장소와 같다. 우리가 원하는 것을 받게 될 것이라고 확신하거나 기도하거나 선언하면, 그 말들이 명령이 되어 우주가 그 말을 실현할 준비를 한다. 명령을 취소하는 부정적이거나 제한적인 생각, 두려움이나

의구심을 갖지 **않는** 한 우리는 우리가 요청한 것을 받게 된다.”

우리는 명령하고 나서 그것을 취소하고, 다시 명령을 내리고, 다시 취소한다. 그렇게 되면 우리가 한 확언이나 기도는 아무런 소용이 없다.

이는 반복할 만한 가치가 있다.

확신의 말은 효과가 있다. 기도도 효과적이다.

소환도 도움이 된다. 창조적 시각화 역시 효과가 있다.

긍정적 사고도 효과가 있다.

안타깝게도 부정적 사고도 효과가 있으며,

확언, 기도, 꿈을 약화시키고 파괴할 힘을 갖고 있다.

그러나 희망이 있다. 우리는 단순히 확언을 끊임없이 반복하는 것만으로도 거대한 두려움과 의구심을 극복할 수 있다. 계속해서 볼 수 있도록 그 확언을 벽에 붙여 놓자. 확언을 몇 가지 적어서 휴대하고 다니면서 반복해서 읽고, 가슴 깊이 새겨본다. 그리고 필연적인 결과를 맞이할 준비를 한다.

기적 같은 이야기

나는 수년간 입 밖으로 내뱉은 말, 확언, 만트라의 힘을 보여주는 이야기들을 수없이 들었다. 곰곰이 생각해 보면, 여러분도 분명 그랬을 것이다.

불과 몇 주 전에 나는 대학생 때 농촌활동을 함께 갔던 옛 친구 한 명과 우연히 연락이 닿았다. 40년 넘게 그녀를 만나지 못했기 때문에 그녀의 인생 이야기를 듣고 싶었다. 지금까지 어떻게 살아왔는지, 현재 있는 곳과 꿈에 그리는 곳은 어디인지 궁금했다.

그녀는 이십 대에 나와 마찬가지로 방황하면서 손에 잡히지 않는 무언가를 찾아 헤맸다고 말했다. 그리고 삼십 대 초반, 샤크티 가웨인Shakti Gawain의 《창조적 시각화Creative Visualization》를 읽고, 확신의 말을 반복해서 말하기 시작했다. 그녀의 이런 행동은 수개월이 지나 수년간 계속됐다. 다음은 그녀의 인생을 바꿔 놓은 말이다.

나는 멋진 사람들과 멋진 방식으로
멋진 일을 하면서 충분한 보수를 받을 것이다.

한동안 이 말을 큰 소리로 읽고 난 후, 몇 가지 창의적 아이디어와 참신한 가능성들이 떠오르기 시작했다. 그녀는 여러 가지 아이디어를 가지고 이리저리 구상했고, 그중 한 가지가 점차 구체화되기 시작했다. 점점 더 구체적이고 세부적인 아이디어들이 떠올랐고, 그녀는 자신이 충분히 실현할 수 있을 것 같은 하나의 명확하고 단순한 계획을 세웠다. 소매상점을 열고 자신이 좋아하는 독특하고 멋진 물건들을 판매하는 것이었다.

그녀는 계획을 세우고 이를 실천했으며, 하루 종일 확언을 자기 암시처럼 중얼거렸다. 그리고 30년 동안 자신의 사업장을 운영하면서 그곳에서 멋진 사람들과 멋진 방식으로 멋진 일을 하면서 충분한 보수를 받고 있다.

또 다른 기적 같은 이야기

최근에 나는 또 다른 기적 같은 이야기를 들었다. 수년 전 한 여성은 파산으로 집이 압류될 위기에 처했다. 파산 이후 그녀가 달성했던 부동산 수익은 거의 아무것도 남지 않았다. 부동산 버블이 절정에 달했을 때 집을 매입했기 때문에 완전히 손실을 본 상태였다. 매입한 집 가격은 대출금에도 못 미칠 정도로 하락했다. 그녀는 내 세미나를 듣고 노트에 확신의 말로 자신의 목표 리스트를 작성했다. 그러고 나서 매일 아침, 러닝 머신 위에서 운동하는 30분 내내 이 확언을 혼잣말로 반복해서 되뇌었다.

그녀는 쉽고 편안하게, 건전하고 긍정적인 방식으로 집에 걸린 압류를 해제하여 집을 되찾고, 유동 자산으로 백만 달러를 갖게 될 것이라고 확신했다.

며칠 후 참신한 아이디어들이 떠오르기 시작했다. 그녀는 몇 가지 가능성을 생각해 냈지만, 그것들을 어떻게 실현해야 할지 알 수 없었다. 그리고 몇 주 후, 한 가지 아이디어가 떠올랐고 이를 실행했다. 그녀는 은행과 직접 연계해서 자신의 집처럼 매입 가격 아래로 떨어진 집들의 대출 상환 조건을 변경하는 서비스를 다른 집주인들에게 제공했다. 2년 후 그녀는 집 대출금을 모두 갚았고, 퇴직금으로 충분할 정도의 돈을 저축했다.

그녀는 창의적인 아이디어가 떠오른 것이 반복된 확언의 효과라는 것을 **안다.**

이러한 효과를 보기 위해서 당신이 믿어야 하는 것은 아무것도 없다. 그냥 한번 시도해 보고 무슨 일이 일어나는지 확인해 보라.

첫 번째와 마지막 확언이 가장 중요하다

빈곤에서 벗어나 풍요로운 삶을 살기까지 내가 걸어온 순탄하지 못한 과거를 뒤돌아볼 때, 내가 한 가장 강력하고 효과적인 일 중 하나는 확신의 말로 나의 꿈과 목표를 목록화한 것이다. 그다음 마치 그러한 일들이 이미 일어난 것처럼 써보고, 나의 잠재의식이 이를 받아들이고 실현하기 위한 노력을 기울일 때까지 그러한 확언들을 충분히 반복해서 말한 것이다.

거의 파산에 이를 정도로 재정적으로 최악의 상황이었을 때, 내 인생과 나의 세계를 바꿔 놓은 확신의 말이 떠올랐다.

나는 돈 관리를 현명하게 잘할 수 있다.
나는 쉽고 편안하게, 건강하고 긍정적인 방식으로,
그 자체로 완벽한 시간에, 모두의 최고선을 위해서
재정적으로 성공할 것이다.

그 확신의 말들이 당시 내 상황과 완전히 동떨어졌을 때 그것을 계속 반복해서 말했다. 사실 동떨어진 정도가 아니라 완전히 정반대의 상황이었다. 그렇게 확언을 되뇌기 시작한 지 몇 주 후 성공적인 재정관리는 그렇게 수수께끼 같지도, 심지어 그리 어려운 일도 아니라는 생각이 서서히 들기 시작했다. 나아가 내 삶에서 재정적 성공을 거두기 위해서 어떻게 해야 하는지에 대한 온갖 아이디어가 떠오르기 시작했다.

성경에서 사도요한은 이렇게 말한다. **"한처음 말씀이 있었다."** 마음속으로 확언을 반복할수록 더 많은 말과 아이디어가 떠오를 것이다. 이 아이디어들은 훨씬 더 풍요롭고 만족스러운 삶을 만들기 위해 취해야 할 행동들이 무엇인지를 보여준다. 그리고 그 조치들은 명백하고, 간단하며, 실행하기 쉽다. 그 자체로 완벽한 시간에, 모두의 최고선을 위해, 당신이 반복하는 확언은 곧 실현될 것이다. 이 말은 반복할 만한 가치가 있다.

당신이 반복하는 확언은
그 자체로 완벽한 시간에 실현된다.
우리의 잠재의식은 한계가 없다.

만일 우리가 성공적으로 재정관리를 한다고 반복해서 말하면, 잠재의식은 즉시 작동해서 우리에게 재정관리를 하는 방법을 알려준다. 그리고 우리가 스스로에게 **쉽고 편안하게, 건강하고 긍정적**

인 **방식으로** 성공할 것이라고 계속해서 말하면, 즉 우리의 잠재의식을 조정하면, 잠재의식은 쉽게 성공하는 방법을 명확하게 보여준다.

당신의 목표를 확신의 말로 반복할 수 있도록 목록을 작성한다. 어떤 이유에서인지 **목표**라는 단어가 마음에 들지 않는다면, **꿈**과 같은 다른 단어를 선택해도 된다. 이러한 확언을 충분히 자주 반복해서 당신의 잠재의식이 그 말들을 흡수하고 받아들이게 한다. 당신의 꿈, 목표, 바람을 이루기 위해 취해야 하는 다음 행동들을 분명하게 보여주는 아이디어가 느닷없이 떠오르기 시작하면, 잠재의식이 이를 받아들이고 있음을 알게 된다.

처음에 나의 목록에는 열두 가지의 확언이 있었다. 맨 처음과 맨 마지막 확언이 가장 중요하다. 이것은 수년에 걸쳐서 자연스럽게 떠오른 것이다. 당신도 맨 처음과 맨 마지막 확언을 찾고, 그것들을 당신의 언어로 표현해 보자.

첫 번째 말은 매순간 나와 영혼이 하나로 연결되어 있음을 확신하는 말이다. 그것은 나의 깨달음을 확신한다. 그렇다. 우리는 재정 관리에 성공할 수 있음을 확신한 것과 마찬가지로, 깨달음을 얻을 수 있음을 확신할 수 있다. 물론 그것은 당신이 깨달음을 어떻게 정의하느냐에 달려 있다. 내가 생각한 깨달음이란 다음과 같다.

깨달음은 우리가 누구인지,
실제로 무엇인지를 깨닫는 것이다.

현실에서 우리는 양자장과 하나다. 우리는 우리의 몸으로 대표되지 않으며, 우리의 생각, 감정, 인식으로도 대표되지 않는다. 그러한 것들은 사라지는 것들이다. 우리는 우리의 육신에 생명을 불어넣는 영원한 생명의 힘이다. 우리는 생명이자 빛이며 사랑 그 자체다. 그것이 현실에서 우리의 본질이자 우리의 모습이다.

여기에 내 목록에 들어있던 첫 번째 확언을 소개한다. 당신도 자신의 말로 목록을 작성해 보기를 바란다.

쉽고 편안하게, 건강하고 긍정적인 방식으로,
그 자체로 완벽한 시간에, 모두의 최고선을 위해서
나는 기도한다.
치유의 에너지를 가진 영혼이 매 순간 나를 통해 흐른다.
나는 영혼의 안내를 받아 신의 뜻을 행한다.
나는 삶에 아무런 저항도 하지 않으며,
있는 그대로 만족하고
은총, 평화, 빛으로 가득 차 있다.
이것이 깨달음이다.

목록에서 맨 마지막 확언은 가족, 결혼, 친구 그리고 **혼자만의 시간**과 같은 삶에서 매우 중요한 다른 것들에 대한 나의 잠재의식을 조정한다. 이 확신의 말들은 다소 길다. 그래서 나는 보통 그 순간 마음에 드는 가장 짧은 확신의 말을 한다.

쉽고 편안하게, 건강하고 긍정적인 방식으로,
그 자체로 완벽한 시간에, 모두의 최고선을 위해서
나는 기도한다.

나의 결혼생활, 가정생활, 혼자 보내는 시간은
은총, 평화, 빛으로 채워진다.

나는 가족과 친구들과 함께할 시간이 충분하며
나 자신을 위한 치유의 시간도 충분하다.

완전히 만족스럽고 조화로운 방식으로
모두의 최고선을 위해서
이것 혹은 이보다 더 나은 것이 실현될 것이다.
그렇게 될 것이고, 그렇다.

이 말들을 잠시 깊이 생각해 보고 나서 당신의 말로 표현해 본
다. 이러한 말들은 우리의 마음속 욕망을 실현하는 지름길을 알려
준다. 그 효과는 즉각적이다.

스트레스 완화와 창조적 명상

입말과 반복적인 생각이 신체적으로 지대한 영향을 미친다는 사실은 이미 과학적으로 입증됐다. 평온한 말은 우리의 몸을 진정시키고, 공격적이고 폭력적인 말은 스트레스를 유발해 우리 몸에 해를 끼친다. 그러므로 입 밖으로 내뱉는 말을 조심해야 한다. 온몸이 모든 말에 반응하기 때문이다.

입말에 귀를 기울이거나 마음속으로 조용히 말을 반복하면 스트레스를 줄이고 건강을 개선하는 데 도움이 된다. 적절한 말을 충분히 자주 반복하면, 부를 쌓고, 만족감을 느끼고, 자아실현을 하는 것을 포함하여 삶의 여러 다른 부분에도 도움이 될 수 있다.

다음에 소개하는 명상은 수행하는 데 각각 20분 정도가 소요된다. 둘 중 하나만 해보거나 극도로 이완된 상태에서 40분 동안 두 가지를 전부 수행하면, 창조적 명상의 세계를 경험할 수 있다.

이 명상은 다음과 같은 여러 가지 방법으로 할 수 있다. 첫째, 눈을 감고 명상하는 동안 친구에게 하나 혹은 둘 다 읽어달라고 부탁한다. 둘째, 그것을 천천히 읽어 내려간다. 한 번에 조금씩 읽은 다음 두 눈을 감고 혼자서 그 말들을 반복한다. 셋째, 자신의 목소리로 녹음하고 깊게 이완한 상태에서 녹음을 듣는다(이 방법의 한 가지 장점은 당신의 말로 표현을 바꿀 수 있다는 것이다). 넷째, 내가 제작한 '**스트레스 완화와 창조적 명상**'이라는 제목의 녹음을 듣는다.

이러한 명상이 가지는 힘을 과소평가해서는 안 된다. 큰 소리로 말하면 이 말들은 창조적 에너지의 거대한 전류를 촉발시킨다. 이 명상은 내가 지난 수년간 꾸준히 수행해 온 몇 안 되는 명상 중 하나다(그 이유는 등을 대고 누워서 수행할 수 있는 이 명상을 너무나 좋아하기 때문이다). 나는 다음에 나오는 말들이 내 인생에 극적인 변화를 불러왔다고 굳게 믿는다.

스트레스 완화 명상

이후 20여 분 동안 깊은 휴식과 스트레스 완화 시간을 가진다. 당신의 몸, 마음, 영혼은 이를 환영할 것이다.

마음이 편안해질 때까지 시간을 갖고 이 명상 세션을 즐긴다. 깊이 이완하는 기분이 얼마나 좋은지 느낀다.

편안한 의자를 찾아서 앉거나 누워도 된다. 앞으로 20분간 침묵 속에서 보낼 장소를 찾는다. 그러면 긴장을 완전히 풀고 이 세션에 당신의 몸을 맡길 수 있다.

두 눈을 감고 깊게 숨을 들이마신 다음, 숨을 내쉬면서 몸의 긴장을 푼다.

다시 한번 깊게 숨을 들이마시고 숨을 내쉴 때 마음을 편안하게 하고, 모든 생각을 놓아버린다.

또다시 숨을 깊게 들이마시고 모든 것을 놓아버린다.

이제 10부터 1까지 카운트다운하면서 바람에 흩날려 떨어지는 나뭇잎처럼 숫자를 하나씩 셀 때마다 점점 더 깊은 이완 상태로 빠져든다. 열… 아홉… 여덟… 일곱… 여섯… 점점 더 깊게 이완하면서… 다섯… 넷… 셋… 점점 더 깊이… 둘… 하나… 제로….

깊은 이완의 상태로 빠져든다.

모든 스트레스를 풀고, 모든 긴장을 푼다.

숨을 들이마시고 두 발의 긴장을 푼다.

당신의 두 발 밖으로 모든 긴장이 빠져나가는 것을 느낀다. 긴장이 사라진다. 당신에게는 긴장이 필요 없다.

또다시 숨을 깊게 들이마시고 발목을 이완시킨다.

모든 긴장이 발을 통해서 밖으로 빠져나가게 둔다.

이제 또다시 숨을 깊게 들이마시고 종아리의 긴장을 푼다.

모든 긴장이 당신의 종아리 밖으로 빠져나가서 발목을 타고 내려가 당신의 두 발 밖으로 빠져나간다.

모든 것이 완전히 사라지게 둔다.

또다시 숨을 깊게 들이마시고 무릎을 이완시킨다.

긴장이 당신의 무릎에서 빠져나가는 것을 느끼고 몸의 긴장을 푼다.

모든 것이 빠져나가도록 둔다. 당신은 그것들이 하나도 필요하지 않다.

또다시 깊게 숨을 들이마시고 모든 긴장이 당신의 엉덩이에서 빠져나가게 두고 몸의 긴장을 푼다.

당신의 다리를 타고 발을 통해서 긴장이 빠져나가게 둔다.

당신은 그러한 긴장이 필요하지 않다.

또다시 깊게 숨을 들이마셨다가 내쉬면서 모든 긴장이 당신의 생식기를 통해서 빠져나가게 둔다.

모든 긴장이 빠져나가게 두고 몸을 이완한다.

당신에게는 긴장이 필요하지 않으므로 몸에서 모두 빠져나가게 둔다.

다시 한번 심호흡하면서 모든 긴장이 엉덩이와 허리에서 빠져나오게 한다. 모든 긴장을 푼다.

긴장이 풀리고 이완되는 것을 느껴본다.

그러한 긴장은 필요하지 않다.

다시 한번 심호흡하면서, 모든 긴장이 배에서 빠져나오는 것을 느껴본다.

긴장이 풀리고 이완되는 것을 느껴본다.

배에서부터 하체로 모든 긴장이 빠져나가는 것을 느낀다.

모든 것이 이완되는 것을 느껴본다.

다시 한번 심호흡하면서, 허리를 깊이 이완한다.

모든 긴장이 허리에서 빠져나오게 한다.

모든 긴장을 푼다. 그러한 긴장은 전혀 필요하지 않다.

다시 한번 심호흡하고 내쉬면서, 복근을 깊이 이완한다
긴장이 풀리는 것을 느껴본다. 모든 긴장을 푼다. 그러한
긴장은 필요하지 않다.
깊이 이완하는 기분이 얼마나 좋은지 느낀다.

다시 한번 심호흡하면서, 마음속의 긴장감을 인식한다.
마음속 모든 스트레스와 긴장을 푼다.
그러한 긴장은 필요하지 않다.

이 심호흡은 건강의 비결이다.
숨을 들이마실 때 산소, 활력, 생명을 불어넣고,
숨을 내쉴 때 이완하면서
모든 긴장과 스트레스를 해소한다.

다시 한번 깊고 깨끗한 숨을 들이마시고, 숨을 내쉬면서
폐를 깊이 이완하고 모든 긴장을 푼다.
모든 긴장이 풀리고 편안해지는 것을 느낀다.
다시 심호흡하고, 상체에서 모든 긴장이 풀리고 이완되
는 것을 느껴본다.
상체에서 하체까지 온몸을 깊이 이완하여 모든 긴장이
몸을 통해 빠져나오게 한다.

다시 한번 깊고 깨끗한 숨을 들이마시고 내쉬면서, 어깨의 모든 긴장이 풀리고 이완되는 것을 느낀다. 긴장이 몸 밖으로 완전히 빠져나오는 것을 느낀다.

숨을 내쉬면서 모든 긴장을 푼다. 그러한 긴장은 필요하지 않다.

다시 한번 깊고 깨끗한 숨을 들이마신다.

숨을 내쉬면서 모든 긴장이 목 아랫부분으로 빠져나가게 한다.

모든 긴장을 놓아준다.

모든 긴장을 이완하고 놓아주는 것이
얼마나 좋은지 느껴본다.

다시 숨을 들이마시고, 팔 위쪽의 모든 긴장을 풀어서 팔을 따라 손 밖으로 빠져나가게 한다.

이완하면서 모든 긴장을 푼다. 그러한 긴장은 필요하지 않다.

다시 한번 깊고 깨끗한 숨을 들이마시고, 팔꿈치의 모든 긴장을 푼다.

모든 긴장이 손을 통해 빠져나가게 한다.

다시 한번 깊고 깨끗한 숨을 들이마시고, 숨을 내쉬면서 팔뚝에서 모든 긴장을 빠져나가게 한다.

그 긴장이 손을 통해 빠져나가게 한다.

긴장을 풀고 휴식한다.

다시 한번 깊고 깨끗한 숨을 들이마신다.

숨을 내쉬면서 손목의 모든 긴장을 푼다. 그러한 긴장은
필요하지 않다.

다시 깊고 깨끗한 숨을 들이마시고, 숨을 내쉬면서 손의
모든 긴장을 푼다.

긴장을 풀고 이완한다. 깊이 이완하면서 편안해지는 느
낌을 즐긴다.

다시 한번 깊고 깨끗한 숨을 들이마시고, 숨을 내쉬면서
목 아래 모든 긴장이 풀리고 이완되는 것을 느껴본다.

모든 긴장을 푼다. 그러한 긴장은 필요하지 않다.

모든 불순물을 사라지게 한다.

몸에서 모든 스트레스를 내보낸다.

깊이 이완되는 것이 얼마나 좋은지 느껴본다.

그대로 자신을 내버려둔다.

다시 한번 깊고 깨끗한 숨을 들이쉬고, 숨을 내쉬면서
얼굴 근육을 이완한다.

얼굴에서 긴장이 풀리고 이완되는 것을 느낀다.

모든 긴장을 푼다.

다시 한번 깊고 깨끗한 숨을 들이쉬고, 숨을 내쉬면서 눈꺼풀의 작고 민감한 근육들을 이완한다.

눈꺼풀의 모든 긴장이 풀리고 이완되는 것을 느낀다.

모든 긴장을 푼다.

다시 한번 깊고 깨끗한 숨을 들이마시고, 숨을 내쉬면서 머리 뒤의 모든 긴장을 푼다.

긴장이 풀리고 이완되는 것을 느낀다.

다시 한번 깊고 깨끗한 숨을 들이마시고, 숨을 내쉬면서 두피의 모든 긴장을 푼다.

모든 긴장이 녹아내리고 사라지는 것을 느낀다.

숨을 내쉬면서 긴장을 풀고 이완한다.

다시 한번 깊고 깨끗한 숨을 들이마시고, 숨을 내쉬면서 온몸의 모든 긴장이 사라지는 것을 느껴본다.

모든 긴장을 푼다. 이완하고 휴식한다.

깊이 이완되는 기분이 얼마나 좋은지 느낀다.

이제 마음속으로 온몸을 돌아다니며 부드럽고 사랑스럽게 살펴본다.

긴장된 부분이 있는지, 놓지 못하고 있는 부분이 있는지 찾아본다.

만약 있다면, 심호흡하면서 그 부분으로 숨을 들이마신다. 그리고 숨을 내쉬면서 그 긴장을 풀어준다.
모든 긴장을 놓아준다. 몸을 완전히, 깊이 이완한다.
긴장이나 스트레스는 필요하지 않다.
모두 놓아준다.

이제 숨을 들이마시면서 발을 통해 에너지가 들어와서 왼쪽 몸을 따라 머리 꼭대기까지 올라가는 것을 상상한다.
숨을 내쉬면서 그 에너지가 머리부터 오른쪽 몸을 따라 발끝까지 내려가는 것을 상상한다.
그 에너지가 다시 왼쪽 몸을 따라 올라오는 것을 상상한다.
그 에너지가 온몸을 정화하고 강화한다고 상상한다.
숨을 내쉴 때, 그 에너지가 오른쪽 몸을 따라 내려가면서 정화하고, 강화하는 것을 상상한다.
다시 한번 숨을 들이마시면서 왼쪽 몸을 따라 에너지를 끌어올린다. 그리고 숨을 내쉴 때, 오른쪽 몸을 따라 에너지를 내려보내면서, 정화하고 강화하는 것을 상상한다.

이제 숨을 들이마시면서 등을 따라 머리 꼭대기까지 에너지를 위로 끌어올린다.
숨을 내쉬면서 에너지가 몸의 앞쪽을 따라 얼굴, 가슴,

배, 다리로 내려가면서 정화하고, 강화하고, 이완하는 것을 상상한다.

다시 한번 숨을 들이마시면서 등을 따라 에너지를 끌어올린다. 그리고 숨을 내쉬면서 몸의 앞쪽을 따라 에너지를 내려보낸다.

그 에너지 속에 몸을 담그고 이를 즐긴다.

다시 한번 숨을 들이마시면서 등을 따라 에너지를 끌어올리고, 숨을 내쉬면서 몸의 앞쪽을 따라 에너지를 바닥까지 전부 내려보낸다.

이제 숨을 들이마시면서 몸의 중심부를 따라 에너지를 끌어올린다. 척추의 황금빛 에너지 중심을 따라 머리 꼭대기까지 에너지를 끌어올린다.

머리 위로 아름다운 황금빛 에너지가 쏟아져 내리게 한다. 이완하고, 강화하고, 활력을 되찾아 주고, 생명력을 주는 아름다운 황금빛 에너지 속에 몸을 담근다.

다시 한번 숨을 들이마시면서 그 에너지를 척추를 따라 머리 꼭대기까지 끌어올린다.

그리고 숨을 내쉬면서 그 에너지가 당신 위로 쏟아지게 한다. 빛에너지 속에 몸을 담근다.

다시 한번 상상력을 동원하여 척추를 따라 그 에너지를 머리 꼭대기까지 끌어올린다.

그 에너지가 몸 위로 쏟아지면서 황금빛의 빛에너지로 당신을 씻어내린다.

이제 깊게 숨을 들이마시고, 숨을 내쉬면서 몸을 이완한다.
다시 한번 깊게 숨을 들이마시고, 숨을 내쉬면서 마음을 편안하게 하고 모든 생각을 놓아버린다.
다시 깊게 숨을 들이마시고, 내쉬면서 모든 것을 놓아버린다.
깊은 이완을 즐긴다.

깊이 이완하는 기분이 얼마나 좋은지 느낀다.

지금 당신의 몸은 스스로를 치유하고 있다. 스스로를 강화하고, 영양분을 공급하고, 돌보고 있다.

이제 몇 분만 더 시간을 내어 깊이 이완한다.

건강, 풍요, 만족스러운 관계를 위한 명상 —————————
이제 20여 분간 건강, 풍요, 만족스러운 관계를 위한 창조적 명상을 수행할 것이다. 다른 명상들과 마찬가지로, 자신에게 좀 더 적합한 말들로 자유롭게 변형해도 좋다.

편안하게 앉거나 누울 수 있는 장소를 찾아 눈을 감고 깊게 숨을 들이마신다. 숨을 내쉬면서 몸을 이완한다.

다시 한번 더 깊게 숨을 들이마시고 숨을 내쉬면서 마음을 편안하게 하고 모든 생각을 놓아버린다.
다시 한번 숨을 깊게 들이마시고, 숨을 내쉬면서 모든 것을 놓아버린다.
깊이 이완하는 기분이 얼마나 좋은지 느낀다.
이제 숨을 들이마시고 10부터 1까지 카운트다운하면서 바람에 흩날려 떨어지는 나뭇잎처럼 숫자를 하나씩 셀 때마다 점점 더 깊은 이완 상태로 빠져든다. 열⋯ 아홉⋯ 여덟⋯ 일곱⋯ 여섯⋯ 점점 더 깊게 이완하면서⋯ 다섯⋯ 넷⋯ 셋⋯ 점점 더 깊이⋯ 둘⋯ 하나⋯ **제로**⋯.
모든 긴장을 풀고 몸을 이완시킨다.
몸이 이완되는 느낌을 즐긴다.

이제 몸에 정신을 집중한다. 몸의 에너지를 느낀다.
몸속에 생명 에너지가 흐르면서 당신의 몸을 어루만지고 모든 근육을 부드럽게 만드는 것을 느낀다.
이 생명 에너지가 당신의 몸을 보살피고, 정화하고, 강화하는 것을 느낀다.
지금의 몸이 아닌 당신이 진정 바라는 모습의 몸을 상상한다.

당신의 몸이 완벽한 상태라고 상상한다.

당신의 몸은 강하고 건강하며 빛나고 아름답다. 그리고 유연하며, 완벽하게 순수하다.

당신의 몸은 당신을 위한 완벽한 종이다.

사랑받고, 존중받고, 깊이 감사해야 할 존재다.

몸은 당신을 잘 보살펴 준다.

다음과 같이 확신의 말을 한다.

내 몸은 강하고 건강하다.

내 몸은 강하고 건강하다.

내 몸은 강하고 건강하다.

내 몸은 나를 잘 보살펴 준다.

내 몸은 나를 잘 보살펴 준다.

내 몸은 나를 잘 보살펴 준다.

내 몸은 에너지로 가득 차 있다.

내 몸은 에너지로 가득 차 있다.

내 몸은 에너지로 가득 차 있다.

내 몸은 완벽하게 건강하다.

내 몸은 완벽하게 건강하다.
내 몸은 완벽하게 건강하다.

내 몸은 내 인생의 목적을 달성하는 데 도움을 준다.
내 몸은 내 인생의 목적을 달성하는 데 도움을 준다.
내 몸은 내 인생의 목적을 달성하는 데 도움을 준다.

내 몸은 강하고 아름답다.
내 몸은 강하고 아름답다.
내 몸은 강하고 아름답다.

내 몸은 모든 면에서 완벽하다.
내 몸은 모든 면에서 완벽하다.
내 몸은 모든 면에서 완벽하다.

에너지를 당신의 몸으로 끌어와서 생명 에너지로 가득 채운다고 상상한다. 숨을 들이마시면서 활력을 채우고, 숨을 내쉴 때는 당신의 몸을 깨끗하게 하고 정화한다고 상상한다.
숨을 들이마시면서 활력과 에너지를 끌어들인다.
숨을 내쉬면서 모든 불순물을 정화하고 모든 질병을 내보낸다.

숨을 들이마시면서 활력과 에너지를 끌어들인다.
숨을 내쉬면서 모든 불순물과 모든 한계를 놓아버린다.

내 몸은 나를 표현하기 위한 완벽한 수단이다.
내 몸은 나를 표현하기 위한 완벽한 수단이다.
내 몸은 나를 표현하기 위한 완벽한 수단이다.

내 몸은 완벽한 나의 종이다.
내 몸은 완벽한 나의 종이다.
내 몸은 완벽한 나의 종이다.

내 몸은 완벽하게 건강한 상태다.
내 몸은 완벽하게 건강한 상태다.
내 몸은 완벽하게 건강한 상태다. 그리고 나는 이에 감
사한다.

이제 건강한 몸을 만들었으니 이를 누리기 위해 풍요롭
고 충만한 삶을 만들어 보자.
숨을 들이마실 때 사방으로부터 풍요로움을 끌어들인다
고 상상한다.
숨을 들이마시면서 풍요로움을 끌어들이고, 에너지를
끌어들이며, 그 에너지를 우주로 다시 순환시킨다고 상

상한다.

당신은 풍요로움을 끌어들이고 그 풍요를 우주로 풍부하게 발산한다.

당신 안으로 온갖 좋은 것을 끌어들이고 있다고 상상한다.

자신이 우주로 좋은 것들을 내보내는 통로라고 상상한다.

다음과 같은 확신의 말을 한다.

숨을 들이마실 때마다 나는 풍요로움을 끌어들인다.

숨을 내쉴 때마다 나의 풍요로움이 모든 이에게 쏟아져 내린다.

숨을 들이마실 때마다 나는 풍요로움을 들이마신다.

숨을 내쉴 때마다 나의 풍요로움이 모든 이에게 쏟아져 내린다.

숨을 들이마실 때마다 나는 풍요로움을 들이마신다.

숨을 내쉴 때마다 나의 풍요로움이 모든 이에게 쏟아져 내린다.

나는 풍요로운 우주에 살고 있다.

나는 풍요로운 우주에 살고 있다.

나는 풍요로운 우주에 살고 있다.

나는 내게 필요한 모든 좋은 것들을 끌어들이고 있다.

나는 내게 필요한 모든 좋은 것들을 끌어들이고 있다.
나는 내게 필요한 모든 좋은 것들을 끌어들이고 있다.

나는 어디에서나 풍요로움을 본다.
나는 어디에서나 풍요로움을 본다.
나는 어디에서나 풍요로움을 본다.

나는 풍족하고 충만하게 살 자격이 있다.
나는 풍족하고 충만하게 살 자격이 있다.
나는 풍족하고 충만하게 살 자격이 있다.

나는 이제 바라던 대로 풍족하고 충만한 삶을 산다.
나는 이제 바라던 대로 풍족하고 충만한 삶을 산다.
나는 이제 바라던 대로 풍족하고 충만한 삶을 산다.

내가 베풀면 베풀수록 더 많은 것이 내게 되돌아온다.
내가 베풀면 베풀수록 더 많은 것이 내게 되돌아온다.
내가 베풀면 베풀수록 더 많은 것이 내게 되돌아온다.

나의 본성은 풍요다.
나의 본성은 풍요다.
나의 본성은 풍요다.

내가 쓰는 모든 돈은 배가 되어 돌아온다.
내가 쓰는 모든 돈은 배가 되어 돌아온다.
내가 쓰는 모든 돈은 배가 되어 돌아온다.

나는 온갖 아름다운 방식으로 나의 풍요로움을 사용한다.
나는 온갖 아름다운 방식으로 나의 풍요로움을 나 자신
과 타인을 위해 사용한다.
나는 온갖 아름다운 방식으로 나의 풍요로움을 나 자신
과 타인을 위해 사용한다.

나는 부유하고 자유로우며, 힘들이지 않고 쉽게 그렇게
된다.
나는 부유하고 자유로우며, 힘들이지 않고 쉽게 그렇게
된다.
나는 부유하고 자유로우며, 힘들이지 않고 쉽게 그렇게
된다.

이제 우리는 건강하고 풍요로운 상태에서 완벽한 관계
를 창조할 것이다.
마음속으로 완벽한 관계를 상상한다.
당신은 이미 그런 관계를 유지하고 있을 수도 있고, 그
렇지 않을 수도 있다. 그 사람 또는 그 사람들이 지금 당

신과 함께 있다고 상상한다.

당신들은 친밀하며 완벽한 조화와 평화 속에 있다.

사랑하는 사람과 친밀해지는 당신을 상상한다.

그들과 깊은 사랑을 나누는 모습을 상상한다. 그리고 당
신에게는 원하는 관계를 가질 자격이 있음을 안다.

다음과 같이 확신의 말을 한다.

나는 지금 완벽한 관계를 창조하고 있다.

나는 지금 완벽한 관계를 창조하고 있다.

나는 지금 완벽한 관계를 창조하고 있다.

완벽한 관계가 쉽고 편안하게 나에게 온다.

완벽한 관계가 쉽고 편안하게 나에게 온다.

완벽한 관계가 쉽고 편안하게 나에게 온다.

나는 사랑받을 자격이 있다.

나는 사랑받을 자격이 있다.

나는 사랑받을 자격이 있다.

나는 사랑이다.

나는 사랑이다.

나는 사랑이다.

나는 숨김없이, 아낌없이 사랑을 준다.
나는 숨김없이, 아낌없이 사랑을 준다.
나는 숨김없이, 아낌없이 사랑을 준다.

나는 사랑이 넘치는 우주에 살고 있다.
나는 사랑이 넘치는 우주에 살고 있다.
나는 사랑이 넘치는 우주에 살고 있다.

나는 가장 깊은 감정을 쉽고 솔직하게, 힘들이지 않고
표현할 수 있다.
나는 가장 깊은 감정을 쉽고 솔직하게, 힘들이지 않고
표현할 수 있다.
나는 가장 깊은 감정을 쉽고 솔직하게, 힘들이지 않고
표현할 수 있다.

나의 정직함과 사랑이 내 인간관계의 기초다.
나의 정직함과 사랑이 내 인간관계의 기초다.
나의 정직함과 사랑이 내 인간관계의 기초다.

나의 사랑과 정직함이 이상적인 관계를 창조하는 중이다.
나의 사랑과 정직함이 이상적인 관계를 창조하는 중이다.
나의 사랑과 정직함이 이상적인 관계를 창조하는 중이다.

나는 숨김없이, 아낌없이 사랑을 준다.
나는 숨김없이, 아낌없이 사랑을 준다.
나는 숨김없이, 아낌없이 사랑을 준다.

나의 사랑, 솔직함, 정직함이 완벽한 인간관계를 만들어
가는 중이다.
나의 사랑, 솔직함, 정직함이 완벽한 인간관계를 만들어
가는 중이다.
나의 사랑, 솔직함, 정직함이 완벽한 인간관계를 만들어
가는 중이다.

그렇게 될 것이고… 그렇다.
그렇게 될 것이고… 그렇다!

긴장을 완전히 푼 상태에서 이러한 말들을 반복하는 것은 심신
에 영향을 미치며, 당신은 이를 쉽게 느낄 수 있다. 생각, 말, 글의
힘을 절대 과소평가해서는 안 된다. 그것들은 좋든 나쁘든 엄청난
힘을 갖고 있다.

약속하기

당신이 꿈꿔온 삶을 창조하고 있다고 세상을 향해 확언한다. 자신만의 말을 찾아서 소리 내어 말하고 무슨 일이 일어나는지 지켜본다. 다음과 같은 확신의 말을 반복하기로 약속하자.

쉽고 편안하게, 건강하고 긍정적인 방식으로,
그 자체로 완벽한 시간에, 모두의 최고선을 위해
나는 내가 꿈꿔온 삶과 세상을 만들어 가는 중이다.

우리는 모두에게 이로운 세상을 만들기 위해
다 함께 협력하며 살아가고 있다.

그렇게 될 것이고, 그렇다!

3장

꿈을 실현하기

: 글말의 힘

글을 쓰는 행위는 창조의 힘을
불러일으키는 마법의 행위다.

쓰는 행위

알다시피 모든 것은 우리가 지닌 덧없는 생각이나 꿈에서 시작된다. 그 생각을 말로 하면, 특히 확언이나 만트라로 반복하면 그것은 위력과 추진력, 심지어 실체를 갖게 된다. 그리고 그 말을 글로 적으면 훨씬 더 구체적이고 확고해진다.

우리의 꿈, 목표, 확언을 글로 적으면, 우리 자신만의 마법 도구를 만든 것이나 다름없다. 그 글들이 여기저기에 흩어져 있든, 컴퓨터 폴더나 노트에 정리되어 있든 상관없다. 그리고 우리의 바람이 목표로 바뀌는 정말로 마법 같은 일이 벌어진다. 무엇을 하거나 무엇이 되거나 혹은 무엇을 갖고자 하는 목표가 생기면, 당신을 막을 수 있는 것은 아무것도 없다.

글말은 바람을 목표로 바꿀 수 있는 강력한 도구다.

글쓰기는 종이 위에 우리가 만든 문자를 사용하여 창조의 힘을 불러일으키는 마법 같은 행위다.

이제부터 나의 꿈과 바람을 글로 표현하기 위해서 내가 했던 간단한 절차들을 소개하고자 한다. 그다음 그 절차들을 함께 시도해볼 예정이다. **누구나** 따라 하기 쉽지만 그 결과는 강력하다.

서른 살이 되던 해 내 인생이 바뀌었다. 나는 종이 한 장을 꺼내서 맨 위에 '**이상적인 장면**'이라고 썼다. 그런 다음 5년이 지나 모든 것이 내가 상상한 대로 순조롭게 잘 진행됐다고 상상했다. 내가 꿈꾸는 삶, 나의 **이상**을 그려보고 그것을 글로 썼다. 필요한 것은 종이 한 장뿐이었다. 빠르고 획기적으로 삶을 바꿀 수 있는 뭔가를 만들기 위해 필요한 것은 한두 장의 종이가 전부다.

나는 '이상적인 장면'이라고 쓴 종이를 갖고 한동안 앉아 있었다. 물론 두려움과 의구심이 나를 한없이 짓눌렀지만, 그 이상적인 장면 속에 목표 목록이 들어 있음을 깨달았다. 종이 한 장을 더 꺼내서 맨 위에 '**바람과 목표**'라고 적고 목록을 작성했다.

출판사를 차려서 성공적으로 운영한다(당시 나는 손을 쓸 수 없을 정도로 빈곤한 상태였다. 직업도, 저축한 돈도, 가족의 지원도 없었고, 사업체를 어떻게 운영해야 하는지도 전혀 몰랐다). 세상에 강력한 영향을 줄 수 있는 책을 쓴다. 내 음악을 녹음한다. 부동산에 투자하고, 평화롭고 조용한 동네에 있는 아름다운 집을 산다. 내면의 평화 속으로 더 깊이 빠져든다. 마음껏 게으름을 피운다. 인생을 즐긴다. 곰곰이 생각해 본 결과, 내가 꿈꾸는 삶은 **쉽게** 성공하는 것이었다.

이 과정을 수행하는 데 긴 시간이 필요치 않았다. 이상적인 장면을 적는 데 10분 정도 걸렸다. 목표를 리스트업하는 데 또 10분이 걸렸다. 20분 만에 나는 내 삶을 완전히 바꿔 놓을 글을 쓴 것이다.

게으른 사람들조차 강력한 마법을 창조할 수 있다.
마법을 창조하는 데는 긴 시간이 걸리지 않는다.

다음 단계는 아마도 15분 정도 걸렸을 것이다. 나는 종이 한 장을 더 꺼내서 맨 위에 **확신의 말**로 **바람과 목표**를 큼지막하게 적었다. 그러고 나서 다음과 같은 말을 적었다. "**쉽고 편안하게, 건강하고 긍정적인 방식으로, 그 자체로 완벽한 시간에, 모두의 최고선을 위해서.**"

그다음 각각의 목표를 마치 금방이라도 이루어질 것처럼 확신의 말로 적었다. 문장 첫머리에 올 말로는 "**나는 지금 창조 중이다**"가 제격이다. 나의 첫 번째 목표는 다음과 같았다. "나는 지금 성공적인 출판사를 만드는 중이다", "나는 지금 세상에 강력한 울림을 줄 책을 집필 중이다", "나는 지금 사람들에게 경이로움을 안겨줄 아름다운 음악을 녹음 중이다", "나는 지금 아름답고 조용한 동네에서 나의 집을 찾고 있다."

그러고 나서 훨씬 더 중요한 목표들을 추가했다.

"나의 결혼생활과 가정생활, 그리고 혼자 보내는 시간은 크나큰 즐거움, 은총, 평화 그리고 빛의 원천이다.

치유 에너지를 가진 영혼이 매 순간 나를 통해 흐른다. 나는 영혼의 안내를 받아 신의 뜻을 행한다. 나는 삶에 아무런 저항도 하지 않으며, 있는 그대로 만족하고 은총, 평화, 빛으로 가득 차 있다. 매 순간 나는 나의 존재를 느낀다. 이것이 깨달음이다."

처음에는 목표가 열두 개였지만, 현재는 여섯 개로 줄었다. 맨 마지막은 '우주 보험Cosmic Insurance Policy'이라고 부르는 것으로 마무리한다.

완전히 만족스럽고 조화로운 방식으로
모두의 최고선을 위해서
이것 혹은 이보다 나은 것이 지금 실현되고 있다.

나는 이 목록을 매일 읽겠다고 나 자신과 약속했지만, 게을러서 평균 일주일에 한두 번밖에는 실천하지 못했다. 그렇지만 글로 쓴 이 목표들이 내 잠재의식에 새겨지기까지 그리 오랜 시간이 걸리지 않았다. 나는 이 확신의 말들이 효과가 있다는 것을 알았다. 왜냐하면 각각의 목표에 대한 계획들이 쉽고 편안하게 머릿속에 떠오르기 시작했기 때문이다.

내 꿈과 목표들을 확신의 말로 적은 후 몇 주간, 간단하면서 실행 가능한 계획들이 머릿속에 떠올랐고, 곧 중요한 목표별로 각각한 페이지 분량의 계획을 수립할 수 있었다.

나는 놀라울 정도로 간단하고 효과적인 마법을 우연히 알게 됐다. 이제 그 마법을 직접 시도해 볼 수 있는 방법을 당신에게 소개하고자 한다.

이상적인 장면 기록하기

1장 끝부분에서 우리는 각자의 이상적인 장면을 상상했다. 이제 그것을 글로 적어볼 것이다.

> 자리에 앉아서 깊게 숨을 들이마시고 몸의 긴장을 푼다.
> 다시 숨을 깊게 들이마시고 마음을 편안하게 하고 모든 생각을 내려놓는다.
> 다시 숨을 깊게 들이마시고 모든 것을 내려놓는다.
> 당신 내면의 빛나는 생명 에너지의 고요 속에서 모든 긴장을 푼다.
>
> 잠시 이 조용한 공간에 머문다.
> 이 공간에 머물면서 종이 한 장을 꺼내서 맨 위에 **이상적인 장면**을 적어본다.
> 5년이 지났다고 상상한다. 그리고 훌륭한 스승, 책, 강좌에서 깊은 영감을 받아 당신이 꿈꾸던 모든 것이 순조롭게 이루어졌다고 상상한다.

당신의 삶은 어떤 모습인가?

당신의 **이상적인 장면**은 무엇인가?

이상적인 목표에서부터 시작한다. 그리고 한 단계씩 나아갈 때마다 그 목표를 염두에 둔다. 이것이 핵심이다. 의구심과 두려움이 생겨나 우리의 집중력을 떨어뜨리고, 우리가 가야 하는 길에서 벗어나게 방해할 수도 있다. 그럴 때마다 다시 돌아올 방법을 찾고, 마음속에서 집중하고 있는 꿈과 목표를 향해 나아갈 수 있는 다음 단계를 착실하게 수행하면 된다.

당신의 이상적인 장면을 글로 적는다. 그것은 돌에 새긴 서약이 아니므로 계속해서 수정할 수 있다. 지속적으로 점검하고 업데이트한다. 모든 말이 적절한지를 판단한다. 그리고 당신의 한계를 뛰어넘을 준비를 한다.

목표 목록 작성하기

자리에 앉아서 깊게 숨을 들이마시고 몸의 긴장을 푼다.

다시 숨을 깊게 들이마시고 마음을 편안하게 하고 모든 생각을 내려놓는다.

다시 숨을 깊게 들이마시고 모든 것을 내려놓는다.

당신 내면의 고요함 속에서 몸의 긴장을 푼다.

당신은 빛의 바다다.

이 조용한 공간에서 당신이 작성한 이상적인 장면을 다시 한번 더 읽는다. 당신의 주요 목표가 이상적인 장면에 모두 들어가 있다. 종이 한 장을 가져와서 맨 위에 **바람과 목표**를 적는다.

이제 머릿속에 떠오르는 모든 목표, 즉 당신이 집중하고 싶은 모든 목표를 생각해 보고 목록으로 만든다.

솔직히 말하면, 나는 인생에서 딱 한 번 목표 목록이란 것을 작성해 봤다. 그 이후 이 목표 목록을 확신의 말로 다시 썼고, 수년에 걸쳐 자주 고쳐 썼다. 수년간 자주 다시 쓰기를 했던 것이 바로 그 목록이다. 이 목록은 지금도 항상 휴대하고 다니면서 자주 검토한다. 자, 지금 당장 그 목록을 작성해 보자.

목표를 확신의 말로 표현하기

이 간단한 연습을 수행하는 데는 10~15분 정도가 소요된다. 나는 당신이 귀중한 10~15분을 투자해서 이 연습을 할 만한 가치가 있다고 확신한다.

자리에 앉아서 깊게 숨을 들이마시고 몸의 긴장을 푼다. 다시 숨을 깊게 들이마시고 마음을 편안하게 하고 모든 생각을 내려놓는다.

다시 숨을 깊게 들이마시고 모든 것을 내려놓는다.

당신 내면의 빛나는 생명 에너지의 고요함 속에서 모든 긴장을 푼다.

조용한 공간에서 종이 한 장을 꺼내서 맨 위에 **확신의 말**로 **바람과 목표**를 적는다. 그러고 나서 마치 각각의 목표가 당장이라도 쉽고 편안하게, 건강하고 긍정적인 방식으로 이루어질 것처럼 다시 고쳐 쓴다.

다시 편안하게 앉아서 긴장을 푼다. 그러고 나서 확신의 말들로 이루어진 목록을 읽어본다. 속으로 읽어도 되고, 소리 내어 읽어도 된다.
이 과정을 정기적으로 수행한다. 이렇게 할 때마다 당신은 최종 결과에 집중하게 되고, 이를 명심하게 된다. 이렇게 할 때마다 마법과 같은 창조의 길로 되돌아오게 된다.

확신의 말들을 읽을 때마다
최종 결과들을 마음속에 또렷하게 떠올리게 된다.
당신은 마법과 같은 간단하고 쉬운
창조의 길로 되돌아오게 된다.

적절한 확언이 즉시 떠오르지 않아도 걱정할 필요는 없다. 가장 적절한 말, 즉 딱 맞는 말이 떠오를 때까지 더 많은 확언들을 찾으

려고 노력하고, 좋은 확언이라고 판단되는 사례들(이 책은 그러한 사
례들을 여럿 포함하고 있다)을 계속해서 읽는다.

처음 그것들을 글로 적고 읽어내려 가면서, 나는 이 확신의 말들
이 효과가 있음을 즉시 느낄 수 있었다. 글로 표현한 그 모호하고
덧없는 꿈들이 또렷한 생각으로 바뀌었다. 이 생각들은 더욱 선명
해졌고, 내 인생에서 일어났으면 하는 일들이 더 구체적으로 그려
졌다. 이 생각들은 **쉽고 편안하게, 건강하고 긍정적인 방식으로**, 명
확하고 구체적인 목표를 세우게 되었을 때 더욱 확고해졌다.

그렇게 되리라는 확신만으로 내 삶의 목표들이 실현되기 시작했
다. 멀고 막연했던 꿈들은 가능성이 됐고, 그 가능성은 시간이 지나
면서 내 머릿속에서 좀 더 분명해졌다. 그리고 그중 일부는 **어쩌면**
이루어질 수도 있겠다는 느낌이 들기 시작했다. 어떤 꿈들은 시도
해 볼 만하다는 느낌이 들기 시작하면서, 실행해야 할 다음 단계들
이 뚜렷해졌다.

어느 순간 막연한 바람들이 분명한 목표가 되었다. 그러자 내가
확신했던 일들이 실현되기 시작했다. 그러다가 어느 순간 나는 마
법과 같은 단순하고 쉬운 창조의 길을 우연히 발견했다.

당신에게 맞는 확신의 말들을 글로 적고, 그것을 항상 몸에 지니
고 다녀라. 그리고 시간이 날 때마다 그 말들을 자주 반복하라. 당
신의 잠재의식 깊은 곳에 확고하게 자리 잡을 때까지 자주 반복한
다. 그러면 곧 삶에서 엄청난 변화가 일어나기 시작하면서 확언이
효과가 있다는 것을 알게 될 것이다.

계획 기록하기

당신의 목표와 바람을 확신하기 시작하면, 당신의 창조적인 머릿속에서 각 목표에 대한 일련의 계획이 저절로 떠오르기 시작할 것이다. 이 계획들을 짧고 간결하게 글로 적어본다. 당신의 목표를 전부 기록하는 데 종이 한 장이면 충분하다.

계획은 어린아이도 이해할 수 있을 만큼 짧고 간결하게 써야 한다. 이는 글쓰기가 우리의 잠재의식에 영향을 미치기 위한 작업이기에 그렇다. 계획이 짧고 간결할수록 잠재의식이 이를 이해하고 받아들이기가 더 쉬워진다.

잠재의식이 목표들을 받아들이면, 즉 우주가 우리 계획에 '좋아!'라고 말하면, 단계별로 그 목표에 도달할 방법이 보이기 시작한다.

자리에 앉아서 깊게 숨을 들이마시고 몸의 긴장을 푼다.
다시 숨을 깊게 들이마시고 마음을 편안하게 하고 모든 생각을 내려놓는다.
다시 숨을 깊게 들이마시고 모든 것을 내려놓는다.
당신 내면의 빛나는 생명 에너지의 고요 속에서 모든 긴장을 푼다.

이 조용한 공간에 머물면서 종이 한 장을 꺼내 맨 위에 큰 글씨로 당신의 목표 중 하나를 적는다.
그러고 나서 그 목표를 달성하기 위해서 편안하고 창조

적인 당신 머릿속에 어떤 계획들이 떠오르는지 지켜본다.
꿈꾸는 목표를 달성하기 위해서 당신이 상상하는 가장
효과적인 전략들은 무엇인가?
성공으로 가는 간단하고 명확한 지도를 만든다. 이 작은
계획이 당신의 청사진이다.

처음 떠오른 계획들이 그렇게 훌륭하지 않더라도 걱정하지 마라. 그 계획들이 대단히 창조적이거나 기발할 필요는 없다. 그리고 완벽할 필요도 없다. 목표를 향해 계속해서 나아가는 과정에서 더 많은 것들이 떠오를 수 있다. 지금 당장 당신에게 필요한 것은 그저 시작이고, 아주 간단한 계획만 있으면 된다. 그리고 앞으로 실행해야 할 몇 가지 단계만 알면 된다.

마법사의 도구

글쓰기 작업을 어느 정도 마치고 나면, 정리해 두고 싶은 메모가 있을 수 있다.

양쪽에 포켓이 달린 폴더 하나를 찾는다. 아니면 특별한 수첩에 당신의 메모들을 넣어둔다. 처음 정리를 시작할 때 나는 자욱한 안개에 둘러싸인 멋진 산등성이 사진이 있는 폴더를 사용했다. 그리고 폴더 커버 중앙에 큼지막한 글씨로 "**나는 지금 내가 꿈꾸는 삶을 창조 중이다.**"라고 썼다. 그리고 커버 맨 아래에 서명했다.

나중에 '**마법사의 도구**'라는 말을 폴더 커버에 덧붙였다. 내가

만들고 있는 것이 바로 마법사 도구라는 것을 깨달았기 때문이다. 폴더 혹은 수첩에 지금까지 당신이 쓴 모든 것을 보관한다. 즉 당신의 이상적인 장면, 바람과 목표 목록, 확신의 말로 쓴 바람과 목표 목록, 그리고 당신이 이제까지 기록한 모든 것을 보관하면 된다.

목표를 달성하기 위해 준비 중인 다양한 계획들을 각기 다른 파일 폴더에 하나씩 넣는다. 그러면 주요 폴더나 수첩뿐만 아니라 중요한 목표마다 별도의 파일 폴더를 갖게 된다.

파일 폴더에서 맨 위에는 한쪽 분량의 계획서를 넣어두고, 해당 프로젝트를 뒷받침하는 다른 자료들도 첨부한다.

당신만의 시스템과 말을 사용해서 마법사 도구를 만들어라. 계속해서 자료를 추가하고, 검토하고, 수정하고, 업데이트한다. 이것은 당신이 하게 될 가장 효과적인 작업 중 하나가 될 것이다.

보물지도 만들기

나는 수년 전 샤크티 가웨인과 몇 개의 세미나를 함께했다. 이때 우리는 모든 참가자에게 산더미 같은 잡지 여러 권과 함께 도화지와 색연필을 나눠줬다. 그리고 그림을 그리거나, 잡지를 오려서 붙이거나, 각자 원하는 방법을 활용해서 거대한 보물지도 포스터를 만들라고 말했다.

포스터에는 당신이 하고 싶은 일, 되고 싶은 모습, 갖고 싶은 것과 같은 시각적 이미지들을 채워 넣는다. 이러한 이미지들은 성공적이고 마법과 같은 창조의 상징이다. 당신만의 독특한 방식으로 포스터를 만들어 낸다. 만들어진 포스터들을 보면 놀라울 정도로 가지각색이다. 그 포스터는 당신이 이상적인 장면에서 원하는 것들, 즉 꿈꾸는 삶에서 창조하고 싶은 것들을 상기시켜 준다.

나는 포스터를 만든 기억조차 없어서 이 프로세스가 내 인생에 큰 영향을 미치지는 않았다. 하지만 지난 몇 년 동안 수많은 사람이 내게 놀라울 정도로 똑같은 이야기를 들려주었기 때문에 이 프로세스를 강력한 마법 도구 목록에 포함해야 했다.

수년에 걸쳐 만난 많은 이들이 내게 거의 똑같은 말을 해주었다. 그들은 우리의 세미나에 참가해서 만든 보물지도를 가지고 집으로 돌아갔고, 그 지도를 서랍 어딘가에 넣어두고 잊어버렸다. 그리고 5년 혹은 10년 뒤 우연히 이 지도를 다시 발견했고, 그 **보물지도에 들어 있는 많은 것들이 그들의 삶에서 이미 이루어졌다는 것을** 깨달았다.

이 프로세스는 상당히 효과적이기 때문에 단 한 번만 해도 된다. 그리고 보물지도를 만들었다는 사실을 까맣게 잊어버리더라도 어떻게든 당신에게 큰 영향을 미쳐서, 상상했던 일을 실현하는 데 필요한 힘을 끌어낼 수 있다. 그 이유는 아마도 삶에서 바라는 것들을 담은 수많은 이미지와 시각적 요소가 당신의 잠재의식에 곧바로 각인되기 때문일 것이다.

인용문 포스팅하기

내가 꼭 추천하고 싶은 간단하고 쉬운 방법이 하나 더 있다. 나는 이것을 꽤 자주 하는 편이다. 깊은 울림을 주는 말, 명백한 진실이자 강력한 힘을 가진 말, 기억하고 싶고 잠재의식에 새기고 싶은 말들을 읽을 때마다 그 말을 종이에 큰 글씨로 적거나 인쇄해서 자주 볼 수 있는 벽에 붙여 놓는 것이다.

특히 인상적인 인용문을 골라서 그것을 주머니에 휴대하고 다니면서 하루 종일 되새겨본다. 그 인용문을 외울 때까지 눈에 띄는 곳에 둔다. 그 인용문의 메시지가 특히 도움이 될 만한 순간에 저절로 떠오를 때까지 이 문장을 반복해서 읽는다.

다음 인용문은 내가 처음 벽에 붙였던 것으로 기억한다.

당신은 지배적인 열망만큼 위대해질 것이다.
마음속에 비전과 높은 이상을 품으면,
그것을 실현하게 될 것이다.
— 제임스 앨런 《당신이 생각한 대로》

이 강력한 말의 진리를 끊임없이 상기하면, 이 말들이 미묘한 변화를 일으키기 시작하고, 이후 당신의 마음, 몸, 그리고 삶에 큰 변화가 생길 것이다.

꿈 기록하기

당신의 꿈과 당신이 창조하고 싶은 삶을 글로 적어 보면, 글말의 힘을 알게 될 것이다. 자는 동안 꾼 인상 깊었던 꿈을 모두 기록한다. 기억나지 않는다면, 잠들기 전에 이렇게 말해본다. **"나는 꿈을 기억할 거야. 그 의미들이 분명하게 기억날 거야."**

아침에 일어나자마자 편안한 상태에서 생각을 비우고, 꿈을 떠올릴 수 있는지 확인한다. 이미 잊어버린 것 같다면 꿈의 마지막 장면에서 기억에 남는 시각적 이미지가 없는지 생각해 본다. 이 방법을 '뱀 꼬리 잡기'라고 부른다. 꿈의 마지막 장면을 기억한 다음, 뒤에서 앞으로 거슬러 올라가면서 점점 더 많은 것을 기억해 내는 것이다.

어떤 사람들은 자신은 절대 꿈을 기억하지 못한다고 말하고, 그렇다고 확신한다. '나는 꿈을 기억할 수 있고 기억할 것'이라고 자신에게 말하고 깨어나자마자 제일 먼저 꿈을 기억하는 시도를 해본다. 인내심을 갖고 기다리면 곧 꿈이 기억날 것이다. 기억해 낸 꿈 중 일부는 말이 되지 않을 수 있다(그 의미가 우리에게는 분명하다고 하더라도). 어떤 꿈은 두려움이나 불안을 극복하고 해소해 주는 훌륭한 치료제가 되기도 한다. 그리고 어떤 꿈은 우리의 잠재의식이 전해주는 강력한 메시지로, 심지어 삶을 변화시킬 수도 있다.

아마도 당신은 기억에 남는, 인생을 바꿀 만한 꿈을 이미 꿨을 수 있다. 나는 여러 번 꿨다. 그 꿈 중 네 개의 꿈이 몇 년 동안 내 머릿속에서 떠나지 않는다. 계속 기억이 나고, 계속해서 내게 위로와 영감을 준다. 그 꿈 중 하나를 당신에게 소개하고자 한다. 그 꿈의 메시지가 나는 물론 당신에게도 의미 있기 때문이다.

내 삶을 바꾼 꿈

나는 삼십 대 초반 출판사를 개업했다. 사업은 엉망진창에 파산 직전이었다. 여러 문제가 더 많은 문제를 몰고 왔다. 나는 그 시기 대부분을 엄청난 불안감에 시달렸다.

지금 와서 돌이켜보면, 그때의 상황이 좀 더 분명하게 보인다. 내 삶이 엉망진창이었던 이유는 내적 갈등을 유발한 이율배반적 생각을 너무 많이 하고 있었기 때문이다. 마음 한편에서는 돈은 사악한 것이라고 믿고 있었다. 예수님도 이와 비슷한 말을 하지 않았던가? 또 다른 마음 한편에서는 내가 매료되어 수행하고 있는 이 신비한 예식들이 나를 잘못된 길로 인도하고 있을지도 모른다고 느꼈다. 나는 사업을 시작하려고 했지만, 사업에 대해 전반적으로 상반된 감정을 갖고 있었다.

그러던 어느 날 밤, 꿈 하나를 꿨다.

나는 산을 오르고 있었다. 그 산은 큰 바위와 돌덩이로 가득해서 등산하기에 너무나도 힘들었다. 그러다가 산 옆으로 난 오솔길을 발견했다. 그 길은 걷기에 훨씬 수월했다. 비록 산 정상까지 곧바로 이어진 길은 아니었지만, 어쨌든 나는 산을 오르는 중이었다.

멀리서 무언가가 눈에 들어왔다. 바로 그 산의 중심부로 이어지는 동굴의 입구였다. 입구로 올라가 보니, 연철로 만든 정교한 문이 입구를 가로막고 있었다. 문 중앙에 엉킨 연철이 하나 있었다. 나는 그것을 만지작거리다가 그것이 일종의 수수께끼 같은 것임을 깨달았다. 나는 손을 뻗어 손잡이를 찾았다. 그 손잡이를 쥐고 잡아당겨서 꺼내보니 장도粧刀의 손잡이였다. 그 장도를 뽑자 문이 열렸다.

산으로 들어가는 길은 어두웠다. 통로가 점점 좁아지고 작아져서 공포감이 몰려왔지만, 나에게는 장도가 있었다. 곧 칠흑 같은 어둠 속에서 무릎을 꿇은 채 작은 터널을 지나갔다. 모퉁이를 돌자, 눈앞에 기어서 통과해야 할 정도로 작은 문 하나가 나왔다. 그 문은 황금빛으로 가득 차 있었다.

나는 입구를 통과하고 나서 놀라움에 우두커니 서 있었다. 그 방은 거대한 대성당이었고, 촛불 수백만 개를 켜 놓은 것처럼 밝은 빛으로 가득했다. 하지만 그 빛의 원천은 보이지 않았다. 분위기 자체가 빛나는 빛이었다. 나는 쥐고 있던 장도를 떨어뜨렸다. 그곳에서는 칼이 전혀 필요 없었기 때문이다.

방 안에는 대형 연회 테이블 세 개가 놓여 있었다. 하나는 내 근처에, 다른 하나는 그 너머에, 마지막 하나는 방 중앙에 놓여 있었다. 나는 첫 번째 테이블로 걸어갔다. 테이블은 바닥까지 늘어진 테이블보로 덮여 있었다. 그 위에는 금, 돈, 악기, 책, 집 몇 채, 자동차 몇 대, 장난감, 보석, 사진, 전자기기, 잡동사니 등 온갖 물건들이 쌓여 있었다.

그리고 내적 음성이 나에게 말을 걸었다. 그 음성은 나지막했지만 또렷했다.

이것은 물질계다.
그 안에 거부할 것은 아무것도 없다.
당신은 여기 있는 것들을 지배하고 누려야 한다!

나는 잠시 침묵 속에 서 있다가 두 번째 테이블로 걸어갔다. 두 번째 테이블 역시 바닥까지 늘어진 흰색 천으로 덮여 있었다. 그 테이블 위에는 네 개의 물건만 정갈하게 올려져 있었다. 황금빛 성배, 날이 넓은 큰 칼 하나, 나뭇잎들이 비쭉 비쭉 돋아 있는 지팡이, 마법을 불러일으키는 도구인 금빛의 큰 펜타클이었다. 이는 타로카드의 네 가지 상징이자, 마법사가 자신의 테이블 위에 두는 도구다.
이어서 내적 음성이 조용하지만 또렷하게 내게 말했다.

이것은 아스트랄계이며,
마법과 같은 창조의 차원이다.
그 안에는 거부할 것이 아무것도 없다.
당신은 여기 있는 것들을 지배하고 누려야 한다!

잠시 침묵 속에 서 있다가 거대한 방 한복판에 있는 세 번째 테이블로 걸어갔다. 그 테이블 역시 흰색 천으로 덮여 있었지만, 빛으로 반짝였고 실체가 없어 보여서 그 안에 손을 통과시킬 수 있을 것 같았다. 그 테이블 위에는 아무것도 없었다. 그저 그 자체의 빛으로 반짝일 뿐이었다.

그것을 바라보고 있을 때 내적 음성이 들렸다.

이것은 영적 세계다.
그 안에는 얻을 것도, 거부할 것도 아무것도 없다.
그것이 지금 그리고 앞으로 영원히 당신의 모습이다.

빛으로 가득 찬 힘이 내 몸을 공중으로 들어 올려 대성당의 반짝이는 황금빛 중심부로 올려보냈다. 나는 두 팔을 벌리고 그 빛이 머리부터 발끝까지 쏟아지는 것을 느꼈다. 나는 빛의 바다에 떠 있었다.

잠에서 깨어났을 때, 나는 양팔을 옆으로 쫙 펼친 채 등을 대고 누워 있었다. 여전히 머리 꼭대기부터 발끝까지 그 빛이 쏟아져 내리는 것을 느낄 수 있었다. 나는 한동안 꼼짝도 하지 않고 가만히 누워서 그 꿈을 떠올리며 그 말의 의미를 깨닫고, 내가 이미 커다란 선물을 받았다는 사실을 깨달았다.

많은 두려움과 의구심이 이내 사라졌다. 물질계에서는 거부할 것이 아무것도 없다. 마법과 같은 창조의 세계에서도 거부할 것은 아무것도 없다. 그것들은 우리가 지배하고 즐기라고 그곳에 있는 것이다. 우리는 영적인 존재이고, 빛과 사랑의 창조물이며, 만족스

럽고 충만한 물리적 경험을 하기 위해서 이곳에 있다. 우리는 우리
가 꿈꾸는 삶을 창조하기 위해서 이곳에 있다.

글말의 힘

가까운 곳에 공책을 두고 자신에게 쪽지를 쓴다. 당신이 아는 것을
자신에게 상기시킨다. 그것을 당신의 말로 표현한다. 우리 안에는
언제든 불러내기를 기다리는 훌륭한 마법사, 예지자, 스승이 있다.

생각과 꿈의 힘, 입말의 힘, 글말의 힘을
절대 잊어서는 안 된다.

우리는 무한한 창조적인 존재다. 그것이 우리의 본질이다. 우리
는 끊임없이 변화하는 거대한 우주의 일부다. 우리는 위대한 것을
상상하고, 멋진 꿈을 꾸는 힘을 내면에 갖고 있다. 우리는 그러한
덧없는 꿈들을 말로 표현하고, 이를 확신의 말로 바꿀 수 있는 능력
이 있다. 우리는 종이 위에 우리의 꿈, 확언, 계획을 쓸 수 있는 능력
을 갖추고 있다.

처음에는 꿈에서 시작해서 어떻게 하면 그 꿈을 실현할 수 있을
지 자신에게 끊임없이 묻는다. 종이 위에 꿈을 적고, 그 꿈이 이루

어질 수 있다고 확신한다. 마침내 우리는 종이 위에 구체적이고 확실한 계획들을 세우게 된다. 그리고 그 계획들을 실행하고, 필요하다면 수정한다.

우리는 몽상가로 시작해서 강력한 창조적 존재가 된다.

쉽고 편안하게, 건강하고 긍정적인 방식으로,
모두의 최고선을 위해서,
그렇게 될 것이고 그렇다.

———

기적이 기적을 부른다

내가 목표를 달성했다는 것을 깨달았던 밤을 기억한다. 나는 종이 위에 이루고자 하는 목표를 확신의 말로 썼고, 놀랍게도 그 목표들이 내 인생에서 마법처럼 실현됐다. 그 순간 '**임무 완수!**'라는 말과 함께 다음의 확언이 떠올랐다.

기적이 기적을 부르고
경이로운 일이 결코 끊이지 않을 것이다.
이는 나의 모든 바람이 선을 위한 것이기 때문이다.

기억을 상기시키는 이러한 말들은 입말로 반복하면 삶의 질에 영향을 미칠 수 있고, 실제로도 영향을 미친다.

그렇게 될 것이고, 그렇다.

4장

몸과 마음을
치유하는 명상법

모든 사람의 내면에는
삶의 과정을 통제하고 방향을 지시해 주는 힘이 있다.
올바르게 사용하면 그 힘은 우리가 겪게 될
모든 고통과 질병을 치유할 수 있다.
— 이스라엘 레가디 《진정한 치유의 기술》

이십 대 초반 나는 서양 마법에 관한 책들을 주먹구구식으로 마구잡이로 탐닉했다. 대다수의 책은 방대하고 어려웠다. 그 책들은 숙달하는 데 수십 년이 걸리는 체계들을 포함하고 있고, 다수의 책이 함께 작업할 헌신적인 집단의 사람들을 필요로 하는 것처럼 보인다. 대부분의 경우, 그 사람들은 서로 다른 수준의 숙련도에 따라 엄격한 위계가 존재한다.

그러나 소책자 한 권은 그러한 어려움이 없었다. 1932년에 처음 출간된 이 책은 내가 이제까지 접했던 서양 마법을 가장 잘 요약해 놓은 마치 작고 귀중한 보석과 같은 책이다. 그것은 바로 이스라엘 레가디가 쓴 《진정한 치유의 기술》이다.

이 책의 핵심은 (우리가 이미 살펴보았듯이) 미들필라 명상이라고 부르는 간단한 연습 안에 담겨 있다. 이 책은 첫마디에서 딱 두 문장으로 마법의 도구를 우리에게 쥐여준다. "모든 사람의 내면에는 삶의 과정을 통제하고 방향을 지시해 주는 힘이 있다. 올바르게 사용하면 그 힘은 우리가 겪게 될 모든 고통과 질병을 치유할 수 있다."

이것이 전부가 아니다. 《진정한 치유의 기술》은 실제로 진정한 **마법의 기술**이다. 그 이유는 삶의 모든 영역을 걸쳐 마법과 같은 창조의 비결을 우리에게 끊임없이 제공하기 때문이다.

이 방법들은 잠재의식의 역동적인 성질을 자극한다.
이를 통해 그 사람은 자신이 진정으로 바라는 것,
자신의 행복에 꼭 필요한 것을 끌어당기는
강력한 자석으로 변한다.

그렇다면 이 방법들은 정확히 무엇일까? 매우 간단하고 따라 하기 쉬운 방법이다. 바로 이완과 호흡으로 시작한 다음, 우리의 창조적인 사고를 활용하는 것이다.

《진정한 치유의 기술》은 마법에 관한 그 어떤 책보다 내 인생에 큰 영향을 미쳤다. 앞서 이 책을 소개했지만, 시간을 할애해서 좀 더 이야기할 가치가 있다. 우선 이 책에 실린 몇 가지 내용을 나만의 방식으로 소개하려고 한다(당신도 이 강좌에 소개된 모든 말들을 자신의 말로 표현해 볼 것을 권한다). 그다음 원작을 자세히 살펴보겠다.

에너지 센터 깨우기

생각해 보면 우리 몸에는 일련의 에너지 센터가 있다는 것이 분명해진다. 《진정한 치유의 기술》에서는 다섯 개의 에너지 센터에 초점을 맞춘다. 다수의 동양 가르침에서는 일곱 개의 에너지 센터를 강조한다. 우선 다섯 개의 에너지 시스템을 이용해서 에너지 센터를 깨우는 법을 소개하고, 이어서 동양의 가르침인 일곱 개의 에너지 센터, 즉 차크라를 활용하는 방법을 시도해 볼 것이다. 어느 쪽이든 마음에 드는 방법을 선택하면 된다.

다섯 개의 시스템에서 에너지 센터는 정신Spirit, 공기Air, 불Fire, 물Water, 흙Earth이라고 불린다. 정신은 인간의 정수리에 있다. 공기는 눈 사이의 에너지와 눈 아래에서부터 목까지 이어지는 부분에 존재하는 에너지를 말한다. 불은 흉부 중앙에 자리 잡고 있다. 물은 (일본 전통에서 '하라'라고 부르는) 하복부에서부터 생식기에 이르는 부분에 존재하는 에너지를 말한다. 흙은 우리의 두 발에 위치한 에너지로, 발아래 흙 속까지 퍼진다.

일곱 개의 시스템은 이와는 약간 다르다. 각각의 차크라가 정수리에서부터 제3의 눈, 목, 심장, 복부, 생식기, 그리고 우리와 지구를 연결해 주는 척추 맨 아랫부분의 뿌리 차크라에 이르기까지 한 뼘 간격으로 떨어져 있다.

우리는 1장에서 몸속 에너지 센터들을 깨우기 위해서 명상을 수행했다. 그리고 앞으로 더 많은 명상이 소개될 예정이다. 그 명상법 중 대부분은 각각의 에너지 센터들을 상상한 다음, 이를 우리 몸의 중앙을 관통하는 빛나는 빛의 기둥에 연결하는 것이다.

미들필라라고 부르는 이유

미들필라 명상은 생명의 나무Tree of Life를 연구하는 서양의 마법 전통인 카발라Kabbalah에서 유래되었다(생명의 나무에 대해서는 9장에서 좀 더 심도 있게 다룰 예정이다). 모든 창조물은 이 생명의 나무에서 기원한다. 뿌리가 하늘을 향하고 있기 때문에 인간의 관점에서 생명의 나무는 뒤집어져 있는 것처럼 보인다. 모든 창조물은 가장 높은 영적 차원에서 시작하여 다소 밀도 있는 정신적 차원으로 내려가고, 그다음 감정적 차원을 거쳐 결국에는 구체적인 차원인 물리적 현실에서 그 모습이 드러난다.

우리의 몸은 이 생명의 나무 전체를 반영한다. 우리는 대우주 전체를 반영하는 하나의 소우주다. 즉 위에서 그러하듯 아래에서도 그러하다. 생명의 나무는 세 개의 기둥을 갖고 있다. 우리의 몸속에서 이 세 개의 기둥은 좌측, 우측, 그리고 중앙에 있다. 미들필라 명상을 수행할 때, 에너지가 몸 중앙을 통해 위아래 척추를 따라 흐르는 것을 느끼는 데 집중한다.

《진정한 치유의 기술》에 관한 기적 같은 이야기

얼마 전 나는 오랜 친구와 이야기를 나누다가 친구의 아내가 자궁 경부암에 걸렸다는 충격적인 소식을 들었다. 의사들은 악성 종양일 가능성이 있으며, 심지어 생명에 치명적인 종양일 가능성이 98퍼센트라고 말했다.

그 이야기를 듣자마자 나는 그에게 《진정한 치유의 기술》이란 책을 갖고 있는지 물었다. 없는 것 같다는 친구의 말을 듣고 그 책의 PDF 파일을 이메일로 보냈고, 서둘러서 인쇄본도 보냈다. 나는 그에게 아내와 함께 앉아 그 책의 앞부분을 읽고, 그의 두 손을 치유가 필요한 부위에 올려두라고 말했다. 친구는 곧장 그렇게 했다.

2주 후 두 사람은 의사를 만나러 갔는데 검진 결과, 아내의 생존 확률이 50퍼센트라는 말을 들었다. 그들은 이 책에서 소개하는 치유 훈련을 지속했다. 일주일가량이 지나고 나서 다시 의사를 만나러 갔을 때, 친구의 아내는 암의 위험에서 완전히 벗어났다는 말을 들었다. 발견된 종양이 음성으로 판명 났기 때문이다.

이와 같은 치유의 힘을 부정하는 것은 아무런 도움이 되지 않는다. 치유 훈련을 따라 해보는 것은 큰 도움이 된다.

《진정한 치유의 기술》

내 인생을 바꿔놓은 소책자를 심도 있게 다루지 않고는 이 과정이 완성되지 않을 것이다.

이스라엘 레가디의 책에는 서문이나 도입이 없다. 나는 뉴월드 라이브러리가 출간한 판에 도입으로 몇 마디를 덧붙였다. 그중 일부를 여기에 소개하려고 한다.

> **도입**
> 최근 치유와 마음에 대한 글이나 논의가 홍수를 이룬다. 물론 이 둘은 복잡하게 연결되어 있으며, 신체와 정신의 연관성을 이해하고 받아들이는 것은 일반적인 문화가 됐다.
>
> 오래전 이스라엘 레가디는 이 주제에 관해 놀라운 책을 썼다. 그는 이전에도 그리고 앞으로 아무도 쓸 수 없는 방식으로 신체와 정신의 연관성에 관해 이야기했다.
>
> 원본의 부제는 이 책을 '기도의 메커니즘, 그리고 자연에서 끌어당김 법칙의 작용에 대한 논고'라고 묘사한다. 이 표현은 오늘날의 기준에서 보면 지나치게 거창한 듯

보이지만, 그 의미는 심오하고 강력하다.

이 책에 소개된 훈련을 통해서 우리는 기도(우리의 삶이
나 타인의 삶을 개선하고자 하는 모든 바람)를 변화에 필요
한 강력한 도구로 바꿀 것이다.

미들필라 명상을 시도해 보고 그 효과를 경험하면, 당신
은 아마도 진정한 마법이 실제로 존재한다는 것에 동의
할 것이다. 우리는 모두 마법사이자 치유자가 되어 우리
의 삶과 사랑하는 사람들의 삶을 개선할 수 있다.

지금부터 이 장의 거의 모든 글은 이스라엘 레가디가 자신의 저
서 《진정한 치유의 기술》에서 한 말을 인용한 것이다. 그의 글을 인
용한 부분은 좌우 들여쓰기로 표시하고 오른쪽과 같이 나타냈다.
나는 약간의 코멘트만을 추가했고, 내가 덧붙인 말에는 좌우 들여
쓰기를 하지 않았다. 그의 글은 반복해서 읽고 연구해 볼 만한 가치
가 있다.

그는 맨 처음에 곧바로 이 책의 핵심을 이야기하며, 단 두 문장
으로 책 전체를 직접적으로 강력하게 요약한다.

생명의 힘

모든 사람의 내면에는
삶의 과정을 통제하고 방향을 지시해 주는 힘이 있다.
올바르게 사용하면 그 힘은 우리가 겪게 될
모든 고통과 질병을 치유할 수 있다.

거의 모든 종교가 이 사실에 동의한다. 모든 형태의 정신적 혹은 영적 치유는 똑같은 것을 약속한다. 정신분석과 기타 유형의 치유법들조차 이러한 치유의 힘을 활용한다. 효과적인 치료법이 야기하는 통찰과 이해는 다양한 종류의 긴장을 완화하고 이러한 완화를 통해서 인간 내면에 잠재된 본연의 치유력을 좀 더 원활하게 작동시킨다.

우리 각자는 자가 복원 프로세스를 시작할 힘을 갖고 있다.

우리는 몸과 마음을
진정으로 치유하는 힘을 발견할 수 있다.

강렬하고 예리한 정신의 힘을 내면으로 향하게 할 경우, 이전에는 알지 못했던 힘의 기류를 알게 될지 모른다.

그러한 기류의 내적 느낌은 거의 전류와 비슷하며, 이 기류는 치유와 통합의 효과를 갖고 있다.

그러한 힘을 의식적으로 사용하면 몸과 마음을 건강하게 할 수 있다. 효과적으로 다스리면 이 힘은 마치 자석과 같이 작용한다. 그 힘은 이 방법들을 사용하는 우리 모두에게 우리가 필요로 하거나 간절히 원하는 것, 혹은 우리가 성장하는 데 필요한 것들을 끌어당긴다.

이 강력한 치유 시스템의 근본적인 핵심 개념은 다음과 같다. 우리를 에워싸고 우리의 신체 세포 구조 하나하나에 침투하는 공기에는 힘, 즉 에너지장이 존재한다. 이 힘은 어디에나 있으며 무한하다. 그것은 가장 작은 물체에서부터 알려지거나 아직 알려지지 않은 우주의 먼 곳에 이르기까지 모든 것에 존재한다. 이 힘은 생명 그 자체다.

광활한 우주 안에서 죽어 있는 것은 아무것도 없다. 모든 것이 활기찬 생명으로 고동친다. 원자의 아원자 입자들조차도 살아 있다.

생명의 힘은 무한하다. 우리는 이러한 힘, 이러한 에너지에 흠뻑 젖어 있다. 그것은 상위자아higher-self를 이루고 우리와 전 우주를 연결해 주며, 우리 안의 신이다. 인간의 육체 시스템을 구성하는 모든 분자에는 이 힘의 역동적인 에너지가 스며들어 있다. 우리 몸의 모든 세포는 이 에너지를 풍부하게 갖고 있다.

첫 번째 단계: 이해

자유와 건강으로 가는 첫 단계는
우리가 살고 있고, 움직이고 있고, 존재하고 있는
이 거대한 에너지 저장고를
의식적으로 인식하는 것이다.

이 말을 반복해서 성찰하고 이 말을 삶에 대한 관점 중 하나로 만들기 위한 정신적 노력을 기울이면, 딱딱하고 경직된 사고의 껍데기 일부가 허물어지고 해체된다. 그러면 자연스레 생기와 정신이 우리를 통해 넘쳐흐른다. 활력은 저절로 되살아나고 우리의 세계관이 급진적으로 변화하면서 새로운 삶이 시작된다.

또한 다양한 방식으로 우리에게 도움을 줄 사람들을 끌어당기는 환경이 조성되고, 오랫동안 바라왔던 것들이 삶에서 실현되기 시작한다.

첫 단계는 순전히 정신적인 것으로, 삶에 대한 우리의 인식 변화를 수반한다. 그렇게 함으로써 우리는 우리가 거대한 치유의 에너지 저장고 한가운데에 있음을 깨닫게 된다.

두 번째 단계: 리드미컬한 호흡

두 번째 단계는 규칙적으로 호흡하는 과정을 배우는 것이다. 상당히 간단한 과정이며, 반복적으로 하면 매우 효과적이다.

편안하게 앉거나 등을 대고 누워서 완벽하게 이완된 상태를 유지한다. 만일 앉아 있다면, 두 손은 무릎에 포개 놓거나 손바닥을 위로 향하게 한 다음 허벅지 위에 편안하게 올려놓는다. 만일 누워있다면, 두 손은 몸 옆에 편안하게 두고 손바닥은 위로 향하게 한다.

숨을 들이마시면서 마음속으로 아주 천천히 하나, 둘, 셋, 넷을 센다. 그리고 나서 같은 박자로 숨을 내쉰다.

4박자에 맞추든 10박자에 맞추든, 혹은 다른 박자에 맞추든 상관없다. 처음 시작한 리듬을 계속해서 유지하는 것이 핵심이고 중요하다. 바로 그 리듬이 외부로부터 활력을 쉽게 흡수하고, 내면의 신성한 에너지를 가속하는 역할을 하기 때문이다.

일정한 리듬은 우주 도처에서 나타난다. 리듬은 순환의 법칙에 따라 움직이고 통제를 받는 살아 있는 프로세스다. 태양, 별 그리고 행성들을 봐라. 모두 비할 데 없이 우아하게, 그리고 끊임없이 일정한 리듬으로 움직인다. 오직 인간만이 무지와 자만심으로 인해 신성한 순환에서 동떨어져서 방황한다. 우리는 자연에 내재된 리드미컬한 프로세스를 방해해 왔다. 그 결과, 얼마나 슬픈 대가를 치렀는가!

조용하고 리드미컬한 호흡을 통해서
우리는 자연 전반에 걸쳐 작동하는
지적인 힘에 다시 파장을 맞출 수 있다.

리드미컬하게 호흡하는 시간은 방해받을 가능성이 거의 없다면 낮이든 밤이든 아무 때나 상관없다.

우리는 특히 이완의 기술을 길러야 한다. 편안한 의자에 앉거나 침대에 등을 대고 누워서, 발끝부터 머리까지 긴장된 근육을 다루는 법을 배우는 것이다. 각 근육에 천천히 긴장을 풀고 무의식적인 근육 수축을 멈추라고 말한다. 당신의 명령에 따라 혈액이 각 장기로 풍부하게 흐르면서 몸 구석구석에 생기와 영양분을 공급하며, 빛나고 활기찬 건강 상태를 만드는 모습을 상상한다.

리드미컬한 호흡을 시작한 다음, 천천히 느긋하게 이 준비운동을 추가한다. 마음이 점차 이 생각에 익숙해지면 폐는 자연스럽게 리듬을 타고, 몇 분 만에 이 호흡이 자동화될 것이다. 그러고 나면 모든 과정이 매우 단순하고 즐거워진다.

이 간단한 훈련의 중요성 혹은 효과는 아무리 강조해도 지나치지 않다. 폐가 리듬을 타면서 일정한 박자에 맞춰 자동으로 들이마시고 내쉬는 호흡을 하게 되면, 이 리듬은 주변의 모든 세포와 조직으로 전달되고 점차 확산된다. 연못에 던진 돌 하나가 잔물결을 일으키고 동심원을 그리며 널리 퍼져 나가는 것처럼, 폐의 운동도 마찬가지다.

몇 분 안에 온몸이 폐의 움직임에 맞춰 움직이게 된다. 모든 세포가 공명하며 진동하는 것처럼 보인다. 그리고 곧이어 모든 유기체가 마치 고갈되지 않는 축전지처럼 느껴진다. 그 감각은 (그것은 감각이 분명하다) 틀리지 않다.

비록 단순하지만, 이 훈련을 가볍게 여기거나 과소평가해서는 안 된다.

> 이 쉬운 기술을 숙달하는 것이
> 나머지 시스템의 기초가 된다.

우선 이 방법을 완벽하게 익힌다. 완벽하게 이완한 상태에서 몇 초 만에 이 리드미컬한 호흡을 할 수 있도록 여러 번 반복해서 연습한다.

에너지 센터

다섯 개의 주요한 정신적 에너지 센터가 있다. 어떤 방식으로든 그 센터에 이름을 붙이고 이를 구분해야 하므로, 내가 상상할 수 있는 가장 중립적이고 해가 되지 않을 만한 이름을 붙이려고 한다. 이는 그 이름으로 인해서 시스템에 대한 편견이 생기는 것을 막기 위해서다. 편의상 첫 번째 것을 **정신**이라고 부르고, 다음에 오는 것들은 차례대로 **공기**, **불**, **물**, **흙**이라고 부를 것이다.

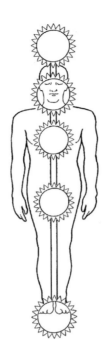

앞의 그림은 이 에너지 센터들의 위치와 구획을 보여준
다. 이 센터들은 우리의 신체 기관 및 분비선과 유사하
지만, 사실상 물리적 위치를 가지고 있지 않음을 이해하
는 것이 중요하다. 이 기관들은 우리의 본성을 이루는
좀 더 미묘한 감정적·정신적·영적인 부분에 존재한다.
이 센터들을 실재하는 것이 아닌 실재하는 것의 상징,
즉 위대하고 보완적이며 도움을 주는 상징이라고 봐도
무방하다.

특정 상황에서 우리가 신체의 다른 기관을 인식하는 것과 상당히 비슷한 방식으로 이 센터들을 인식할 수 있다. 우리는 흔히 이성은 머릿속에, 감정은 심장 속에, 본능은 배 속에 있다고 말한다. 이는 에너지 센터와 다양한 인체 기관들 사이에는 이와 비슷한 자연스러운 대응 관계가 있기 때문이다.

이 에너지 센터들을 인식하고
이 센터들이 휴면 상태에서 깨어나
제대로 기능할 수 있게 할 세 가지 주요 방법이 있다.
그 방법은 생각, 소리, 색깔이다.

먼저, 생각을 통해서 이 센터들의 추정된 위치에 하나씩 차례대로 집중한다. 그러고 나서 이 센터들의 이름을 소리 내어 부른다. 그 이름들은 음조와 진동에 상응하는 진동 주파수라고 보면 된다. 마지막으로, 각 센터를 특정한 색깔과 형태로 시각화한다.

이 세 가지가 결합되면 센터들은 휴면 상태에서 서서히 깨어난다. 시간이 지나면 이 센터들은 자극을 받아 각각의 고유한 특성에 따라 기능하게 되고, 몸과 마음에 에너지와 힘을 끊임없이 쏟아붓는다.

마침내 이 센터들의 작동이 점차 습관화되고 안정화되면, 그 센터들이 생성하는 영적인 에너지를 원하는 대로 다양한 육체적·정신적 질병을 치유하는 데 사용할 수 있다. 이 영적인 에너지는 두 손을 가만히 특정 부위에 올려놓는 것만으로 다른 사람에게 전달될 수 있다. 그리고 의식적으로 집중해서 생각하는 것만으로 에너지는 마음에서 마음으로 텔레파시를 통해 전달되거나, 공간을 통해서 수 마일 떨어진 곳에 있는 다른 사람에게 전달될 수 있다. 공간에 존재하는 물체는 이 에너지가 통과하는 데 방해나 장애가 되지 않기 때문이다.

미들필라 명상

우선 앞서 준비운동에서 한 것처럼, 완전히 이완된 상태에서 똑바로 앉거나 등을 대고 누워서, 자극을 통해 이 센터들을 활성화한다.

앉아 있을 경우, 두 손을 무릎에 포개 놓거나 허벅지 위에 올려두고 손바닥은 위로 향하게 한다. 누워 있을 경우, 두 손을 몸 옆에 편안하게 두고 손바닥은 위로 향하게 한다. 마음을 차분하게 하고, 리드미컬한 호흡을 몇 분간 하고 나면 횡격막 위에서 잔잔한 물결이 이는 것 같은 느낌이 들 수 있다.

이제 당신의 정수리 위에 밝게 빛나는 백색 혹은 금색의 공이나 구체가 있다고 상상한다. 상상력을 동원해서 억지로 둥근 불빛을 시각화할 필요는 없다. 그럴 경우, 신경근의 긴장을 초래하고 우리의 목적을 방해할 뿐이다. 상상하는 과정이 차분하고 편안하게 이루어지도록 한다. 그래도 집중하기가 어렵다면, 정신이 집중될 때까지 잠시 기다린다.

이와 함께 소리를 진동시켜 발성한다. 이때 몇 가지 선택지가 있다.

1) 센터 불빛에서 최대한 가까운 곳에서 울리는 것 같은 음정을 흥얼거린다. 아니면 그 음정을 목 중앙에서 울리게 하고, 마음속으로 그 음을 당신이 선택한 센터로 향하게 만든다.

2) 특정 센터에 적합한, 유대·기독교 신비주의 전통에서 유래한 단어를 읊조릴 수 있다. 첫 번째 센터의 경우, 발성할 단어는 Eheieh이며, 에-흐-예Eh-heh-yeh라고 발음한다(곧 이 단어들에 대해서 심도 있게 논의할 예정이다.)

3) 앞서 언급한 단어에 상응하는 영어 단어를 발성해도 된다. 첫 번째 센터의 경우 발성할 영어 단어는 'I am

(나는 존재한다)'이다.

4) 각 센터에 대해 명상하고, 당신에게 의미 있고 힘이
되는 단어나 소리를 찾아낸다.

여기서 한 가지 덧붙이고 싶은 말이 있다. 처음에 나는 이 선택지 중 몇 가지를 시도해 보았지만, 나중에는 소리를 내는 대신 다양한 센터의 빛 에너지에만 집중했다. 소리는 성공에 중요하지 않고, 다양한 에너지 센터에서 단어를 상상하는 것도 중요하지 않다. 만일 당신이 소리를 내는 것이 편하다면, 당연히 그렇게 해도 된다. 그러면 결과가 훨씬 더 강력해질 것이다. 그러나 소리가 필수 요소는 아니다. 나는 수년간 이 명상을 완전한 침묵 속에서 해왔고, 놀라운 결과를 봤다.

또한 그는 각 에너지 센터에서 5분 정도 휴식을 취하라고 제안한다. 이는 각 센터에서 명상을 25분간 수행한다는 의미다. 나는 이보다 더 짧게 쉬는 시간을 갖는다. 에너지 순환시키기, 치유하기, 풍요로움 끌어당기기 등 다른 명상으로 넘어가고 싶을 때는 단 한 번의 호흡만으로 끝낸 적도 있다.

며칠만 연습하면 소위 정신센터라 불리는 머리 위에서
그 이름이 진동하는 것을 상상하기가 꽤 쉬워질 것이다.
이 정신센터는 우리 안에 내재된 가려진 신성, 즉 우리
모두가 이끌어낼 수 있는 기본적인 영적 자아다. 에흐

예Eheieh는 문자 그대로 '**나는 존재한다**I am'는 뜻이며, 이 센터는 내면의 '**나**'라는 의식을 나타낸다.

상상을 통해서 진동을 이 정신센터로 향하게 하는 이유는 역동적인 활동으로 이 센터를 깨우기 위해서다. 이 센터가 진동하고 회전하기 시작하면, 빛과 에너지가 아래, 위, 그리고 몸 안으로 발산되는 것을 느낄 수 있다. 정신적 에너지의 막대한 전하가 뇌로 유입되고, 온몸이 생기와 활력으로 가득 차게 된다. 심지어 손끝과 발끝도 처음에는 미세한 따끔거림을 느끼면서 두정(정신)센터가 깨어나는 것에 반응한다.

음을 흥얼거리는 대신 단어나 이름을 발성할 경우, 연습을 시작한 처음 몇 주 동안은 중간 크기의 낭랑한 톤으로 발성하는 것이 좋다. 기술이 생기면 침묵 속에서 진동을 연습할 수 있고, 마음속으로 떠올린 단어를 이 정신센터에 위치시킬 수 있다. 만약 집중이 잘 안된다면, 진동을 자주 반복하면 집중력을 기르는 데 큰 도움이 된다.

이 정신센터의 빛 속에서 약 5분가량 휴식한다. 정신센터가 빛나도록 두고, 그것의 역동적인 에너지를 느낀다.

그런 다음 그 빛이 아래쪽 두개골과 뇌까지 백색 혹은 금색 빛줄기를 발산하고 목에서 멈춘다고 상상한다. 이 어서 이 빛이 확장되어 눈썹을 포함한 얼굴의 상당 부분을 비추는 두 번째 빛의 구체를 형성한다.

이 부분을 공기센터라고 부른다. 정신센터와 비슷한 기술이 이 센터에도 적용된다. 이 센터를 내부에서 빛을 발산하는 백색 또는 금색의 진동하는 구체로, 강력하고 생생하게 시각화한다.

이 센터에서 진동시켜야 하는 이름은 '예호바 엘로힘 Jehovah Elohim'이다. 혹은 'I see(나는 안다)', 'I speak(나는 말한다)'이라는 말을 사용해도 된다. 혹은 그 센터에 대해 명상하고 당신만의 단어를 만들어 내도 된다. 아니면 그냥 공기센터의 밝은 빛을 향해 음을 흥얼거리만 해도 된다.

에흐예, 예호바, 엘로힘 등 이 센터들의 전통적인 이름들은 실제로 구약성경의 여러 부분에서 하느님에게 부여된 이름이다. 이 명칭들의 다양성과 변형은 각기 다른 신적 기능에서 기인한다. 어떤 특정한 방식으로 행동할 때, 성경의 필자들은 하느님을 하나의 이름으로 묘사하며, 다른 행동을 할 때는 또 다른 이름을 사용한다. 다시 말해 표현하거나 묘사하는 행동이나 상태에 좀 더 적절한 이름을 사용한다.

이 시스템은 고대 히브리의 신비주의 전통에 뿌리를 두고 있다. 이 시스템의 창시자들은 높은 종교적 열망과 천재성을 가진 민족이었음이 틀림없다. 그들의 업적은 시간을 초월하고 심지어 다양한 종교적·철학적 믿음까지도 모두 초월한다.

우리의 목적을 위해 이러한 성경 속 신의 이름들을 사용한다고 해서 그 안에 어떤 종교적 함의를 내포하는 것은 아니다. 고대의 종교관에 전혀 동의하지 않더라도 누구나 이 이름들을 사용할 수 있다. 유대교, 기독교, 힌두교, 불교, 이슬람교를 믿는 사람이든, 토속종교를 믿는 사람이든, 무신론자이든, 그 밖의 어떤 사람이든 마찬가지다.

이것은 순전히 실용적이고 경험적인 시스템으로, 이를 수행하는 사람의 의심 혹은 믿음과 무관하게 효과적이다. 오늘날 우리는 이 신성한 이름들을 전혀 다른 유용한 관점에서 생각해 볼 수 있다. 이 이름들은 우리 본성을 이루는 다양한 구성 요소의 핵심이며, 대체로 잠재의식에

속하는 정신세계의 다양한 차원에 도달하는 통로다.

이 이름들은 이 책에서 설명하고 있는 정신적 센터들의 진동 주파수 혹은 상징적인 특징이다. 발성음으로 그 이름들을 사용하면, 그 발성음의 주파수와 일치하는 센터의 활동을 깨우고, 우리의 의식 세계가 우리 본성의 잠재의식에 있는 영적인 측면의 다양한 차원을 깨닫게 만든다. 이 이름들이 갖고 있는 실제의 종교적 의미나 문자적 번역은 우리의 관심사가 아니다.

다시 한번 더 목 속의 공기센터에 집중하고, 공기센터가 확실한 감각적 경험으로 인식되고 분명하게 느껴질 때까지 그 진동음을 여러 차례 발성한다. 그러한 감각이 깨어나는 것을 분명하게 느낀다.

공기센터와 다음에 이어지는 센터에서도 정신센터에서 명상하는 데 투여한 시간만큼을 할애한다. 그다음 상상력의 도움을 받아 그 센터에서 아래로 빛줄기를 내려보낸다.

그 빛은 흉골 혹은 가슴뼈 바로 아래에 있는 명치 부분까지 내려간다. 이 빛줄기가 그곳에서 다시 한번 확장되어 세 번째 구체를 형성한다. 이곳이 바로 불센터다.

이 센터에 불이라는 명칭을 부여하는 것은 특히나 적절하다. 심장은 보통 감정, 사랑, 고차원의 감정과 관련이 있기 때문이다. 불센터의 범위는 신체 전면부에서부터 후면부까지를 포함한다.

이 부분에서 진동시켜야 하는 이름은 '예호바 엘로아 베다아스Jehovah Eloah ve-Daas'다. 여기서 진동시켜야 하는 영어 단어는 'I love(나는 사랑한다)'이다.

그 음이 백색 혹은 금빛 구체에서 잘 진동하는지 주의를 기울인다. 이렇게 하면 따뜻한 빛이 이 센터에서 밖으로 발산되어 그 주변의 모든 부위와 기관을 부드럽게 자극하는 것이 느껴진다.

마음은 몸 안에서, 그리고 몸을 통해 기능하므로 마음과 공존하는 정신적·정서적 기능 역시 센터에서 흘러나오는 역동적인 에너지에 의해 자극받는다. 의식과 잠재의식을 나누는 견고해 보이는 장벽이 서서히 무너지기 시작한다. 이 장벽은 일종의 방어벽으로, 우리의 자유로운 표현을 방해하고 영적 성장을 막는다. 시간이 흐르고 수

행이 계속되면, 이 장벽은 완전히 사라지고 인격은 점차
통합되고 온전해진다.

진정한 활력이
몸과 마음의 모든 기능으로 확산되고
행복은 영원한 축복으로 따라온다.

이 빛줄기가 명치에서 골반부로 내려가게 한다. 골반부
는 물센터로, 생식기관이 위치한다. 상위에 있는 불센터
와 같은 크기의 빛나는 구체가 이곳에도 있다고 시각화
한다. 이곳에서도 골반부에 있는 수많은 조직의 세포와
분자에 빠른 진동을 일으키는 이름을 읊는다. 그 이름은
'샤흐디 엘키Shaddai El Chai'다. 여기서 발성해야 하는 영어
단어는 'I create(나는 창조한다)'이다.

몇 분 동안 이 구체와 단어(혹은 순수한 진동)에 주의를
집중하고, 이 구체를 백색 혹은 금색 빛으로 시각화한다.

처음에는 이 빛에서 주의가 분산되기 마련이다. 그럴 때
마다 이 센터와 관련된 이름, 단어, 음조를 반복적으로
강하게 진동시켜서 다시 정신을 집중할 수 있도록 부드
럽게 회유한다.

마지막 단계는 빛줄기가 생식기관 영역에서 다시 한번 아래로 하강해서 허벅지와 다리를 지나 두 발에 이르는 것을 시각화하는 것이다. 그곳에서 빛줄기가 확장되어 다섯 번째 구체를 형성한다. 이 구체를 흙센터라고 부른다.

이곳에서도 이전과 같이 밝게 빛나는 구체를 같은 크기로 시각화한다. '아도나이 하 아레츠Adonai ha Aretz'라는 이름을 발성하거나 영어 단어 'I bless(나는 축복한다)'를 발성한다.

변함없는 꾸준한 생각과 반복적인 발성으로 몇 분 동안 이 센터를 깨운 다음 잠시 멈춘다.

비할 데 없이 눈부신
다섯 개의 아름다운 다이아몬드가 박혀 있는 듯한
은빛 혹은 금빛의 빛줄기를 선명하게 시각화한다.

정수리에서 발바닥까지 뻗어 있는 빛기둥 전체를 시각화한다. 몇 분이면 이 상상을 현실로 만들고, 인격에 작용하는 강력한 힘을 생생하게 깨닫게 된다. 그 힘은 변형되어 상상 속 센터들을 통과한 후 마침내 신체적·정신적·정서적 시스템에 흡수된다.

리드미컬한 호흡과 함께 에너지가 미들필라라고 불리는 빛줄기를 따라 하강하는 것을 의식적으로 시각화하면 최고의 결과를 얻을 수 있다.

색상 더하기

이 센터들을 형성하는 데 익숙해지고 기술이 생기면, 이 기술에 또 다른 요소를 추가할 수 있다. 앞서 언급했듯이, 이 기술에서 색상은 중요한 요소다. 각 센터는 서로 다른 색 속성을 갖고 있지만, 흰색이나 금색 이외에 다른 색상은 장기간 사용하지 않는 것이 좋다.

정신 혹은 두정 센터에는 흰색 또는 금색이 속한다. 흰색이나 금색은 순수함, 영혼, 신성함 등을 상징한다. 이는 인간적인 요소라기보다는 전 인류를 초월하는 보편적이고 우주적인 법칙을 나타낸다. 그러나 그 빛줄기는 아래로 내려가면서 색상이 바뀐다.

공기 혹은 목센터에는 연보라색이 속한다. 연보라색은 특히 인간의 의식과 같은 정신적 능력을 상징한다.

불센터는 빨간색과 명백한 연관성을 갖는다.

물센터에는 파란색이 속한다. 파란색은 평화, 고요함, 평온함을 상징하는 색으로, 엄청난 힘과 활력을 감추고 있다. 다시 말해 파란색의 평화는 나약함의 관성이 아니라 힘과 활력으로 이루어진 평화다.

마지막으로, 가장 낮은 곳에 있는 흙센터에 부여된 색은 깊고 풍부한 흙색인 적갈색이다. 적갈색은 우리가 휴식하는 기반을 상징한다.

이 센터들은 각각 서로 다른 정신적 구성 요소와 밀접하게 연관되어 있다. 한 센터는 감정 및 기분과 일치하거나 연관된 반면, 다른 센터는 명백한 지적 특성을 갖는다. 따라서 이 센터들을 자극해서 점진적으로 균형과 평온의 상태로 만들면, 결국 우리의 본성을 이루는 모든 부분에서 조화로운 반응을 유도할 수 있다. 이는 경험으로도 입증된 사실이다.

몸에 질병이 생기면, 관련 센터가 건강에 해로운 방식으로 영향을 받은 것으로 볼 수 있다. 생각, 소리, 색상으로 해당 센터를 자극하면, 해당 센터에 상응하는 초자연적

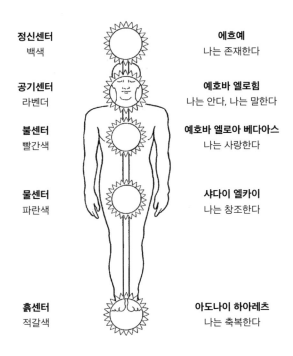

정신센터 백색		에흐예 나는 존재한다
공기센터 라벤더		예호바 엘로힘 나는 안다, 나는 말한다
불센터 빨간색		예호바 엘로아 베다아스 나는 사랑한다
물센터 파란색		샤다이 엘카이 나는 창조한다
흙센터 적갈색		아도나이 하아레츠 나는 축복한다

원리를 자극하여 불균형이 해소된다. 곧 질병이 사라지고, 새로운 세포와 조직이 형성되는 신체적 반응이 일어난다. 이는 건강의 징후다.

에너지 순환

에너지 센터들을 시각화하여 힘과 영적 에너지를 몸에 불어넣은 후, 이를 어떻게 사용하면 좋을까? 즉 모든 세포, 모든 원자, 모든 기관이 이 역동적인 에너지의 흐름을 통해서 자극받고 활력을 얻으려면 이 힘을 어떻게 사용해야 할까?

우선, 정신을 다시 두정부에 있는 구체에 집중하고, 두정부가 왕성하게 활동하는 상태라고 상상한다. 이 구체가 빠르게 회전하면서 주변에서 영적 에너지를 흡수하고, 이 에너지를 인간의 모든 활동에 즉시 사용할 수 있도록 변화시킨다.

그다음, 이 변화된 에너지가 왼쪽 머리, 왼쪽 몸통, 왼쪽 다리를 타고 마치 강물처럼 아래로 흘러 내려간다고 상상한다. 이 에너지 줄기가 내려가는 동안, 편안한 리듬에 맞춰 천천히 숨을 내쉰다.

그러고 나서 천천히 숨을 들이마시고 이 생명의 에너지 줄기가 왼발바닥에서 오른발로 옮겨간 후, 서서히 오른쪽 몸을 타고 올라간다고 상상한다. 이러한 방식으로 이 에너지 줄기는 처음 발현된 곳, 즉 인간의 모든 에너지와 활력의 근원지인 두정부로 되돌아와서 폐쇄식 전기 회로를 형성한다.

이 에너지가 몸의 가장자리를 따라 이동하는 것이 아니

라 몸 안에서 흐른다고 상상한다. 이는 순전히 물리적인 순환이 아니라 내면의 정신적 순환이다. 정신에 의해 이 순환이 확고하게 정착되면, 이 에너지가 당신이 호흡하는 리듬에 맞춰 몇 초간 고르게 흐르게 둔다. 이 순환이 대여섯 번 또는 원한다면 그 이상 이루어지도록 한다.

그다음, 이 순환을 약간 다른 방향으로 반복한다. 활력이 넘치는 에너지가 머리 위 두정부에서 시작해 뒤통수를 지나 몸의 후면부를 타고 내려간다고 상상한다. 이 에너지는 발바닥으로 내려가서, 꽤 넓은 띠의 형태로 몸의 전면부를 타고 올라간다. 이 활력 에너지가 진동하면서 이동할 때 느리고 규칙적인 들숨과 날숨을 동반해야 하며, 적어도 6회는 순환을 지속해야 한다.

몸의 앞면과 뒷면을 타고 흐르는 이 순환 운동의 일반적인 효과는 몸 안팎에 빠르게 순환하는 물질과 힘으로 이루어진 물리적 형태의 타원형(달걀과 유사한 모양)을 만드는 것이다. 이 기술로 만들어진 정신적 에너지는 매우 역동적이며 활동적이기 때문에 사방으로 방사되어 상당히 먼 거리까지 퍼져 나간다.

달걀 모양의 타원형을 형성하고, 색을 입히고, 정보를 전달하는 것이 바로 이 방사다. 타원형은 물리적인 틀의 크기나 형태에 국한되지 않는다. 일반적인 인식과 경험에 따르면, 발광과 자력을 가진 이 원은 한 팔을 쭉 뻗은 정도의 거리까지 바깥으로 확장된다. 육화된 인간은 우리가 소위 아우라aura라고 부르는 기운 속에서, 마치 견과류 껍질 속의 알맹이처럼 존재한다.

이 정신적 훈련을 통해서 몸에 유입된 에너지를 순환시키는 것은 인체의 구석구석을 생기와 에너지로 충만하게 충전하는 것과 같다. 일반적인 건강 측면에서, 당연히 이 에너지 순환은 견과류의 껍질 안에 있는 '알맹이'에 상당한 영향을 미칠 수밖에 없다.

마지막 순환 방법은 분수의 작동과 비슷하다. 파이프를 통해서 끌어올린 물이 위로 솟아올라 사방으로 분사되는 것처럼, 이 마지막 순환으로 유도된 에너지도 마찬가지다.

이제 생각을 흙센터로 내려보내고 그것이 다른 모든 센터의 정점, 모든 에너지의 수용체, 유입되는 활력 에너지의 저장소이자 종착지라고 상상한다.

그다음 이 에너지가 정수리 위쪽에 있는 정신센터의 자기력에 의해 위로 끌어올려지거나 빨려 올라간다고 상상한다. 이 에너지가 통로를 따라 올라가서 머리 위에서 놀라운 분수 형태로 치솟았다가 타원형 아우라의 경계 안으로 떨어지는 모습을 상상한다.

이 에너지가 발밑까지 내려와 다시 흙센터에 모여서 결집된 후, 다시 통로를 따라 위로 솟구친다.

이 분수 순환은 일정한 리듬의 들숨과 날숨을 동반해야 한다. 이러한 방법으로 치유의 에너지가 몸의 모든 부분으로 분산된다. 몸의 모든 기관, 팔다리의 모든 원자나 세포까지도 이 치유의 재생 에너지의 영향을 받는다.

치유

이 순환이 마무리되면, 마음을 고요히 가라앉히고 온몸을 둘러싸고 있는 영적이고, 활력이 넘치며, 치유의 빛으로 이루어진 구체를 떠올린다. 이 장면은 가능한 한 생생하고 강력하게 시각화해야 한다.

설명한 방식으로 아우라를 부분적으로 혹은 완벽하게 형성한 후 느껴지는 감각은 쉽게 알아차릴 수 있을 정도로 매우 또렷하고 분명하다. 마음이 평온하고 고요한 것처럼 느껴지며, 극도의 평정심, 활력, 침착함이 특징이다.

몸은 완벽한 안정 상태이며, 모든 부분에서 에너지가 충만하게 채워지고 활력 넘치는 생명의 전류가 스며든 것처럼 느껴진다. 내부의 생명 에너지가 강해지면서 온몸의 피부에서 약간의 따끔거림과 온기가 느껴진다. 두 눈은 맑고 선명해지며, 피부는 생기 있고 건강하게 빛나고, 모든 기능(영적·정신적·정서적·신체적 기능)이 현저하게 향상된다.

만일 체내 기관이나 사지에 기능적인 장애가 있다면, 이제 해당 부위에 주의를 기울이고 집중해야 한다. 정신을 집중하면, 평균 수준을 훨씬 웃도는 에너지가 흐르고 병든 장기는 빛과 에너지의 바다에 흠뻑 잠기게 된다.

병든 조직과 세포는 이러한 에너지의 자극을 받아 점차 분해되고 몸에서 배출된다. 그러면 활력이 넘치는 혈류가 병든 부위에 새로운 영양분과 생기를 보내어 새로운 세포, 조직, 섬유조직 등이 쉽게 생성된다. 이런 식으로 신성한 에너지를 끊임없이 집중시키면 건강이 회복된다.

질병이 깊지 않은 경우에는 며칠 동안, 만성 질환이나 심각한 질환의 경우에는 몇 달 동안 이 순환 운동을 수행한다. 그러면 모든 증상이 완벽하게 사라지고, 그러한 증상이 사라진 자리에 다른 증상이 생기지 않을 것이다.

이 에너지 순환 훈련의 효과는
증상의 억제가 아니라 질병의 완전한 치료에 있다.

이 방법들을 이용해서 정신적·정서적 문제도 효과적으로 치료할 수 있다. 이는 잠재의식의 가장 심층에서 에너지 전류가 발생하기 때문이다. 이 잠재의식의 가장 심층은 정신적·정서적 신경증들의 발원지이며, 이곳에서 이 신경증들이 인체의 자연적인 에너지를 가두고 자발적이고 자유로운 정신의 표현을 막는다. 온몸을 통해서 생명 에너지가 상승하면, 정신적 기능의 다양한 층을 구분하는 강화장벽과 결정체들이 해체된다.

만일 육체적 질병을 해결해야 하는 문제일 경우, 따라야 할 절차가 약간 다르다. 그리고 문제가 심각하다면, 당연히 유능한 의사와 상담해야 한다. 이 경우, 종양이나 병변과 같은 모든 문제를 치료하고, 전신 및 대사 활동을 활성화하여 새로운 조직과 세포 구조를 생성하려면 훨씬 더 강한 에너지 흐름이 필요하다.

이때 도움을 줄 조력자가 있다면, 그의 생명 에너지가 아픈 환자의 에너지에 더해져서 질병을 극복하는 데 도움이 된다. 다음에 소개하는 방법은 누구나 따라 할 수 있는 유용한 기술이다. 이는 나의 개인적 경험을 통해서 상당히 효과적인 것으로 확인되었다.

우선, 미들필라 명상을 시도하기 전에 신체의 모든 조직을 완전히 이완시킨다. 모든 신경근의 긴장을 인식하는 것만으로도 환자는 고도로 이완된 상태에 들어갈 수 있다. 의식意識은 긴장을 풀어주고 근육이나 팔다리의 이완을 유도할 수 있다.

처음에는 척추 도수치료나 강도 높은 마사지가 큰 도움이 될 수 있다. 이렇게 하면 혈액과 림프계의 순환이 촉진되고, 생리학적 관점에서 볼 때 절반은 이긴 셈이나 다름없다.

적정한 수준으로 긴장이 풀리고 나면, 환자의 발을 발목 위에서 교차시키고, 손가락은 깍지를 긴 채 명치 위에 가볍게 올려놓도록 한다. 이 방법을 수행하는 사람 혹은 치유자는 환자가 오른손잡이일 경우 환자의 오른쪽에 앉아서 오른손을 환자의 깍지 낀 두 손 아래 명치에 가볍게 얹는다. 그리고 왼손은 환자의 머리에 얹는다(왼손잡이 환자의 경우 이와 반대로 한다).

라포rapport가 형성되면, 몇 분 안에 자기장과 활력 에너지의 자유로운 순환이 시작된다. 이는 환자와 치유자 모두 쉽게 감지할 수 있다.

환자는 들어오는 에너지를 절대적으로 수용하는 태도를 가져야 한다. 환자가 치유자의 진실성이나 능력에 대해 확고한 신뢰와 믿음을 가지고 있다면 자연스럽게 그렇게 될 것이다. 잠시 침묵과 고요를 유지한다. 그러고 나서 치유자는 조용히 자신의 몸에 집중하고, 환자와의 신체적 접촉을 유지한 상태로 미들필라 명상을 수행한다.

치유자의 각성된 영적 센터들이
연민을 통해서 환자에게 영향을 미친다.

비슷한 각성이 환자의 구체 안에서도 일어난다. 환자의 영적 센터들이 마침내 작동하기 시작하고, 에너지가 환자의 몸 안으로 끊임없이 밀려 들어온다. 치유자가 에너지 센터의 신성한 이름들을 소리 내어 발성하지 않아도, 손가락을 통해서 흐르는 에너지가 환자의 몸 안에서 치유 활동을 촉진하는 에너지를 준비시킨다. 동시에 환자의 정신적·영적 센터들도 활성화되어 에너지를 적극적으로 흡수하고 투사하여, 환자가 의식적으로 노력하지 않아도 환자의 몸은 치유와 생명의 신성한 에너지로 가득 차게 된다.

순환 단계에 도달하면, 치유자는 진정한 마법의 힘인 자신의 시각화 능력을 사용하여 강화된 에너지 전류가 자신의 구체는 물론 환자의 모든 구체에 흐르게 한다.

치유자와 환자의 라포는 이제 미묘한 변화를 겪기 시작한다. 이전에는 친밀한 공감과 조화로운 마음의 상태를 유지했다면, 에너지가 순환하는 동안, 그리고 그 이후에는 두 개의 에너지장이 실제로 결합하고 서로 섞이게 된다. 생명 에너지의 교환과 전이가 진행되면서 두 사람은 하나의 연속성을 가진 구체로 통합된다.

치유자(혹은 치유자의 잠재의식이나 영적 자아)는 투사된 에너지 전류가 얼마나 강해야 하는지, 그리고 그 전류를 정확히 어디로 보내야 하는지를 예측할 수 있다.

이러한 방법을 사용할 때 환자의 협조와 훈련을 포함한 여러 가지 치료법은 환자의 원래 상태를 완화하는 데 분명 큰 도움이 될 것이다. 필요한 경우, 앞서 설명한 방법과 더불어 의학적·조직적 방법을 결합하여 치유를 촉진하고 가속화할 수 있다.

육체적 질병을 치유하는 것에 중점을 두었지만, 이 방법은 다른 문제에도 충분히 적용할 수 있다. 이 방법은 빈곤 문제, 인격 발달의 문제, 대인관계 혹은 결혼 생활의 어려움 등 우리가 직면할 수 있는 다른 모든 유형의 문제를 해결할 때도 강력한 창조적 도구로 사용될 수 있다.

어쩌면 몸이 아플 수 있다. 아니면 돈이 필요할 수 있다. 또는 바람직하지 않은 도덕적·정신적 특성을 갖고 있거나 그 밖의 다른 문제가 있을 수 있다.

우리는 이 에너지를 사용하여
우리의 마음을 고양시킬 수 있으며
별다른 노력을 기울이지 않고도
마음속의 소망이 저절로 실현되게 할 수 있다.

한마디로 마법이란

나는 "한마디로 마법이란" 표현이 이스라엘 레가디의 저서 《진정한 치유의 기술》에서 핵심이 되는 말이라고 생각한다. 그의 저서는 이제까지 쓰인 마법에 관한 책 중 가장 짧은 책이자 가장 강력한 책이다. 이 장에서 축약된 설명을 살펴본 것만으로도 마법에 대한 강좌의 전 과정을 수강한 것과 같다고 볼 수 있다.

미들필라 명상은 너무나 즐겁기 때문에 나는 수년간 이 명상을 계속해 왔다. 당신은 완전히 긴장을 푼 상태에서 등을 바닥에 대고 누워서 명상할 수 있다(솔직히 말하면, 누워서 이 명상을 수행하다가 잠이 든 적이 많다. 그래서 내가 명상하러 간다고 말하면 가족들은 조롱의 반응을 보인다. 그들은 "암요, 그러시겠죠."라고 말하고는 크게 코골이 소리를 낸다. 명상을 할 때 가끔 코를 고는 건 사실이지만, 어느 날은 상상이라는 멋지고 강력한 여행을 하기도 한다. 내 인생을 바꿔놓은 그런 여행을).

당신도 이 미들필라 명상을 수많은 창조적 방식으로 자신에게 맞게끔 변형할 수 있다. 자연스럽게 이 과정을 즐기게 될 것이다. 게다가 명상은 게으름을 피울 수 있는 좋은 핑곗거리가 된다. 그리고 당신이 느끼는 즐거움 그 자체는 이 명상이 제공하는 강력한 창조 에너지의 일부가 된다.

당신이 상상하는 것이 무엇이든, 이 시각화 과정을 즐기는 데 시간을 할애하라. 그러면 원하는 바를 얻고, 원하는 모습이 되는 것이 정확히 어떤 느낌인지 분명히 느낄 수 있다.

당신의 바람이
최고의 선, 즉 당신의 영적 존재와 일치하고
창조하고 싶은 것에 대해 명확하게 알고 있으며
이를 정기적으로 자주 시각화한다면,
곧 물리적 현실에서 실현될 것이다.

편안하고 적절하다고 느끼는 방식으로 명상을 끝낸다. 당신이 시각화한 것을 우주로 띄워 보내고, 우주가 세부 사항을 처리하도록 둬라. 기도를 해도 된다. 빛나는 명상을 통해 지구라는 행성 전체가 치유의 빛에 휩싸인 모습을 상상할 수도 있다.

당신 내면의 광채 속에서 조용히 명상하고, 떠오르는 생각들을 지켜보고, 그 생각들이 지나가게 둔다. 삶을 인도해 달라고 요청하고, 당신 안의 심오한 지혜의 원천으로부터 그 답을 들을 수 있다. 아니면 놀라운 치유의 침묵 속에서 그냥 앉아 있거나 등을 대고 누워 있어도 된다.

마지막 심호흡으로 마무리하고, 눈을 뜨고 깨어 있는 현실로 되돌아온다. 당신 자신과 당신의 세계가 조화를 이룬 상태에서 편안하고 상쾌하며 평화로운 기분을 느낀다.

그렇게 될 것이고, 그렇다.

5장

강력한 효과를 지닌 시각화 훈련

인생을 사는 방식은 단 두 가지뿐이다.
하나는 기적이란 절대 없는 것처럼 사는 것이고,
다른 하나는 모든 것이 기적인 것처럼 사는 것이다.
그리고 나는 후자를 선택한다.

— 알베르트 아인슈타인Albert Einstein

모든 삶은 기적이다. 생명 에너지 자체가 기적이기 때문이다. 당신의 몸은 기적이다. 당신의 사고는 무한하다. 당신의 뇌 1제곱밀리미터 안에는 은하수에 존재하는 별보다 더 많은 연결고리가 있다. 그것은 우리가 무한한 창조력을 갖고 있다는 의미다. 그러한 관점에서 본다면, 우리는 모두 마법사와 같다.

보호의 기도

마법 도구에서 가장 훌륭한 도구 중 하나는 보호의 기도다. 이 말들이나 유사한 말들을 반복하는 것은 매우 효과적이다. 이 기도를 하는 동안 자신에게 집중하거나 다른 사람을 기도의 빛으로 둥글게 감쌀 수 있다. 가족을 위해서도 혹은 전 인류를 위해서도 기도할 수 있다.

이 기도의 형태는 매우 다양하다. 어떤 기도들은 '**내 안에 흐르고 나를 치유한다**'라는 말을 포함하지 않을 수도 있다. 언제나 그렇듯이 당신에게 가장 적합한 말을 찾으면 된다.

편안하게 앉거나 눕는다. 혹은 가만히 서 있어도 된다.
깊게 숨을 들이마시면서 긴장을 푼다. 그리고 숨을 내쉴 때 모든 생각을 놓아버린다.
당신의 존재를 느낀다. 그것은 당신 안에 있는 생명 에너지다.
이 기도를 마음속으로 하거나, 속삭이거나, 큰 소리로 온 세상에 선포한다.

신의 빛이 나를 에워싸고
신의 사랑이 나를 감싸안고
신의 힘이 내 안에 흐른다.
내가 어디에 있든 신이 함께하시므로
모든 것이 잘될 것이다.

신의 빛이 우리를 에워싸고

신의 사랑이 우리를 감싸안고
신의 힘이 우리 안에 흐르고,
우리를 치유하고 보호한다.
우리가 어디에 있든 신이 함께하시므로
모든 것이 잘될 것이다.

신은 어디에든 존재한다. 그러므로 당신이 어디에 있든 신이 함께한다. 그리고 신이 있는 곳이라면, 모든 것이 잘될 것이다.

이 기도를 하는 또 다른 방법은 다음과 같다. "생명의 에너지는 어디에나 있다. 그리고 생명의 에너지가 있는 곳에서는 모든 것이 잘될 것이다."

이 강력한 말들을 반복한다. 필요하다면 하루 종일 여러 번 반복해도 된다. 브라질 사람들은 만나서 인사할 때 보통 "투도 벰Tudo bem?"이라고 묻고, "투도 벰Tudo bem."이라고 답한다. 이는 "다 잘돼가?", "다 잘돼가."라는 뜻이다.

그렇게 될 것이고 그렇다.

———

매직서클

많은 신비주의 전통에서 매직서클magical circle(마법진)을 만들어 사용한다. 매직서클을 만드는 방법은 다양하므로 자신에게 가장 잘 맞는 방법을 찾으면 된다. 어떤 방법은 단순하고 일시적인 시각화 과정을 포함한다. 좀 더 상세하게 상상하거나 실제로 바닥에 원을 그리는 방법도 있다.

매직서클을 만드는 행위에서 핵심은 당신의 몸이 원으로 둘러싸여 있다고 상상하는 것이다. 당신이 서 있든, 앉아 있든, 누워 있든 상관없다. 그 원 안에 온 세계와 온 우주가 들어 있다.

위에서 그러하듯 아래에서도 그러하다.

전체의 아주 작은 부분은 대우주 전체를 반영하는 소우주다.

언제든 상상력을 동원해서 즉시 당신 주위에 매직서클을 만들 수 있다. 아니면 원 주위를 걸으면서 마음속으로 뚜렷하게 윤곽을 그릴 수 있다.

원 안에서 할 수 있는 일들의 선택지는 당신만큼이나 무한하다. 매직서클을 이용해서 보호의 기도를 올릴 수 있고 애착의 끈을 끊을 수도 있다. 필요하거나 원하는 모든 에너지를 자신에게 끌어올 수도 있다.

지금까지 우리가 이 강좌에서 수행한 모든 명상을 매직서클 안에서 할 수 있다. 이 방법은 당신이 꿈꾸는 삶을 창조하는 데 도움이 된다.

매직서클 안에 있으면 강력한 창조적 에너지를 발산할 수 있다.

심지어 파괴적 에너지도 발산할 수 있다. 당신이 그 길을 갈 만큼 무지하다면 말이다. 구체적인 수행에 들어가기 전에 먼저 백마법과 흑마법에 대해서 간략하게 이야기하려고 한다. 이 강좌에서 흑마법에 대해서 언급하는 것은 이번이 처음이자 마지막이다.

마법 의식은 선을 위해서도, 악을 위해서도 사용할 수 있다. 분명한 것은 마법을 악한 일, 즉 타인을 해하는 데 사용하는 사람은 어리석으며, 마법의 힘을 심하게 오용하는 것이다. 왜냐하면 이는 결국 자신에게 해를 입히기 때문이다. 흑마법에 빠지는 사람은 카르마의 법칙을 이해하지 못하는 사람이다. 즉 무엇을 하든 그것은 결국 자신에게 돌아온다는 것, 그리고 다른 사람을 해하려는 사람은 결국 자신을 해하게 된다는 사실을 모르는 것이다.

처음 매직서클을 알게 됐을 때, 나는 귀중한 조언 하나를 들었다. 마법은 일명 아스트랄계라고 불리는 곳에서 작동한다. 아스트랄계란 상상의 차원, 감정의 차원, 생각의 차원, 영적인 차원을 설명하는 데 사용되는 단어로, 물리적 차원을 초월한다.

아스트랄계는 고차원과 저차원 두 가지로 이루어진다. 우리의 모든 작업과 초점은 늘 고차원의 아스트랄계에 있어야 한다. 이는 그곳이 연민, 광활한 힘, 지혜의 빛으로 가득 차 있기 때문이다. 저차원의 아스트랄계는 분노, 탐욕, 무지의 어둠으로 가득 차 있으며 철저히 피해야 한다. 그곳에 가서는 안 된다. 만일 그곳에 간다면 자신을 해할 뿐이다.

마음은 자신의 터전으로,

그 자체로 지옥 속에서 천국을 만들 수도 있고,

천국 속에서 지옥을 만들 수도 있다.

— 존 밀턴John Milton

우리가 정신을 집중하는 것들이 우리가 창조하는 현실이 된다. 지금 이곳에서 천국을 창조할지, 지옥을 창조할지는 우리의 선택에 달려 있다.

마법을 활용할 때 문제를 일으키지 않을 방법은 간단하다. 우리는 그 방법을 이 책에서 이미 여러 차례 확인했다. 그것은 모든 게 모두의 최고선을 위해서 잘될 것이라고 끊임없이 확신하는 것이다. 절대로 누군가를 해하려고 해서는 안 된다. 이제 다음과 같은 말로 세션을 마무리한다.

완전히 만족스럽고 조화로운 방식으로

모두의 최고선을 위해서

이것 혹은 이보다 더 나은 어떤 것이

곧 실현될 것이다.

그렇게 될 것이고, 그렇다.

이제 우리는 매직서클을 만들 준비가 되었다. 그것이 큰 도움이 되리라는 것을 알고, 누구에게도 해를 끼치지 않을 것임을 안다.

일어서거나, 편안하게 앉거나, 등을 대고 바닥에 눕는다.
두 눈을 감고 숨을 깊게 들이마시고, 호흡을 정화하고,
몸의 긴장을 푼다.
한 번 더 숨을 깊게 들이마시고, 호흡을 정화하고, 마음
을 편안하게 하고 모든 생각을 내려놓는다.
또다시 숨을 깊게 들이마시고, 호흡을 정화하고, 모든 것
을 내려놓는다.
고요함과 현재의 경이 속에서 잠시 휴식한다.

두 눈을 뜨고, 당신을 둘러싼 원의 경계를 분명하게 상
상한다.
당신이 그 원의 한복판에 있다고 상상한다.
원한다면, 그리고 가능하다면, 원의 둘레를 따라 시계방
향으로 여러 차례 걸으면서 원의 크기와 위치를 확실하
게 파악한다.
실제로 원둘레를 걸을 필요는 없다. 상상으로도 할 수
있다. 시계방향으로 뚜렷한 원의 경계선을 그리며 걷는
것에 주의를 집중하면 된다.
빛의 원, 에너지로 가득 찬 빛나는 기둥에 갇힌 것 같은
기분이 들 때까지 이 훈련을 여러 번 반복한다.
두 눈을 감고 이 빛나는 원 안에 당신의 모든 정신을 집

중시킨다.

이 원 안에는 모든 대우주를 반영하는 소우주가 있다.

이 원 안에 온 세상과 온 우주가 들어 있다.

당신이 이 원의 한복판에서 하는 모든 생각과 행동은 온 우주에 영향을 미친다. 원한다면, 보호의 기도로 시작하는 것이 좋다.

당신은 원하거나 필요한 모든 에너지를 자신에게 끌어당길 수 있다.

어떤 식으로든 당신의 꿈을 제한하는 모든 애착의 끈을 끊을 수 있다.

이 책에서 연습한 명상 중 하나를 시도해 보자. 그러면 원에 집중된 에너지에 의해서 그 효과가 배가될 것이다.

원하는 것을 분명하게 상상할 수 있다면,

쉽고 편안하게, 건강하고 긍정적인 방식으로,

그것은 실현될 것이다.

당신이 꿈꾸는 삶을 분명하게 상상해 보자.

소환하기

당신은 상상력으로 원하는 사람이나 동물, 또는 어떤 신적 존재의 현존이나 영혼을 불러올 수 있다.

여기 몇 가지 가능성이 있으므로 당신에게 맞는 것을 선택하면 된다.

예수가 당신 앞에 서 있다고 상상한다.

그는 두 팔을 옆으로 펼치고 있고, 빛나는 사랑으로 가득 차 있으며, 끊임없는 치유의 에너지로 당신을 감싸고 있다.

당신은 예수의 영혼을 소환하고 있으며 그것은 사랑, 사랑, 사랑이다.

원한다면 말을 걸어보고, 바라는 것을 요청한다.

구하여라, 받을 것이다.

성모 마리아가 두 팔을 벌리고 있다고 상상한다.

그녀의 마음은 모든 이에 대한 연민과 사랑으로 가득 차 있다.

그녀의 따뜻한 평화가 당신을 보호하고, 치유하며, 당신의 내면을 따뜻한 평화로 가득 채운다.

머릿속과 마음속에 떠오르는 그 어떤 전설 속 인물을 상상한다.

당신 앞에 앉아 있는 부처를 상상한다.

그는 현실의 본질을 깨달은 데서 비롯된 위대한 지혜의
빛을 발산한다.

그는 평화, 은총, 빛을 내뿜는다.

그는 빛이며 당신도 그렇다.

깨달음을 얻은 사람의 빛나는 에너지를 느낀다.

그것은 당신의 에너지이기도 하다.

그것은 순수한 빛이다.

부처가 푸른 하늘색으로 변하여 치유의 부처가 된다고
상상한다.

우주의 반짝이는 치유 에너지의 바다에 몸을 담근다.

당신의 내적 안내자가 당신에게 다가온다고 상상한다.

그녀, 그, 혹은 그것은 먼 곳에서 점점 가까이 다가와서
당신을 빛나는 에너지로 채운다.

그들과 이야기를 나눈다. 그들은 이 순간 당신에게 꼭
필요한 조언을 해줄 것이다.

이제까지 만났던 스승을 한 분 떠올린다.

그분은 정신적 스승일 수도 있고, 당신이 앞으로 되고
싶은 사람일 수도 있다.

그들을 기억하는 것만으로, 그들의 에너지를 소환하고

그들의 존재가 당신을 감쌀 것이다.

일부 동양 전통에서는 이를 '**다르샨**darshan(관조)'이라고 부르는데, 깨달음을 얻은 누군가의 존재 자체가 말 없는 가르침을 준다는 의미다.

당신의 내적 스승이 당신을 인도하게 한다.

우리가 받는 최고의 안내는 자신의 내면에서 온다.

그다음 당신의 자연스러운 창조성이 당신을 이끌어가게 한다.

당신이 원하는 누군가의 영혼을 불러낸다.

그, 그녀, 혹은 그것이 당신 앞에 있다고 상상한다.

상상으로 그들을 불러낸다.

그러면 당신은 그들의 존재와 함께 있게 될 것이다.

언제나 모두의 최고선을 위해서.

그리고 이를 계속해서 확신하기 위해서 우리가 해야 할 일은 이 말을 계속 반복하는 것이다.

이는 모두의 최고선을 위한 것이다.

그렇게 될 것이고, 그렇다.

기억하기

우리는 항상 일종의 소환을 수행하며, 우리는 그 행위를 '기억'이라고 부른다. 사랑하는 사람을 기억하는 경우, 그것은 우리에게 영향을 미친다. 우리와 갈등을 겪는 사람을 기억하는 경우에도 마찬가지다.

기억은 무의식적으로 하는 것보다 의식적으로 행할 때 놀랍고 간단하며 효과적인 수행이 된다. 당신은 이제까지 어떤 스승을 만났고, 어떤 사람들을 만났는가? 고도의 의식 수준에서 나오는 에너지를 가진 사람은 누구인가? 그들을 기억할 때, 우리는 그들의 존재 안으로 이끌려 들어가서 더 높은 수준의 의식으로 나아가게 된다.

나는 위대한 선 명상의 대가 세키다 카츠키 스승님을 결코 잊지 못할 것이다. 그분을 생각할 때마다 입가에 미소가 지어진다. 나는 스승님의 존재에서 은총, 평화, 빛을 기억하고, 긴장을 풀고 그 순간을 즐기게 된다. 그의 존재가 나의 존재와 합쳐지면서 나는 훨씬 더 밝아진다. (나는 아직도 그의 저서인 《두 개의 선 고전Two Zen Classics》을 탐독하고 있다. 이 책에는 오래전 등장한 수많은 선사들의 짧은 가르침에 대한 그의 해설이 실려 있다. 내가 몇 달 동안 고민해 온 선문답은 다음과 같다. 선사가 묻는다. **"어떻게 하면 삶과 죽음으로부터 자유로워질 수 있는가?"**, 세키다 카츠키 스승님의 해설은 다음과 같다. **"삶과 죽음에서 어떻게 자유로워질 수 있느냐고? 그것에 대해서 걱정하지 마라."**)

지난 10년 동안, 나는 비공식적으로 에크하르트 톨레의 영혼도 소환하고 있다. 이는 세키다 선생님을 생각할 때와 똑같다. 에크하르트 톨레의 사랑과 이해가 깃든 장난기 가득한 얼굴을 생각할 때마다 내 얼굴엔 미소가 번지고, 긴장을 풀고 그 순간을 즐기게 된다. 가끔 그의 말이 떠오르기도 한다.

삶에 저항하지 않는 것은
은총과 평화와 빛 속에 존재하는 것이다.
— 에크하르트 톨레《지금 이 순간을 살아라》

이 말을 반복하는 것만으로 우리의 삶에 은총과 평화와 빛을 불러올 수 있다.

우리와 다투거나 갈등하는 사람들을 소환하는 데 시간을 덜 쓰고, 우리에게 은총, 평화, 빛을 가져다주는 사람들을 소환하는 데 더 많은 시간을 쓰는 것이 훨씬 더 유익하다.

당신을 웃음 짓게 하는 사람은 누구인가? 그들을 계속해서 떠올리면, 훨씬 더 많이 웃게 될 것이다. 당신의 마음에 감동을 주는 사람은 누구인가? 당신이 더 좋은 사람이 되게 하는 사람은 누구인가? 당신이 원하는 것을 갖고 있는 사람은 누구인가?

그 사람들을 소환하고 기억한다. 당신을 좀 더 드넓은 곳으로 이끌어 줄 수 있는 사람들에게 집중한다. 우리는 이미 무의식적으로 그렇게 하고 있다. 그것을 좀 더 의식적으로 해보고, 최고의 것들에 집중하고, 나머지 것들은 놓아버린다.

이것은 의식적인 진화를 위한 효과적인 도구다.

애착의 끈 끊기

살면서 사람들과 상호작용을 할 때, 그리고 일종의 소환을 할 때, 우리는 종종 그들과 미묘하지만 강력한 유대감을 형성한다. 당신의 마음에 감동을 주는 사람이 친구, 애인 혹은 스승이라면, 그러한 유대감은 치유의 효과가 크다. 그리고 이들은 관계를 다져야 할 대상이다. 반면에 소환의 대상이 어떤 방식으로든 우리를 힘들게 하거나 꿈을 좇고 실현하는 데 방해가 되는 사람이라면, 그들과의 관계는 우리에게 긍정적인 도움을 주지 못하는 애착의 끈이 될 수 있다.

이즈음에서 누군가와 연결된 이 애착의 끈을 끊는 간단한 의식을 하나 소개한다.

머릿속으로 뚜렷한 원을 그리면서 그 주위를 따라 걷는다.

북쪽을 바라보며 그 원의 중앙에 선다.

두 팔을 완전히 들어 올려 머리 위로 뻗고, 손가락은 하늘을 가리킨다.

그다음 손바닥이 당신을 향하도록 돌리고, 양팔을 앞쪽

으로 쓸어내리면서 팔로 절단하는 동작을 한다(오른팔은 시계 반대 방향으로, 왼팔은 시계방향으로 움직인다).

이때 원하는 만큼 빠르게 혹은 느리게 움직인다.

어떤 방식으로든 당신을 구속하고, 제약하고, 억제하는 모든 연결고리를 끊어내고 있다고 상상한다.

타인의 부정적인 영향 혹은 제약으로부터 당신을 해방시키고, 자신의 고유한 빛과 에너지를 소환한다.

북쪽을 향해 그 애착의 끈을 세 차례 쓸어내려 자른다.

그다음 동쪽을 향해 세 차례, 남쪽을 향해서 세 차례, 그리고 서쪽을 향해서 세 차례 각각 쓸어내린다.

이제 방향을 바꿔 아무 쪽이나 바라보고 당신의 의식이 위쪽으로 떠오르게 한다.

정수리를 느낀다.

마음속으로 소환할 때, 당신을 통해 내려오는 빛의 기둥을 느낀다.

당신은 그 빛의 기둥이다.

당신은 빛, 생명, 사랑으로 가득 차 있다.

당신은 사랑이다. 스스로를 사랑으로 가득 채운다.

보호의 기도로 마무리하거나, 당신 안에 있는 사랑과 빛의 바다를 느끼면서 마무리한다.

서로 연결될 때가 있고, 우주의 생명 에너지의 영향만을 받으며 원 안에 홀로 서 있을 때도 있다.

만다라 만들기

만다라Mandala는 산스크리트어로 '원'을 의미한다. 힌두교와 불교 전통에서 수많은 종교미술이 만다라의 형식을 띤다. 힌두교나 불교 만다라의 기본적인 형태는 대부분 각 변에 하나씩 총 4개의 문이 있는 정사각형이다. 이 정사각형 안에는 원과 중심점이 있다. 그 기본 형태에서 각기 다른 다양한 형태의 만다라가 발달했다.

매직서클과 마찬가지로, 당신이 어떤 만다라를 선택하고 만다라 안에 무엇을 포함하든, 그것은 전 세계, 전 우주를 나타낸다. 심지어 전 세계, 전 우주를 포함한다. 원하는 것을 활용해서 만다라를 만들 수 있다. 그 만다라는 일종의 제단이 될 수도 있고, 선반이나 작은 테이블 위에 올려놓을 오브제와 문양이 될 수 있다. 그것은 단 하나의 오브제일 수도 있고, 바닥에 그린 문양이 될 수도 있다.

전통적이든 비전통적이든, 만다라로 만든 아름다운 예술작품은 셀 수 없이 많다. 전통적인 티베트 만다라는 중앙에 피라미드 형태의 산을 포함하고 있다. 이 산은 우주의 중심인 메루산이다.

만다라를 만드는 것은 강력한 효과가 있다. 이것은 매직서클을 만드는 것과 상당히 비슷하다. 만다라에 투영되거나 만다라 안에서 반복되는 생각, 기도, 확언들은 모종의 신비스러운 방식으로 증폭된다.

이것이 사실이라고 믿을 필요는 없다. 그냥 당신의 만다라를 찾거나 만들고, 그것에 약간의 관심과 에너지를 집중시키고 무슨 일이 일어나는지 지켜보면 된다.

이는 이 책에서 행하는 모든 의식이나 연습에서도 마찬가지다. 앞서 언급했고 앞으로도 언급하겠지만, 이러한 의식이나 연습이 당신의 삶에 영향을 미칠 수 있다는 것을 받아들이기 위해 맹신할 필요는 없다. 그냥 몇 가지만 시도해 보자. 그러면 당신의 삶과 주변의 세계에서 이에 따른 결과와 놀라운 변화가 일어나는 것을 보게 될 것이다.

인간 의식의 피라미드

만다라나 제단 어디에든 피라미드를 두는 것이 좋다. 다양한 방법으로 피라미드를 시각화하거나 상상하는 것은 또 다른 강력한 형태의 활동적인 명상이다.

전 세계의 마법 전통에서 피라미드를 발견할 수 있다. 꼭대기의 작은 꼭짓점에서부터 커다랗고 견고한 바닥에 이르기까지 피라미드는 우주의 중심과 물질계에서 나타나는 정신적인 에너지를 비롯해 다양한 것들을 의미한다. 피라미드는 또한 인간 의식의 다양한 수준을 나타내기도 한다.

인간 의식의 피라미드를 볼 수 있는 방법은 많다. 나는 수년에 걸쳐서 시각화해 볼 만한 가치가 있는 두 가지 방법을 찾았다. 하나는 동양식 방법이고, 또 다른 하나는 서양식 방법이다.

동양 전통에서 일부 만다라는 중앙에 피라미드가 있으며, 이는 우주의 중심과 인간 의식의 피라미드를 나타낸다. 즉 두려움, 분노, 폭력에 기반을 둔 삶을 사는 맨 아래부터 삶에서 변치 않는 빛을 발견하고 내적 평화와 깨달음을 얻은 맨 위까지 모두 인간의 의식 수준을 나타낸다.

주로 비단에 그리는 그림인 티베트 불교 회화 **탕카**thanka는 중앙에 피라미드 모양의 메루산이 있다. 자세히 들여다보면, 다양한 색상의 가로줄무늬 수십 개가 정상을 향해 뻗어 있고, 각 줄무늬에는 각기 다른 이름이 붙여져 있다. 바닥의 줄무늬는 밝은 빨간색이다. 나의 티베트 출신 스승은 그것을 가리키며 "살인자들"이라고 말했다.

살인을 저지르면 인간 의식의 가장 낮은 차원으로 내려가게 된다. 상승하는 각 차원은 몸속의 일곱 개의 에너지 센터 즉, 차크라chakras와 일치한다. 이 에너지 센터들은 또한 의식의 수준을 나타낸다. 밑바닥에 있는 사람들은 두려움, 분노, 폭력, 탐욕, 좌절, 고통, 그리고 채워지지 않는 끝없는 욕망에 지배당한다.

우리 몸속의 상위 에너지들—즉, 심장센터에 있는 사랑과 연민의 에너지, 목의 창조적 표현, 마음속의 내적 비전, 그리고 특히 궁극적 이해라는 지혜 — 을 각성시키면 의식의 피라미드를 타고 위로 올라갈 수 있다.

이 프로세스의 핵심은 《기적의 수업 A Course in Miracles》에 간결하게 요약돼 있다. 모든 행동의 기저에는 두 가지 기본적인 의식 상태, 즉 두 가지 기본적인 감정이 있다. 바로 두려움과 사랑이다. 두려움에 지배당할 때 우리는 인간 의식의 낮은 차원에 갇히게 된다. 두려움을 극복하는 방법은 오직 사랑뿐이다. 사랑은 우리를 더 높은 차원의 의식으로 이동시켜 자기 충족감과 자아실현에 이르게 한다.

피라미드 명상 ───────────────

편안하게 앉는다(혹은 등을 대고 눕는다).
숨을 깊게 들이마시고, 내쉬면서 모든 생각을 놓아버린다.
당신의 존재를 느낀다.
당신 안에 있는 생명 에너지를 느낀다.

당신의 몸이 피라미드라고 상상한다.
앉아 있다면, 당신의 정수리 위로 뾰족하게 솟아 있는
반짝이는 금빛 피라미드에 둘러싸여 있다고 상상한다.
누워 있다면, 당신의 몸이 거대한 빛의 피라미드 바닥의
일부라고 상상한다.
피라미드 꼭대기가 당신 몸 위로 솟아 있고, 피라미드의

뾰족한 끝이 당신의 머리 위로 솟아 있다.

누워 있을 경우, 그 피라미드는 당신의 심장 중앙에 위치하고 있다.

피라미드 꼭대기에서 찬란한 빛이 발산되고 있다고 상상한다.

그 빛이 당신의 정수리, 제3의 눈, 목, 심장을 빛, 생명, 사랑으로 채운다.

그 빛은 당신 몸의 가장 높은 곳에 있는 에너지 센터들을 깨운다.

그것은 최고의 지혜다.

이 빛이 피라미드 위로 쏟아져 내려와서 당신의 몸을 타고 흘러내린다.

그 빛이 당신의 배, 생식기, 발끝까지 내려가 온몸을 빛으로 채운다.

땅과 연결된 피라미드의 하단 부분이 땅속 깊이 뿌리내리고, 땅의 일부가 되는 모습을 상상한다.

이는 놀랍고 강력한 에너지와 의식의 센터다. 이 에너지 센터에서 우리의 뿌리가 땅에 깊이 연결되어 있음을 온전히 인식한다.

우리는 단단한 흙으로 만들어진 경이로운 창조물이다.

잠시 동안 뿌리 차크라의 에너지 센터, 즉 당신이 가장 깊이 뿌리를 두고 있는 곳으로 깊은 숨을 들이마신다.
그것을 치유의 빛으로 가득 채운다.

그러고 나서 당신의 에너지가 피라미드를 따라 상승해
서 두 번째 차크라인 생식기 센터를 빛나는 치유의 빛으
로 채운다고 상상한다.
당신의 생식기 센터는 강력한 창조 에너지의 원천이다.
이 센터를 치유의 빛으로 채운다.
그 빛 속에서 당신의 두려움이 사라지게 둔다.
끝없이 광활한, 두 번째 창조의 차크라 안으로 잠시 깊
은 호흡을 들이마신다.

이제 에너지가 위로 올라와 세 번째 차크라인 **하라**, 즉
복부로 이동하는 것을 느낀다.
이곳은 근력의 중심이다.
치유의 빛을 이 에너지 센터로 불어넣는다.
모든 것이 다 잘될 것이다.
잠시 이 에너지 센터에서 휴식한다.
이 센터가 이완되고 치유되는 것을 느낀다.
강력한 창조의 에너지로 가득 채워지는 것을 느낀다.
생명의 에너지로.
잠시 숨을 깊이 들이마시고, 세 번째 차크라의 끝없이

광활한 에너지 속으로 들어간다.

이제 빛의 에너지가 당신의 심장으로 이동하는 것을 느낀다.
모든 것이 밝아지고 확장되는 것을 느낀다.
숨을 깊게 들이마시고 당신의 심장을 치유의 산소로 채운다.
심장이 확장되는 것을 느낀다.
사랑이 해답이며, 사랑은 이 여정의 끝이다.
사랑은 궁극의 지혜이다. 이는 사랑이 모든 상위의 에너지 센터들을 깨우고, 우리를 더 높은 의식 수준으로 이끌기 때문이다.

사랑이 해답이고 사랑이 열쇠다.
사랑은 모든 문을 열어
우리가 볼 수 있게 해준다.
우리의 마음속에는 비밀이 있고,
그것은 우리를 자유롭게 해준다.
우리에게 필요한 것은 사랑뿐이다.

잠시 동안 당신의 심장, 즉 네 번째 차크라의 끝없이 광활한 에너지 속으로 깊은 숨을 들이마신다.

이제 이 사랑 에너지가 당신의 목으로 올라가는 것을 느낀다.

들이마신 신선한 숨으로 목이 치유되는 것을 느낀다.

목에 있는 빛나는 생명 에너지가 당신의 목소리를 깨우는 것을 느낀다. 당신에게는 훌륭한 창조력이 있으며, 세상에 할 말이 많다.

잠시 동안 다섯 번째 차크라의 끝없이 광활한 에너지 속으로 깊은 숨을 들이마신다.

이제 그 빛나는 에너지가 제3의 눈, 즉 두 눈 사이와 눈 바로 윗부분으로 올라가는 것을 느낀다.

당신 내면에 존재하는 무한한 빛의 장을 본다.

잠시 앉아서 내적 평화의 바다를 바라보고 느낀다.

이제 빛 에너지가 당신의 정수리로 올라가는 것을 느낀다.

그 에너지가 진동하며 가장 높은 의식 수준의 무한히 빛나는 구체로 확장되는 것을 느낀다.

당신이 그 빛이다.

당신은 모든 것과 하나이다.

이것이 당신의 참된 본성이다. 당신은 빛이고 생명이며

사랑이다. 당신은 생명 에너지로 이루어진 영원히 빛나
는 창조물의 영원한 일부다.

우리는 생명 에너지로 이루어진 창조물이다.
끊임없는 환희와 갈등의 혼합체이며
우주가 존재하는 한
은하계의 낮과 밤을 통해 영원히 살아간다.
빅뱅의 시작부터 블랙홀의 소멸까지
우주 창조의 차원에서는 단 하루에 불과하다.
우리는 영원히 살 것이며,
별과 같은 물질로 이루어져 있고,
끊임없이 성장하고 변화하며
이 생에서 태어나고, 저 생에서 태어나
지금의 모습을 다음의 모습으로 바꾸는
영원한 창조의 영원한 일부다.
우리는 신성한 계시의 본질적인 일부다!

매슬로우의 피라미드

서양에서도 피라미드를 시각화하는 것의 강력한 효과를 오래전부터 이해하고 있었으며, 동양과 마찬가지로 다양한 방법이 존재한다. 내가 자주 수행하는 방법은 딱 두 가지다. 하나는 매슬로우의 피라미드이고, 다른 하나는 성장, 확장, 부의 피라미드다. 모두 지혜의 위대한 원천이다. 이 지혜는 낮 시간에 우리를 인도하고, 최고선과 완벽하게 부합하는 결정을 내릴 수 있게 도와준다.

에이브러햄 매슬로우Abraham Maslow는 인본주의 심리학의 창시자 중 한 명이다. 그는 인간 욕구의 위계이론으로 널리 알려져 있다. 나는 이 위계이론을 대학에서 배웠고, 수년에 걸쳐 (거의 무의식적으로) 나의 필요에 맞게 적용해 오고 있다. 이 개념은 복잡한 세상을 이해하는 데 도움이 되는 매우 유용한 도구다.

매슬로우가 주장하는 인간욕구의 단계는 피라미드로 도식화할 수 있다. 피라미드의 최하단에는 생리적·신체적 욕구가 있다. 이는 공기, 음식, 주거와 같이 기본적인 생명 유지에 필요한 욕구다. 그 위에는 보호와 안전을 의미하는 안전의 욕구가 자리한다. 그 위에는 가족, 애정, 관계, 직장 등과 같은 애정과 소속의 욕구가 있다. 그 위에는 성취, 지위, 책임과 같은 자기존중의 욕구가 있다. 마지막으로 피라미드의 최상단에는 의식의 차원이 자리 잡고 있다. 그는 이 것을 개인적 성장 및 성취를 의미하는 **자아실현**의 욕구라고 부른다. (매슬로우의 욕구단계 이론을 상기시켜 준 위키피디아에 감사의 말을 전하고 싶다. 세월이 흐르면서 나는 이 도식을 점진적으로 수정해서 내 나름의 언어로 표현하고 좀 더 단순하게 만들었다. 이 중 원하는 방식을 적용하면 된다.)

인생이라는 여정은 음식과 주거라는 가장 기본적인 욕구를 충족시키는 것에서부터 시작된다. 그런 다음 성장하면서 점점 더 고차원의 욕구를 충족시키게 된다. 이 과정에서 우리는 매슬로우가 명명한 **절정경험**peak experience을 하게 된다. 절정경험이란 현재의 경이로움을 맛보는 것을 말한다. 궁극적으로 우리는 잠재력을 최대한 발휘하게 되고 **자아실현**을 이루게 된다.

그렇다면 근대적이고 실용적인 마법에 관한 책에 매슬로우의 피라미드가 포함된 이유는 무엇일까? 나는 이 개념을 적용하면서 개인적으로 성공할 수 있었을 뿐만 아니라 세상의 문제들을 좀 더 명확하게 이해할 수 있게 됐다. 그 결과, 다른 사람들이 이 의식의 피라미드를 타고 올라가게 도와줌으로써 실제로 더 나은 세상을 만드는 데 기여할 수 있었다.

이 피라미드의 가장 하단에 있는 사람들은 음식과 주거, 공기와 깨끗한 물을 필요로 한다. 우리의 삶에 이러한 것들이 없다면, 그것들을 얻고자 하는 욕구가 우리의 의식을 지배하게 된다. 이를 획득하면, 우리는 피라미드에서 안전과 보호의 단계로 올라간다. 이 욕구가 충족되면, 우리는 육체의 치유 혹은 치료가 필요한 단계로 올라간다. 이 단계를 넘어야만 피라미드 위로 계속 올라갈 수 있다.

기본적인 욕구가 충족되면, 우리의 욕구는 교육의 영역으로 올라가게 된다. 이러한 확장적이고 흥미로운 의식의 차원에서 우리는 피라미드의 상위 단계로 올라가기 위해, 궁극적으로는 최상위단계이자 절정경험을 의미하는 자아실현, 자기실현, 성취의 단계까지 나아가기 위해 인생에서 필요한 것을 배울 수 있다.

피라미드를 타고 위로 올라가면서, 우리는 자연스럽게 다른 사람들이 우리와 동행하도록 돕고 싶어진다. 개인적으로든 다양한 그룹 활동을 통해서든, 우리가 할 수 있는 일은 많다. 그리고 해야 할 일도 많다. 그리고 그것이 우리 앞에 놓인 대업Great Work이다.

모든 정부는 국민을 먹이고, 주거 문제를 해결해 주고, 안전을 보장하며, 그들의 교육을 책임져야 한다. 이러한 임무들은 정부가 존재하는 가장 큰 이유다. 그러나 많은 정부가 이러한 임무를 제대로 수행하지 못하기 때문에 이를 도우려면 우리 모두가 나서서 무언가를 해야 한다. 대부분의 국가는 국민의 기본적인 욕구를 충족시키기 위해 개인, 비영리단체, 기업, 다른 정부와의 창조적인 협력이 필요하다.

세상을 더 나은 곳으로 만들기 위해 당신이 할 수 있는 일이 있다. 우리 모두에게는 무한한 가능성이 존재한다. 당신은 이미 무엇인가를 하고 있을지 모른다. 이 책을 읽고 있다는 것은 당신이 분명 인간 의식의 피라미드에서 좀 더 상위 단계에 있다는 증거이기 때문이다. 이 단계에서 당신은 고등 교육을 통해 더 높은 단계인 자아실현으로 나아가고 있다.

다음의 문제를 고려해 본다.

우리의 기본적인 욕구는 충족되기 위해 존재하므로 우리는 인생에서 중요한 것에 집중하고 이를 성취할 수 있다.

그렇다면 중요한 것은 무엇일까?

이를 판단하는 것은 당신의 몫이다.

이에 대해 잠시 생각해 본다.

여기에는 우리가 절정경험을 한 순간을 기억하고 소중히 여기는 것이 포함된다.

우리는 모두 번뜩이는 깨달음의 순간을 경험한 적이 있다.

> 종교에서는 번뜩이는 깨달음의 순간을
> 변하지 않는 영원한 빛으로 바꾸는 것이
> 인간에게 주어진 기회라고 가르친다.
>
> — 휴스턴 스미스 Huston Smith

그렇게 될 것이고, 그렇다.

성장, 확장, 부의 피라미드

상당히 효과적인 또 다른 훈련은 우리 내면에 성장, 확장, 부의 피라미드가 있다고 상상하는 것이다. 전 세계 재무설계 전문가들은 이러한 이미지를 사용한다. 가끔씩 이 피라미드를 상상해 보는 것은 큰 도움이 될 수 있다.

지난 수년 동안 나는 다양한 형태로 이러한 종류의 피라미드를 상상했고, 가끔은 글로 적어보기도 했다. 이 책에서 하나를 소개하고자 한다. 하지만 이는 단지 제안일 뿐이다. 이 강좌에서 제안하는 다른 연습들과 마찬가지로, 하나를 선택해서 직접 해보고 자신에게 맞는 방식으로 바꾸기를 바란다.

숨을 깊게 들이마시고 몸의 긴장을 푼다.

당신의 광활한 마음속에 당신이 지닌 부, 자산, 재산을 상징하고 포함하는 거대한 피라미드가 있다고 상상한다.

안내자에게 이 부의 피라미드를 능숙하게 잘 관리해서 계속 늘어나게 해달라고 요청하거나 기도한다.

성경에 나오는 유명한 '야베스의 기도Prayer of Jabez' 말씀처럼, 당신의 영토가 확장되게 해달라고 기도한다. 이 과정에서 어떤 누구에게도 해를 끼쳐서는 안 된다.

피라미드의 하단은 당신이 보유하고 있는 현금 및 투자 포트폴리오, 부동산, 이미 마련한 은퇴계획 등 기초가 튼튼한 자산들로 이루어져 있다.

이것들은 부의 기초를 쌓는 견고한 블록이다.

이러한 기초자산이 투자되어 피라미드 토대에 지속적으로 더해지는 확실한 소득을 제공하고, 그 결과 피라미드가 계속해서 커진다고 상상한다.

그 위에는 미술품, 보석, 금, 악기, 수집품과 같은 다른 자산이 들어 있는 블록이 있다.

그 위에는 당신이 지출하거나, 기부하거나, 투자할 수 있는 더 많은 유동 현금이 있다.

이러한 유동 현금 보유액이 꾸준히 증가해서 피라미드의 몸체가 확장되는 모습을 시각화한다.

피라미드 맨 꼭대기에는 무엇이 있는가? 온갖 형태의 부와 풍요가 쉴 틈 없이 쏟아져 내린다고 상상한다.

그것들은 계속해서 아래의 피라미드를 쌓아 올린다.

그리고 당신의 관용과 지지로 전 세계 다른 이들에게도 흘러간다.

당신 안에 있는 성장, 확장, 부의 피라미드가 계속해서 커지는 모습을 상상한다.

당신에게 가장 적합한 이미지를 찾는다. 이러한 유형의 시각화는 우리의 무한한 잠재의식에 강력한 지시를 내린다.

당신에게는 훌륭한 창조력이 있다.
이를 통해 삶에서 가장 원대한 꿈을 실현하고
진정한 목적을 달성하며,
자신과 다른 사람들이 인간 의식의 피라미드에서
자아실현과 성취를 향해 올라가도록 도울 수 있다.

그렇게 될 것이고, 그렇다.

6장

시간과 부를 지배하는
핵심 프로세스

마음은 틀을 짜고 만드는 힘이다.
사람은 곧 마음이며, 생각을 도구 삼아 원하는 것을 빚고,
천 가지 기쁨과 천 가지 불행을 낳는다.
우리가 은밀히 생각하는 것은 그대로 현실이 된다.
우리의 세계는 우리를 비추는 거울에 불과하다.
— 제임스 앨런 《당신이 생각한 대로》

제임스 앨런의 말은 앞서 인용한 바 있다(2장 참조). 그의 말은 읽고 생각해 볼 가치가 있다. 때로는 완벽한 순간에 그 말이 불현듯 떠오를 때도 있을 것이다.

문제의 근원

이 장에서는 우리가 마법의 길을 걸으면서, 즉 무에서 유를 창조하려고 애쓰는 과정에서 마주치는 문제와 장애물의 근원을 살펴볼 것이다. 우리는 세상에 존재하는 모든 마법 의식, 기도, 확언, 시각화 훈련을 할 수 있다. 하지만 원하는 것을 이룰 수 없다는 잠재된 믿음을 바꾸지 않는다면, 그러한 제한적인 믿음이 어떤 이유로든 우리의 꿈, 계획, 행동을 약화시킬 것이다.

간단히 말하면 다음과 같다.

꿈을 실현할 능력이 없다고 믿는 한,
우리가 수행하는 모든 마법은 효과가 없을 것이다.

모든 것은 잠재된 믿음에 달려 있다. 그러므로 시간을 내서 그러한 믿음을 잘 살피는 일은 의미가 있다. 삶에서 우리가 원하는 목표를 이루지 못하고 있다면, 우리를 제한하고 꿈을 실현하지 못하게 막는, 우리의 내재된 믿음이 무엇인지를 인식해야 한다. 이를 인식하는 것이 그러한 믿음을 바꾸는 첫걸음이다. 그리고 우리가 믿음을 바꾸면, 우리의 삶과 우리를 둘러싼 세상이 변화한다.

대다수의 사람들은 일련의 내재된 믿음을 갖고 있으며, 그 믿음 중 다수는 서로 모순되고 심지어 충돌한다. 우리는 이 세상에 기여할 수 있는 자신만의 장점과 재능이 있다는 것을 안다. 우리는 모두 꿈, 욕망, 열정을 갖고 있다. 그러나 대부분의 사람들은 그것들을 실현하기가 정말 어렵고, 그래서 꿈을 이루는 사람은 거의 없다고 생각한다. 인생은 쉽지 않으며, 어렵고 힘든 것이라고 생각한다. 먹고살기 위해 고군분투하며 스트레스를 받는다.

이십 대 후반 나는 켄 키스 주니어 Ken Keyes Jr.라는 사람에게서 우리의 믿음과 관련해 무언가를 배웠다. 그리고 이것은 내 삶을 완전히 바꿔놓았다.

우리의 믿음은 그 자체로는 진실이 아니지만,
우리가 그것을 믿으면,
우리의 경험을 통해서 그 믿음은 진실이 된다.

우리는 그 반대라고 생각한다. 그렇지 않은가? 그것이 진실이기 때문에 우리가 믿는다고 생각한다. 하지만 사실은 그렇지 않다. 우리는 그것이 진실이라고 들었고, 그것을 진실로 받아들였고, 이후 우리의 경험을 통해서 그 믿음이 진실이 되었기 때문에 믿는 것이다.

우리는 어렸을 때 자신과 자신이 사는 세상에 대해 다양한 믿음을 갖게 된다. 그중에는 좋은 것도 있고, 나쁜 것도 있고, 아름다운 것도 있고, 추한 것도 있다. 이러한 믿음 중 일부는 세월이 흐르면서 바뀌지만, 일부는 바뀌지 않는다. 그리고 이러한 믿음 중 다수는 서로 모순된다. 이러한 믿음을 검증하지 않고 그대로 둔다면 그 믿음이 우리의 삶을 지배한다. 이러한 믿음을 명확하게 살펴볼 때 우리는 이 믿음들을 바꿀 수 있다.

우리는 시간과 돈에 대한 핵심 신념을 포함하여 온갖 종류의 믿음을 바꿀 수 있다. 시간과 돈은 삶을 살 만한 가치가 있게 만드는 두 가지 필수 요소다. 나는 과거에 이 주제에 대해 글을 쓴 적이 있다. 그리고 앞으로 이어질 내용 중 일부는 《백만장자 코스The Millionaire Course》에서 발췌한 것이며, 일부 새로운 내용을 추가했다.

시간 이해하기

시간을 이해하고, 심지어 시간을 지배하는 것은 불가능한 일이 아니다. 이를 위해서는 시간에 대한 우리의 믿음을 살펴보고 이 중 낡은 믿음을 바꿀 의지가 있어야 한다. 사람마다 시간에 대한 믿음은 제각기 다르다. 그 결과 완전히 다른 현실에서 살아간다.

생각해 보면 이상한 일이다. 우리는 모두 시간에 관해 거대하고 복잡한 믿음 체계를 갖고 있지만, 그러한 믿음에 대해 생각해 본 적이 거의 없다. 설사 있다고 하더라도 의식적으로 면밀하게 검토해 보지 않는다. 생각해 보면 다른 믿음들과 마찬가지로, 시간에 대한 믿음 역시 그 자체로 반드시 진실인 것은 아니다. 하지만 그러한 믿음을 진실이라고 믿으면 그대로 진실이 된다.

서른다섯 살이 될 때까지 나는 내 삶에서 시간과 돈이 충분하지 않다고 믿었다. 시간과 돈은 어느 정도 관련되어 있었고, 그래서 나는 이 두 가지 때문에 어려움을 겪었다. 어떤 이유에서인지 신이 충분한 시간을 만들지 않은 것 같았다. 시간은 늘 쏜살같이 지나갔고, 내가 하고 싶은 일을 하기에는 시간이 부족했다. 무언가를 할 때는 늘 계획했던 것보다 훨씬 더 긴 시간이 걸렸다. 시간은 빠르게 흘러갔다.

이러한 믿음이 왠지 모르게 익숙하게 들리지 않는가?

그러다가 나의 믿음 체계에 무언가 변화가 일어났다. 나는 의식적으로 믿음을 바꿔서 내 인생에서 더 많은 시간을 만들 수 있다는 사실을 알게 됐다. 내가 해본 것 중 가장 효과적인 방법을 한 가지

꼽으라면, 내 목표와 함께 다음과 같은 확언을 끊임없이 반복하는 것이었다. **"쉽고 편안하게, 건강하고 긍정적인 방식으로, 그 자체로 완벽한 시간에, 모두의 최고선을 위해."**

나는 내게 필요한 시간을 충분히 갖고 있다. 어디에서든 서두를 필요가 거의 없다. 나는 풍족한 자유 시간, 내가 원하고 필요로 할 때 쉴 수 있는 시간, 창작 활동을 위한 시간, 그리고 친구나 가족과 보낼 충분한 시간을 갖고 있다. 충분하다는 나의 믿음이 이전의 부족하다는 믿음을 압도하기 시작하면서 현실에 대한 나의 경험은 완전히 바뀌었다.

혹시 자주 스트레스를 받고 시간과 다투지 않는가? 그때 당신은 무슨 생각을 하며 자신에게 뭐라고 말하는가? 어쩐지 우주가 당신에게 충분한 시간을 허락하지 않은 것 같다고 생각하는가?

시간에 대한 당신의 믿음을 잘 살펴보고, 그 믿음을 바꾸기 위해 필요한 조치들을 취한다.

쉽고 편안하게, 건강하고 긍정적인 방식으로,
그 자체로 완벽한 시간에, 모두의 최고선을 위해
당신의 목표가 실현되고 있다고 확신한다.

이 확신의 말은 진정한 마법이다.
이 말은 당신이 시간과 돈을 지배하는 데 도움을 줄 수 있다.

그렇다고 믿는 한 우리는 모두 시간의 노예다. 그러나 우리는 시간을 지배할 수 있는 충분한 능력을 갖고 있다. 이 책에는 시간을 지배하는 방법을 알려주는 비결이 담겨 있다. 우리는 풍요의 우주에 살고 있으며, 그 우주는 시간, 돈, 그리고 그 외 모든 것을 충분히 갖고 있다.

시간 지배하기

인생에서 더 많은 시간을 힘들이지 않고 쉽게 창조할 수 있는 마법 같은 지름길이 있다. 다음의 말을 곰곰이 생각해 보고 이해한 다음, 당신의 삶에 적용해 보자. "우리의 믿음은 그 자체로는 진실이 아니지만, 우리가 그것을 믿으면 우리의 경험을 통해 진실이 된다." 이는 시간에 대한 모든 믿음에도 적용되므로 이를 살펴보는 것은 분명히 가치가 있다.

시간에 대한 믿음을 바꾸면, 시간을 지배할 수 있다. 당신은 충분한 시간, 아니 그 이상의 시간을 가질 수 있다. 그렇다면 어떻게 믿음을 바꿀 수 있을까? 다음에 소개될 핵심 신념 프로세스를 따라 해보자. 혹은 훨씬 더 간단한 방법을 시도해 봐도 좋다.

시간을 내서 숨을 깊게 들이마시고, 몸의 긴장을 푼다.
이제 '시간에 대한 나의 믿음은 무엇인가'라는 질문에
큰 소리로, 혹은 마음속으로 아주 분명하게 답한다.
시간에 대한 당신의 믿음을 최대한 간단한 말로 표현한

다(예: 내가 하고 싶은 일을 하기에는 시간이 부족하다).

그러고 나서 그 믿음을 반박하고 무효화하는 확신의 말
을 찾아본다. 예를 들면 다음과 같다.

쉽고 편안하게, 건강하고 긍정적인 방식으로,
나는 내가 하고 싶은 일을 할 만큼의 충분한 시간이 있다.

당신은 시간이 충분하지 않다는 믿음에 초점을 맞추는 대신, 이
세상에는 시간이 충분하다는 생각에 초점을 맞추는 의식적인 선택
을 할 수 있다.

당신은 시간을 지배할 수 있다.

이것이 가능하다고 믿는다면, 정말 가능해질 것이다. 이것이 진
실이라고 믿으면, 당신의 삶과 세상에서 진실이 될 것이다.

돈 이해하기

우리 대다수는 돈에 대해 혼란스러운 믿음을 갖고 있다. 서른다섯
살이 되기 전까지 내가 꼭 그랬다. 그때까지 한 번도 돈이 풍족했던
적이 없었다. 늘 부족했고 벌기도 힘들었다. 결국, 돈은 거저 생기지
않는다. 돈을 벌기 위해서는 노력, 자제심, 지능, 재능, 운, 인내심이
필요하다고 믿었다. 하지만 나에게는 그러한 소양이 없다고 믿었

고, 그렇게 하고 싶지도 않았다. 돈이 돈을 번다고 생각했다. 그리고 돈이 없기 때문에 모든 상황이 내게 불리하다고 생각했다. 부자는 더 부자가 되고, 가난뱅이는 더 가난해진다고 믿었다. "어리석은 이는 돈을 오래 지니고 있지 못하는 법"이라고 믿었다. 그리고 돈에 대한 나의 역사를 돌아봤을 때, 나는 어리석은 것이 분명하다고 마음속 깊이 믿었다.

나의 경험에 비춰볼 때 이는 분명 사실이었다. 내가 번 돈은 금세 사라졌다. 게다가 어쩌면 돈이 모든 악의 근원일지 모른다고 느꼈다. 돈은 부패한다. 전지전능한 돈을 추구하면, 삶에서 중요한 것과 멀어지게 된다. 부자는 선한 사람이 될 수 없다고 믿었다.

이 중에서 당신에게도 친숙한 믿음이 있는가? 당신은 돈에 대해서 어떻게 생각하고, 자신에게 뭐라고 말하는가?

돈이 부족하다고 믿는가? 우주가 어쩐지 당신에게는 충분한 돈을 허락하지 않은 것 같다고 생각하는가? 많은 돈을 벌 수 있는 자질이 없다고 믿는가? 돈은 벌기 어려운 것이라고 믿는가? 당신이 돈을 벌면 다른 누군가가 돈을 벌지 못하게 된다거나, 어떤 방식으로든 피해를 볼 거라고 생각하는가? 돈이 당신을 타락시킬 것이라고 믿는가? 아니면 돈이 인생에서 중요한 것과 멀어지게 만든다고 생각하는가?

돈에 대한 당신의 믿음을 잘 살펴보고, 그것들을 변화시키기 위해 필요한 조치를 취한다. 필요하다면 다음에 이어지는 핵심 신념 프로세스를 여러 차례 수행해 본다. 나는 몇 년 동안 여러 번 이 프로세스를 수행했고, 돈과 돈의 유용성에 대한 신념 체계에 변화가 생겼다. 돈이 내 삶과 다른 많은 이들의 삶에서 막강한 선을 발휘하는 힘이 될 수 있다고 믿게 됐다. 내가 취하는 모든 단계가 모두의 최고선을 위한 것임을 계속 떠올림으로써 돈과 관련된 많은 잠재적 문제를 피할 수 있었다.

당신은 자신의 믿음을 바꾸고
삶에서 더 많은 돈을 벌기로 의식적으로 결정할 수 있다.
선택은 당신에게 달려 있다.

돈과 관련해서 내가 수행한 방법 중 가장 효과적인 것은 그냥 구체적인 액수를 요청하고 기도하는 것이었다. 내가 상상할 수 있는 엄청난 도약이었다.

막대한 금액의 돈을 요청하는 순간, 창의적인 새로운 아이디어들과 다양한 가능성이 머릿속에 떠오르기 시작할 것이다. 그리고 이 아이디어들과 가능성은 당신이 요청한 금액의 돈을 가져다줄 것이다. 다양한 기회들이 갑자기 눈앞에 나타나고, 마치 그 기회들이 항상 당신 앞에 있었지만, 이전에는 알아차리지 못했던 것처럼 느껴질 것이다.

이러한 아이디어들과 기회 중 일부는 내가 가고 싶지 않거나, 별다른 관심이나 열정이 없는 길로 이끈다. 또 어떤 것들은 쉽고 편안해 보이지 않고, 건강하거나 긍정적으로 느껴지지 않아서 거부하기도 한다. 그러나 어떤 가능성들은 내 안의 무엇인가를 흥분시키고, 도전적이고 성취감을 주는 새로운 방향으로 인도한다.

지금 나는 진정으로 풍요로운 세상에서 살고 있고, 우주는 내게 충분한 것을 제공한다. 나는 다양한 원천에서 수익을 창출하는 방법을 발견했다. 나는 요청한 것 그 이상도 그 이하도 아닌, 정확히 내가 요청한 것을 받았다. 이것이 분명 가장 중요한 열쇠다.

> 당신은 더도 말고 덜도 말고,
> 당신이 구하는 것만큼을 받을 것이다.

과거 부족함을 믿은 나의 믿음이 새로운 믿음으로 서서히 대체되면서, 현실에서 나의 모든 경험이 바뀌었다. 나는 더 이상 돈을 위해 일하지 않는다. 나는 내가 사랑하는 일을 하고 금전적으로 늘 풍족하다. 이것이 내가 믿는 것이며, 내 삶에서 실현된 것이다.

돈 지배하기

우리의 믿음은 그 자체로는 진실이 아니지만, 우리가 그것을 믿으면 우리의 경험을 통해 진실이 된다. 이는 돈에 대한 모든 믿음에도 적용된다. 그러므로 돈에 대한 우리의 믿음을 주의 깊게 살펴보는 것은 그럴 만한 가치가 있다.

돈에 관한 믿음을 바꾸면, 돈을 지배할 수 있다. 충분한 돈보다 더 많은 돈을 가질 수 있다. 그렇다면 어떻게 돈에 대한 믿음을 바꿀 수 있을까? 다음에 나오는 핵심 신념 프로세스를 따라 해본다. 혹은 훨씬 더 단순하게 만들어서 아주 간단한 훈련을 해본다.

잠시 시간을 내어 심호흡하고, 머리부터 발끝까지 몸의 긴장을 푼다.

이제 '돈에 대한 나의 믿음은 무엇인가'라는 질문에 큰 소리로 또는 마음속으로 분명하게 답한다.

돈에 대한 당신의 믿음을 최대한 간단한 말로 표현한다 (예: 내가 하고 싶은 일을 하기에는 돈이 충분하지 않다, 나는 충분한 돈을 벌 능력이 없다.)

그리고 나서 그러한 믿음을 반박하고 무효화하는 확신의 말을 찾아본다. 예를 들면 다음과 같다.

나는 현명하게 돈을 관리한다.
나는 쉽고 편안하게, 건강하고 긍정적인 방식으로,
많은 돈을 버는 데 성공할 것이다.

당신은 돈이 충분하지 않다는 생각을 멈추고, 이 세상에는 돈이 충분하다는 생각을 의식적으로 선택할 수 있다.

당신은 돈의 주인이 될 수 있다.

돈을 지배하는 일은 그리 어렵지 않다. 가능하다고 믿으면 가능해진다. 그것이 진실이라고 믿으면, 당신의 삶과 세계에서 그것은 진실이 된다. 믿기 어렵다면, 열린 마음으로 다음 프로세스를 따라 해 보고 무슨 일이 일어나는지 지켜본다.

핵심 신념 프로세스

다행히도 시간, 돈, 그 외 것들에 대한 우리의 믿음을 의식적으로 바꿀 수 있는 간단한 프로세스가 있다. 여기에서 '믿음'은 마법처럼 더 나은 삶, 더 나은 세상을 만들려는 우리의 꿈을 방해하는 모든 믿음을 말한다. 나는 다른 책에서 이미 소개한 이 프로세스를 이 책에서도 소개하려고 한다. 당신의 삶과 세계가 더 나은 방향으로 변할 때까지 반복할 가치가 있기 때문이다(이 프로세스가 내 삶에 직접적이고 강력하며 지속적인 영향을 미치기까지 나는 거의 7년 동안 이 프로세스를 반복해서 수행했다.)

언제든지 이 프로세스를 수행할 수 있지만, 무언가에 대해 화가 났을 때, 어떤 **문제** 때문에 어려움을 겪고 있을 때 하면 가장 좋다. 머릿속으로 혹은 종이 위에 다음 질문들에 대해서 최대한 솔직하게 답하면 된다.

1. 문제가 무엇인가? 1~2분 동안 상황을 기술한다.

2. 어떤 감정을 느끼고 있는가? 두려움, 좌절감, 분노, 죄책감, 슬픔 등 한두 단어로 그 감정을 명명한다. 때로는 감정에 이름을 붙이는 것만으로도 그런 감정들을 일부 사라지게 할 수 있다. 사라지지 않는다면, 감정에 변화가 일어날 때까지 이 프로세스의 모든 단계를 거쳐야 한다.

3. 어떤 신체적 감각을 느끼고 있는가? 1분 정도 시간을 내어 당신의 몸에 집중한다. 신체적으로 어떤 일이 일어나고 있는지 느끼고 짧게 기술한다.

4. 지금 무슨 생각을 하고 있는가? 몇 분간 시간을 내어 머릿속에 맴돌고 있는 생각들을 소리 내어 말하거나 글로 적어본다. 최근 머릿속을 떠나지 않는 생각이 있는가? 계속해서 떠오르는 생각은 정확히 무엇인가?

5. 이 상황에서 일어날 수 있는 최악의 일은 무엇인가? 상상할 수 있는 최악의 시나리오는 무엇인가? 만일 그런 일이 일어난다면 당신에게 가장 나쁜 일은 무엇인가? 당신이 가장 두려워하는 것이 무엇인지를 밝히는 것이 좋다. 왜냐하면 당신이 가장 두려워하는 일이 실제로 일어날 가능성은 매우 희박하다는 사실을 깨달을 수 있기 때문이다.

6. 일어날 수 있는 가장 좋은 일은 무엇인가? 당신에게 반드시 일어났으면 하고 바라는 일은 무엇인가? 당신의 삶에서 가장 이상적인 장면이라고 생각하는 것은 무엇인가?

7. 원하는 것을 달성하는 데 방해되는 두려움이나 믿음은 무엇인가? 이제 우리는 문제의 핵심으로 들어갈 것이다. 이 특정 상황에서 당신이 생각하는, 가장 이상적인 장면을 만드는 데 걸림돌로 작용하는 두려움이나 믿음이 무엇인가? 그것을 최대한 간단하게 표현한다. 단순할수록 좋다. 예를 들면, '나는 돈 관리에는 전혀 재주가 없다', '나는 그럴 만한 자질이 없다', '성공하기란 너무 어렵다', '모든 것이 너무 스트레스받고 건강에 해롭다' 등이 있다.

8. 그러한 부정적이고 제한적인 믿음과 상반되는 확신의 말을 떠올릴 수 있는가? 가능하다면 그러한 믿음을 정반대의 말로 표현한다. 당신을 기분 좋게 해주는 확신의 말을 찾아 보고, 그것을 당신만의 언어로 표현한다. 예를 들면, '나는 돈 관리를 현명하게 잘한다', '나는 돈을 아주 많이 벌 수 있다', '나는 지금 내 삶을 풍요롭게 만드는 중이다', '나는 내가 꿈꿔온 삶을 쉽고 편안하게, 건강하고 긍정적인 방식으로 살고 있다' 등이 있다.

9. 앞으로 며칠, 몇 주, 몇 달 동안 당신이 선택한 확신의 말을 반복해서 말하거나 글로 적어본다. 글로 적어서 자주 볼 수 있는 곳에 붙여둔다. 확신의 말(만일 여러 개라면 그것들 모두)을 아침, 그리고 하루 종일 기억날 때마다 반복한다. 특히 의구심이나 두려움이 생길 때마다 반복해서 말한다. 충분히 반복하면, 마침내 그 확언이 두려움이나 의구심보다 훨씬 더 강력한 힘

을 갖게 될 것이다.

그러고 나면 쉽고 편안하게, 건강하고 긍정적인 방식으로, 그 자체로 완벽한 시간에, 모두의 최고선을 위해 창조의 마법이 일어난다.

이 간단한 프로세스를 모두 마쳤을 때, 놀라운 변화가 거의 즉각적으로 일어나기 시작했다. (하지만 앞서 말했듯이, 이 프로세스가 내 삶에 지속적인 효과를 미치고 삶이 극적으로 바뀌기까지 거의 7년이나 걸렸다.) 나는 이 프로세스가 효과적이라고 믿을 필요가 없었다. 왜냐하면 그것이 내 인생에 영향을 미치는 것을 직접 확인했기 때문이다.

간단하지만 강력한 이 마법의 비밀은 성경에 아주 분명하게 나와 있다.

네가 무엇을 결정하면 이루어질 것이요.
네 길에 빛이 비치리라.
— 욥 22:28

우리는 이러한 말들을 너무나 많이 들어왔다. 이제 이러한 고대의 진리가 수많은 이들의 삶에서 실현되기 시작했다. 우리가 자신의 믿음에 영향을 미치는 힘을 깨닫게 되면, 자신의 삶을 바꾸고, 나아가 세상도 바꿀 수 있다는 것을 알게 된다.

사실, 우리는 지금 이 순간 위대한 꿈을 실현하는 데 필요한 모든 것을 우리가 가지고 있음을 안다. 고매한 꿈을 꾸고, 그것이 실현되고 있음을 확신하고, 이를 실현하는 데 필요한 조치를 수행할 능력이 우리 안에 있음을 안다.

이러한 믿음이 직선로, 즉 효과적이며 진정한 마법의 길로 가는 열쇠다.

당신은 지금 이 순간 당신의 위대한 꿈을
실현하는 데 필요한 모든 것을 갖고 있다.

그렇게 될 것이고, 그렇다!

7장

잠재의식을 바꾸는 기도와 만트라

오늘은 어제 우리가 한 생각의 산물이고,
현재의 생각이 내일의 삶을 만든다.
우리의 삶은 마음의 창조물이다.
—《법구경》

우리에게는 오직 지금 이 순간만이 있다. 과거는 그저 상상의 산물이며, 미래는 존재하지 않는다. 삶은 지금 이 순간이다(이 사실을 이렇게 멋지게 기억할 수 있게 해준 에크하르트 톨레와 달라이 라마에게 감사의 마음을 전한다).

지금 이 순간, 우리는 한 번에 한 가지 생각만 할 수 있다. 그 생각은 좋든 나쁘든 창조적인 힘을 갖고 있다. 매 순간 의식적으로 좋은 생각을 선택할수록, 우리의 삶은 좋은 것들로 더 많이 채워질 것이다. 우리가 하는 모든 생각이 잠재의식을 조정한다. 모든 생각은 결과를 낳는다.

그러므로 하루 종일 어떤 방법이든 잠재의식을 강력하고 창조적인 생각으로 채우기 위해서 무언가를 하는 것은 분명 좋은 일이다. 이를 위한 방법은 수백, 수천 가지가 있다. 나는 이 책 전반에 걸쳐 무수히 많은 방법을 제시할 것이다. 이 방법들을 받아들인 후 당신에게 맞게 바꿔서 사용하기를 바란다.

기도는 원하는 결과를 도출할 수 있도록
우리의 마음을 신의 마음에 다다르게 하는 것이다.
— 어니스트 홈즈Earnest Holmes

가장 좋은 기도는 짧은 기도다.
— 마틴 루터Martin Luther

아침 명상과 기도

모든 순간이 마법과 같은 창조물이지만, 아침에는 특히 뛰어난 창조의 에너지가 있다. 아침은 명상이나 기도를 하기에 이상적인 시간이다. 아침 기도는 여러 가지 다양한 형태를 띨 수 있다. 나의 말은 당신만의 의식과 기도를 만드는 데 도움이 되는 제안으로만 활용하기를 바란다.

아침에 처음 잠에서 깨어날 때, 꿈속에서 여전히 헤어 나오지 못하는 순간이 있다. 심지어 우리 의식의 일부가 여전히 그 소리도 없고 말도 없는 깊은 잠의 세계에 남아 있는 순간도 있다. 일어나자마자 자신의 상태를 최대한 잘 파악하도록 노력해 보자. 당신은 여전히 몸 너머에 존재하는 광활한 무언가에 연결되어 있다.

잠시 누워서 몸의 긴장을 풀고 몸으로 느껴지는 깊은 이완을 기억해 낸다. 깊고 평안한 수면 상태에 들었을 때의 만족감을 기억하고 즐긴다.

그런 다음에 기억나는 꿈을 떠올려 본다. 3장에서 언급했던 '뱀 꼬리 잡기' 방법을 기억하라. 그것은 꿈에서 마지막 이미지를 기억해 보고, 필름을 거꾸로 돌리는 것처럼 뒤에서부터 앞으로 가면서 최대한 많은 것을 떠올리는 방법이다. 모두가 알다시피 꿈은 강력하다. 꿈은 필수적인 치료법일 뿐만 아니라 그 이상이다. 꿈은 광대한 잠재의식의 세계에서 온 메시지를 전달한다.

꿈을 통해서 전달받은 메시지 중 일부는
깨어 있는 매 순간 우리를 이끌어 줄 만큼 강력하다.

이는 두 가지 형태의 꿈, 즉 잠잘 때 꾸는 꿈과 깨어 있을 때 상상하는 꿈 모두에 적용된다.

편안한 상태에서 꿈을 기억해 냈으면, 최대한 조용히 일어나서 가장 좋아하는 장소로 가서 아침 기도를 한다. 그 장소는 실내든 실외든 상관없다. 어디에서든 기도할 수 있지만, 사적이고 조용한 공간이 가장 좋다(나는 뉴욕이나 로스앤젤레스와 같은 도시의 혼잡하고 시끄러운 길거리를 걸으면서도 기도를 해봤다).

숨을 깊게 들이마시고, 숨을 내쉬면서 몸의 긴장을 푼다.

숨을 깊게 들이마시고 숨을 내쉴 때 모든 생각이 사라지게 내버려둔다.

그저 조용히, 지금 이 순간에 머무른다.

아침의 에너지를 느낀다.

소리를 듣는다.

현재를 본다.

잠시 시간을 내어 고요하고 평화롭게, 가만히 있는다.

도시에서든 시골에서든, 혹은 그 중간쯤 되는 어느 곳에 있든, 당신은 창조라는 경이로움에 둘러싸여 있다.

잠시 시간을 내어 당신을 둘러싼 모든 기적을 창조해 낸 존재 혹은 에너지를 불러온다.

생각, 속삭임, 또는 입말로 그 존재 혹은 그 에너지를 당신에게 불러온다.

그 존재 혹은 그 에너지에 이름을 붙여준다. 많은 사람들이 그것을 신이라고 부른다. 원한다면 그렇게 불러도 좋다. 혹은 창조자, 위대한 영, 위대한 신비 등 당신 마음에 드는 이름이 뭐든 그것을 사용해도 된다.

지금부터 우리는 그것을 창조주라고 부르겠다.

그 창조주를 당신에게 불러온다.

현재에 대한 감사로 시작한다.

당신에게 필수적인 부분인 기적과 같은 창조물에 대해 감사한다.

당신의 삶에서 특정한 어떤 것에 대해 창조주에게 감사한다. 매일 감사할 만한 새로운 것을 찾아낸다.

감사 목록에 무언가를 계속해서 추가하다 보면, 감사할 목록이 끝이 없음을 깨닫게 된다.

이제 하루 종일 창조의 힘이 이끌어 주기를 요청한다.

창조주가 이 순간 당신에게 해줄 수 있는 특별한 안내를 요청한다.

조용히 내면에서 떠오르는 말에 귀를 기울인다.

고요함이 당신에게 말을 걸게 둔다.

구하여라, 받을 것이다.

가장 높고 강력한 에너지의 창조자에게 안내를 요청하라. 그러면 그것을 받을 것이다.

그렇게 될 것이고, 그렇다.

이제 돌아서서 태양을 본다. 지구나 구름에 가려져 우리 눈에 보이지 않더라도, 태양은 늘 그 자리에 있다. 태양은 항상 빛나고 있으며, 수십억 년 동안 지구에 빛을 비추고, 지구를 생명으로 가득 채워왔다.

태양이 있는 곳을 찾아서 그 방향을 향해 선다.

태양을 바라보고 그 빛으로 당신의 몸을 가득 채운다.
머리 꼭대기에서 태양의 광채를 느낀다.
그 빛이 척추를 타고 아래로 내려오는 것을 느낀다.
당신은 빛의 기둥이다.
이것이 **현재**다.

당신은 별을 이루는 물질로 만들어진 존재다.
당신은 창조의 근원과 하나다.
창조주와 하나다.
당신은 빛과 치유의 생명 에너지로 가득 차 있다.
그 에너지는 당신 안에서 빛나고 있고 완전히 순수하다.
그것은 당신의 본질이며, 영원히 계속될 것이다.
당신은 그 모든 에너지와 찬란함을 지닌 생명 그 자체다.

매일 아침 어떤 형태로든 기도를 한다. 만일 시간이 없다면, 1분 미만의 아주 짧은 기도도 괜찮다. 어떤 식으로든 기도하는 것이 중요하다. 기도를 습관화해라. 기도할 시간이 전혀 없다는 생각이 들더라도, 숨을 깊게 들이마시고 이렇게 기도해 보라.

제 안에 빛과 생명을 허락해 주셔서 감사합니다.
오늘 하루도 저를 이끌어 주세요.

우리는 모두 아침이 아주 특별한 시간임을 잘 안다. 밤은 낮으로 변하고, 빛이 다시 우리의 삶으로 돌아온다. 태양의 에너지를 받아들이고, 그 에너지가 온몸에 쏟아져 내리는 것을 상상한다. 그 에너지가 몸 안의 모든 세포를 축복하고, 치유하며, 영양을 공급한다고 상상한다.

그 순간, 당신은 존재하는 것의 경이로움을 깨닫게 될 것이다. 모든 생명은 기적이며, 마법의 창조물이다. 당신 안의 생명과 빛은 매 순간 당신의 삶에서 기적을 일으키고 있다. 다음과 같은 확신의 말을 한다.

내 안의 빛과 생명은 매일 모든 면에서
내 삶과 이 세상에 기적을 일으키고 있다.

아침의 고요한 마음속에서 떠올리는 말과 이미지는 하루 종일 우리 곁에 남아 우리의 삶에 빛을 비춘다.

아침 시간 고요한 마음속에서 ────────────
우리는 잠에서 깨어난다.
꿈속의 마지막 이미지가 머릿속에 남아 있다.

우리는 마법과 같은 무언가를 기억한다.

바깥세상도 잠에서 깨어난다.
그리고 우리는 아무 생각 없이 귀를 기울인다.
바람의 노랫소리를 듣는다.
산들바람에 부드럽게 춤추는 나무들을 본다.
그리고 우리는 알게 되고, 깨닫는다.
내가 저 바람이고, 저 나무라는 것을.
그리고 창조의 춤을 추는 이 소중한 온 세상임을.

하루 종일 기억하기

기도나 확언, 만트라, 혹은 마법의 말이나 영감을 주는 말을 하루 종일 계속 떠오르게 할 방법을 찾아라.

생각과 말은 창조력을 갖고 있다.
하루 종일 당신이 하는 생각과 말에 주의한다.

이렇게 말하면 사람들은 움찔하면서, '설마 모든 생각, 모든 말을 의식하면서 하라는 거야?'라고 생각한다. 대다수는 하루 중 대부분의 시간을 자신들이 무슨 생각을 하는지 전혀 의식하지 못한 채 보낸다.

하지만 아무리 길을 잃고 혼란스러워하는 사람들에게도 들으면 반색할 만한 희소식이 있다. 의식적으로 긍정적인 생각을 반복하는 것은 부정적인 생각을 반복하는 것보다 훨씬 더 강력한 효과가 있다. 그러므로 하루 중 아주 짧은 시간이나마 긍정적인 생각을 반복하기만 해도 그것은 우리의 삶에 엄청난 영향을 미친다.

우리의 삶을 마법과 같은 창조의 삶으로 만드는 과정은 비행기의 비행경로와 똑같다. 적어도 한 가지 강력한 측면에서는 말이다. 비행기는 비행 중 95퍼센트 이상의 시간을 경로에서 이탈하지만, 조종사가 끊임없이 경로를 수정하는 과정을 반복해서 결국 목적지에 도착한다.

마법사 혹은 창조적 천재가 되기로 마음먹은 순간, 우리는 모두 그렇게 될 수 있다. 우리에게 필요한 도구와 수단이 이미 손에 쥐어져 있음을 깨닫게 된다. 목표와 꿈을 이루기 위해 어떤 계획이든 세우는 순간, 우리는 그 여정에 발을 들여놓은 것이다. 그 과정에서 경로를 이탈하는 경우가 대부분일 것이다. 하지만 우리에게 영감을 주고 힘을 주는 말들을 계속 반복해서 말하고, 목표와 꿈을 향한 길로 계속 돌아오기만 한다면, 다행히 다시 올바른 경로로 돌아와서 우리가 원하는 목적지에 도착할 것이다.

대부분의 시간 동안 경로를 이탈하더라도

목적지에 도착할 수 있다.

그러기 위해 필요한 것은

경로를 계속해서 조금씩 수정하는 일이다.

시 암송하기

시를 암송하는 것은 효과적일 뿐만 아니라 재미도 있다. 당신이 좋
아하는 시, 즐겁게 읽을 수 있는 시 한 편을 찾아서 외우고 하루 종
일 반복해서 암송한다. 이 쉽고 재밌는 작은 행동의 효과를 과소평
가하지 않기를 바란다.

수년 동안 《당신이 생각한 대로》의 첫 페이지, 즉 권두에 있는
시이자 이 책의 맨 앞장에 있는 시가 내 삶의 중심이 되었다. 나는
그 시어詩語가 내 잠재의식에 스며들 때까지 그 시를 반복해서 암송
했다. 여기서 다시 한번 그 시를 읽어보자.

마음은 틀을 짜고 만드는 힘이다.

사람은 곧 마음이며, 생각을 도구 삼아 원하는 것을 빚고,

천 가지 기쁨과 천 가지 불행을 낳는다.

우리가 은밀히 생각하는 것은 그대로 현실이 된다.

우리의 세계는 우리를 비추는 거울에 불과하다.

몇 년 동안 이 시를 반복해서 암송한 후, 나는 제임스 앨런이 엘
라 휠러 윌콕스Ella Wheeler Wilcox를 인용한 책에 소개한 두 번째 시도

암송하기 시작했다. 당신도 그 시들을 암송해서 며칠 혹은 몇 주 동안 반복적으로 말하거나 생각한다면, 당신의 일상에 심오한 변화가 일어날 수 있다.

그대는 그대가 되고자 하는 사람이 될 것이다.
실패는 '환경'이라는 보잘것없는 변명을 내세우며
거짓된 만족감을 느끼지만,
영혼은 이를 경멸하며 환경으로부터 자유롭다.

영혼은 시간을 지배하고, 공간을 정복하며,
'운'이라 불리는 거만한 협잡꾼을 물리치고,
'상황'이라 불리는 독재자를 권좌에서 몰아내어
하인으로 삼는다.

영혼의 자녀인 '의지'는 눈에 보이지 않지만,
단단한 돌벽이 그 앞을 가로막는다 해도
벽을 뚫고 길을 내어 목표를 향해 나아갈 수 있다.

일이 지연된다고 조급해하지 말고
깨우친 사람처럼 기다려라.
영혼이 깨어나 명령을 내리면,
신들은 기꺼이 따를 준비가 되어 있으리니.

영혼이 깨어나 명령할 때, 당신에게 도움을 줄 우주의 창조력을 불러올 수 있다. 우리는 추후 다시 이 시에 대해서 논의할 것이다. 왜냐하면 이 시어를 반복하는 것 자체가 강력한 마법 의식이자 창조력을 불러오는 방법이기 때문이다.

시, 기도, 만트라, 확언, 노래, 시엠송, 운문 등 무엇이 되었든 강력한 말들이 당신의 놀라운 의식 세계에 각인되면, 기적과 같은 결과가 일어난다.

구절 암송하기

짧은 구절이나 서약의 말도 마찬가지다. 그것들을 외워서 암송하면, 그 말 속에 들어 있는 창조적 에너지를 불러올 수 있다.

수개월간 여러 차례 반복한 몇 개의 구절이 내 삶에 상당한 영향을 미쳤다. 내가 생각할 때 가장 효과가 강력했던 구절 네 개를 찾아낸 순서에 따라 소개하고자 한다. 나는 그 구절들을 큼지막하게 써서 벽에 붙여두고 수백 번을 반복해서 읽었다.

당신은 지배적인 열망만큼 위대해질 것이다.
마음속에 비전과 높은 이상을 품으면,
그것을 실현하게 될 것이다.
— 제임스 앨런《당신이 생각한 대로》

모든 역경 속에는 그 아픔에 상응하는,

혹은 그보다 더 큰 유익한 씨앗이 들어 있다.

모든 문제 안에는 기회가 있다.

심지어 인생의 실패 속에서도

우리는 큰 선물을 발견할 수 있다.

— 나폴레온 힐Napoleon Hill과 《바가바드 기타Bhagavad Gita》의 영감을 받음

삶에 저항하지 않는 것은

은총과 평화와 빛 속에 존재하는 것이다.

— 에크하르트 톨레 《지금 이 순간을 살아라》

부차적인 근원에서 온 행복은 결코 깊지 않다.

당신이 아무런 저항 없는 상태에 들어갔을 때

내면에서 선명하게 느끼는 평화와 존재의 기쁨에 비하면,

그것은 희미한 그림자에 불과하다.

— 에크하르트 톨레 《지금 이 순간을 살아라》

깊은 감동을 주는 구절을 찾아서 그것들이 잠재의식에 각인될 때까지 반복해서 말한다. 그러한 말에는 당신을 에너지, 빛, 생명으로 가득 채우는 힘이 있다.

에너지의 반지

아무 반지나 하나 선택한다. 그다음 당신은 이미 창조적인 마법사이며, 무에서 원하는 것을 창조할 수 있음을 상기한다.

그 반지를 마음에 드는 손가락에 낀다(나의 경우, 주로 사용하는 손에 끼는 것을 좋아한다. 오른손잡이라면 오른쪽에, 왼손잡이라면 왼손에 착용하는 것이 좋다). 하늘을 향해 팔을 뻗을 때, 하루 종일 무슨 일이든 할 때, 그 반지가 당신의 존재 전체를 통해 흐르는 창조력을 일깨워 주는 매개체가 되게 한다. 이 창조력은 가장 높은 영적 차원에서 시작하여 구체적이고 견고한 형태로 내려올 때까지, 당신의 몸 전체에 흐르고 있다.

이 반지가 당신의 마법사 도구함에 필요한 모든 도구가 있음을 상기시키게 한다.

당신은 이미 충분히 알고 있다.

당신 안에 모든 답을 갖고 있다.

그러므로 당신의 내면에 묻기만 하면 된다.

만일 의구심이 든다면, 다음의 강력한 확언을 계속해서 반복한다. **"나는 충분하다. 나는 충분하다."** 이 말이 진실이라고 확신에 차서 말하면, 당신의 반지는 매일 당신에게 이렇게 일깨워 줄 것이다. "당신은 필요한 모든 것을 갖고 있다. 당신에게 필요한 모든 답은 이미 당신 안에 있다."

나는 현재를 즐기는 데 필요한

모든 것을 갖고 있다.

오 힐링 워터 명상

때때로 가장 강력한 명상들은 가장 짧고 단순하다. 이 명상을 하기 위해 필요한 것은 물 한 잔과 몇 초의 시간이 전부다.

깨끗한 물을 한 잔 따라서 그 물을 천천히 마신다.
물이 목구멍을 타고 내려가면서 시원해지고, 정화하고,
치유하는 것을 느낀다.
이렇게 말한다.•

오 힐링 워터, 오 힐링 워터
나는 오늘 너와 함께하기 위해서 왔다.
나의 슬픔, 걱정, 고통을 씻어내기 위해
모든 아픔을 씻어버리기 위해서 왔다.

오 힐링 워터
너는 내 몸속 모든 세포에 생명과 빛을 가져다준다.

• 「오 힐링 워터」는 서머 레이븐Summer Raven이 작곡한 아름다운 노래로, 가사가 포함된 버전은 내 앨범 『씨앗들Seeds』에, 가사가 없는 연주곡 버전은 『단독 비행Solo Flight』에 담겨 있다. 이 간단한 명상법에서는 몇 가지 단어를 바꾸거나 추가했다.

그리고 너는 항상 나에게 일깨워 준다.

나는 생명이고, 빛이고, 사랑임을.

신들의 묘약 명상

물론 과일주스를 가지고도 비슷한 명상을 할 수 있다. 좋아하는 주스를 고르거나 다양한 맛이 혼합된 주스를 골라도 무방하다. 아니면 스무디도 괜찮다.

과일주스를 한 잔 따른다.

그 컵을 하늘로 들어 올린다.

그것은 신들의 묘약이다.

주스를 한 모금씩 천천히 마신다.

주스가 당신의 목구멍을 타고 내려가면서 정화하고 치유하는 것을 느낀다.

당신을 활기찬 에너지로 가득 채우는 것을 느낀다.

오, 강력한 묘약이여!

너는 내 몸속 모든 세포에 생명과 빛을 가져다준다.

그리고 항상 나에게 일깨워 준다.

나는 생명이고, 빛이고, 사랑임을.

두 개의 명상과 한 개의 기도문을 소개하는 것으로 이 장을 마무리할 것이다. 첫 번째로 소개할 명상은 영혼을 소환하고 이 영혼으로 우리를 가득 채우는 명상이다. 이 명상은 미들필라 명상과 거의 흡사하며, 짧고 간단해서 하루 종일 기억하기도 쉽다.

몸의 긴장을 푼다.
숨을 깊게 들이마시고, 호흡을 정화하고, 몸을 이완시킨다.
또다시 숨을 깊게 들이마시고, 마음을 편안하게 하고 모든 생각을 놓아버린다.
또다시 숨을 깊게 들이마시고 모든 것을 놓아버린다.
내면의 존재를 느낀다.
당신이 은총, 평화, 빛 속의 바다에 떠 있음을 느낀다.
생명 에너지가 당신 몸속 모든 세포에 스며드는 것을 느낀다.

이제 당신의 머리 꼭대기에서 그 에너지를 느낀다.
당신의 정수리 차크라가 열리고 환하게 빛난다고 상상한다.
정수리 차크라의 환한 빛이 당신을 채우고 당신의 여섯 번째 차크라, 즉 제3의 눈도 열린다.
거기에는 사랑과 빛으로 이루어진 존재가 있다.

그것은 당신의 영혼, 당신의 최상위 자아이자 영원한 존
재다.

그 영혼이 당신의 육체와 결합하면서 모든 세포에 치유
와 생명의 에너지를 불어넣는다고 상상한다.

당신은 이제 빛으로 가득 차 있다.

당신은 영혼 그 자체다.

궁금한 것이 있으면 무엇이든 당신의 영에게 질문하고
그 답을 듣는다.

하루의 모든 순간을 당신과 함께해 달라고 영혼에 요청
하라. 다음과 같은 확신의 말을 하고, 이를 기억한다.

나는 매 순간 영혼으로 가득 차 있다.

그렇게 될 것이고 그렇다!

영혼의 마법사 명상

이 명상을 시작할 때, 즉 이 순수한 상상의 여정을 떠날 때, 우리
는 현실 세계에서 일어난 일을 기억하는 것만큼이나 우리가 경험한
것을 또렷하게 기억한다. 이 내면의 여정에서 우리는 여러 장소를
방문하고, 안식처를 만들고, 안내자들을 만난다. 우리는 그들의 말
을 기억한다. 그들은 우리만을 위한 완벽한 안내자다. 그리고 그 안

내자의 존재를 통해서 나오는 치유와 창조의 에너지를 일상으로 불러올 수 있음을 알게 된다.

이 모든 것은 우리의 상상에서 시작된다. 상상 속에서 마법사가 되면, 현실 세계에서도 갑자기 마법을 부리고 있는 자신을 발견하게 된다. 우리는 이미 내면의 안내자들을 만났다. 그들은 매 순간 우리를 지원하는 아군이다. 그들은 우리가 하는 모든 질문에 답하고, 우리에게 필요한 내적 안내를 제공한다.

내적 마법사는 내적 안내자와는 조금 다르다. 적어도 나의 관점에서는 그렇다. 내적 안내자는 멀리서 다가오며, 당신 자신과는 다르게 느껴지는 인격과 실체를 갖는다. 반면 마법사는 최상위 자아, 순수한 영혼으로서의 **당신**이다. 내적 마법사를 상상할 때, 당신은 자신의 가장 진화된 일부인 최상위 자아를 불러오는 것이다.

그 마법사는 오른손으로 하늘을 가리키고, 왼손으로는 땅을 가리킨다. 이는 마법사가 가장 높은 영적·정신적 영역에서 시작되는 에너지를 가지고 내려와서 땅에 기반을 둔 물리적 형태로 창조할 수 있음을 의미한다.

내면의 마법사를 상상할 때,
당신은 우주의 창조력을 불러와
당신이 하고자 하는 일을 실행시킨다.

몸을 이완한다.

숨을 깊게 들이마시고, 호흡을 정화하고 몸의 긴장을 푼다.

또다시 숨을 깊게 들이마시고, 마음을 편안하게 하고 모든 생각을 내려놓는다.

또다시 숨을 깊게 들이마시고 **모든 것을 내려놓는다.**

당신 존재의 빛 속에 몸을 담근다.

당신이 은총, 평화, 빛 속의 바다에 떠 있음을 느낀다.

치유의 생명 에너지가 당신 몸속 모든 세포에 스며드는 것을 느낀다.

이제 당신의 머리 꼭대기에서 그 따듯한 온기를 느낀다.

반짝이는 빛이 그곳에 있다.

황금빛으로 반짝이는 정수리의 빛.

그 빛이 당신을 어루만진다. 그 빛은 당신의 일부이며, 당신의 전신을 통해 온 우주로 퍼진다.

영혼의 차원에서 빛과 사랑의 존재가 나타난다.

그것은 당신의 영혼, 당신의 최상위 자아, 영원한 존재다.

그것은 당신이라는 마법사의 모습을 하고 있다.

그 마법사는 오른손을 높이 들어 위를 가리킨다.

팔을 높이 뻗어 우주의 창조력을 불러온다.

마법사는 왼손으로 아래를 가리키며, 하늘의 최상위 에너지를 땅으로 가져온다.

그리고 무정형들이 형체를 갖게 된다.

마법사와 함께 잠시 정적 속에 머무른다.
내적 마법사가 당신을 인도해서 어떤 의식을 행하거나
기도 혹은 확언을 하게 허용한다.

궁금한 것이 있으면 무엇이든 질문하고 그 답을 듣는다.
마법사가 당신을 인도하게 한다. 마법과 같은 여정에서
한 발씩 내디딜 때마다 그에게 힘을 달라고 요청한다.

마법사의 존재, 영혼이 당신의 육체와 결합하여 모든 세
포에 치유와 생명 에너지를 불어넣는다고 상상한다.

당신은 이제 빛으로 가득 차 있다.
당신은 영혼이다.
당신은 마법사다.

그렇게 될 것이고, 그렇다!

영원의 기도 ──────────────

조용히 앉아서 이 기도를 바친다. 이때 가능한 모든 방법으로 이
기도를 시각화한다.

나는 두 눈을 감고 빛의 장을 본다.
그리고 그 빛과 생명이 내 몸속 모든 세포에 스며들어
영양분을 공급하고 치유하는 것을 느낀다.
나는 그 빛과 생명, 사랑이
나이고, 현재이며, 영원히 내 모습임을 안다.

아멘.

사랑하는 사람과 함께 앉았거나, 그저 사랑하는 사람을 상상하면서 이 기도를 바친다. 이 기도는 아이들과 함께 바치기에 매우 좋은 기도다. 특히 잠자리에 들 무렵에 하면 정말 좋다.

우리는 두 눈을 감고 빛의 장을 본다.
그리고 그 빛과 생명이 우리 몸속 모든 세포에 스며들어
영양분을 공급하고 치유하는 것을 느낀다.
우리는 그 빛과 생명, 사랑이
우리이고, 현재이며, 영원히 우리의 모습임을 안다.

아멘!

8장

만족스러운 관계를
만드는 법

종교에서는 번뜩이는 깨달음의 순간을
변하지 않는 영원한 빛으로 바꾸는 것이
인간에게 주어진 기회라고 가르친다.
— 휴스턴 스미스

휴스턴 스미스의 이 말은 앞서(5장) 언급한 바 있다. 그의 말은 내가 가장 좋아하는 인용구 중 하나다. 그리고 이 글을 쓰고 있는 지금, 내 앞에 있는 벽에 이 인용구가 큼지막한 글씨로 적혀 있다.

그가 여러 해 동안 불교와 기타 종교를 연구하면서 배운 것들이 이 훌륭한 말 속에 집약되어 있다. 불교 지도자들은 인간으로 태어나는 것 자체가 위대하고 놀라운 기회라고 가르친다. 우리에게 주어진 이 삶, 지금 이 순간은 번뜩이는 깨달음을 기억하고, 그 순간적인 기억을 영원한 내면의 평화와 변치 않는 빛으로 바꿀 수 있는 기회다. 절정경험은 우리가 진정한 우리의 모습으로 성장하도록 이끌어 줄 수 있다.

우리는 모두 이 위대한 기회를 갖고 있다. 그것은 인간의 몸, 사고, 영혼에 근본적으로 내재돼 있다. 이 기회를 확인하는 순간, 당신은 그것을 활용할 능력이 있음을 깨닫게 된다. 우리는 모두 번뜩이는 깨달음을 경험했으며, 존재의 경이로움을 알아차리는 깨달음의 순간도 경험했다.

이 순간 우리는 그 번뜩이는 깨달음에 집중하고 이를 기억할 기회를 갖고 있다. 신체적인 차원에서, 우리는 몸속의 모든 세포를 통해서 그러한 경험을 했을 때의 느낌을 기억할 수 있다. 그리고 좀 더 심오한 잠재의식의 차원에서, 그러한 기억들은 우리에게 막대한 영향을 미쳐서 삶의 모든 순간을 자각과 빛으로 채운다.

혼자 있을 때 혹은 다른 사람들과 상호작용할 때 이 점을 기억하라. 당신이 한 절정경험을 통해서 당신은 이미 **존재**의 진리를 깨달았다.

번뜩이는 깨달음 속에서 당신은
당신의 진정한 모습에 대한 경이로움을 깨닫는다.

이 수행은 간단하지만 그 효과는 강력하다. 그것은 우리를 변화시키고 우리가 맺는 모든 관계를 변화시킬 힘을 지니고 있다.

마법의 본질을 알 수 있는 한 가지 방법은 다음과 같다. 마법 같은 방법은 간단하고 강력하며 효과적으로 수행할 수 있는 단순한 비결을 찾는 것이다. 이를 통해 문제를 신속하게 해결하고, 지금 이 순간 즉시 삶을 훨씬 더 즐겁게 만들 수 있다.

마법의 길은 가장 간단한 길 중 하나다. 마법의 길은 대체로 자신에게 반복적으로 말할 적합한 구절을 찾는 데 있다. 마법의 길이란 이처럼 간단하다. 간단하다고 해서 그 힘을 부정하지는 말아라. 확언, 만트라, 기도는 당신의 무한한 잠재의식의 세계를 조정한다. 그것은 당신이 맺는 모든 인간관계를 비롯해 삶의 모든 영역에 영향을 미칠 수 있다.

우리의 사고는 일을 복잡하게 만드는 것을 좋아한다. 예를 들어, 우리는 사적인 관계와 공적인 관계에서 자신을 개선하는 방법에 대해 오랜 시간 연구할 수 있다. 우리는 집과 직장에서의 인간 관계에 대한 해결책을 찾느라 산더미처럼 쌓인 책을 읽고, (서로 상충하고 의견이 불일치하는) 온갖 강좌를 수강하고, 인터넷에서 몇 시간을 보낼지도 모른다. 모두 큰 도움이 될 수 있지만, 그만큼 오랜 시간이 걸린다.

그러나 마법의 길은 훨씬 적은 시간이 소요된다. 마법의 길과 관련해서 엘라 휠러 윌콕스는 이렇게 말했다. "영혼은 시간을 지배하고, 공간을 정복하며, '운'이라 불리는 거만한 협잡꾼을 물리치고, '상황'이라 불리는 독재자를 권좌에서 몰아내어 하인으로 삼는다."

마법의 길은 당신이 꿈꾸는 삶을 창조하는 아주 효과적인 지름길이 될 것이다.

결국 가장 중요한 것은
관계다

우리는 물리적으로 가까이 있든 아니든, 끊임없이 다른 사람들과 관계를 맺는다. 우리는 자연과 자신의 영혼과도 끊임없이 관계를 맺는다. 우리는 전 우주, 광활한 양자장과도 관계를 맺고 있다. 우리는 광활한 우주의 일부이기 때문이다. 인간은 고립된 존재가 아니며, 주위의 모든 것과 끊임없이 상호작용하면서 살아간다.

> 눈에 보이는 물리적인 모습과
> 분리된 형상들의 차원 아래에서
> 당신은 존재하는 모든 것과 하나다.
> — 에크하르트 톨레 《지금 이 순간을 살아라》

온 우주에서 창조된 모든 것은 수많은 협력관계를 필요로 한다. 폭발하는 항성에서 떨어져 나온 간단한 원소들이 결합할 때든, 우리 몸속의 수조 개의 세포들이 완벽한 조화를 이루어 작동할 때든, 예술가나 기업가가 그들의 창조물을 세상에 내놓을 때든, 결국 무엇인가를 성공적으로 창조하기 위해서 중요한 것은 제대로 기능하는 건강한 관계다.

좋은 관계를 만드는 간단하면서 효과적인 마법의 열쇠는 당신이 분명 무수히 들어봤을 것이다. 너무 자주 들어서 거의 클리셰가 됐을 것이다. 그만큼 효과가 너무나 자명하기 때문이다. 핵심은 **상호이익의 관계**win-win partnerships를 구축하는 것이다.

> 모든 사람을 존중하고
> 모든 관계를 상생 관계로 만들어라.
> 이것이 세상에서 성공하고
> 만족스러운 삶을 사는 마법의 열쇠다.

그럼, 어떻게 상생 관계를 구축해야 할까? 이는 우리 모두에게 상당히 힘든 과제다. 이 강좌에서는 이 책에 나오는 도구들을 통해서 다른 것들을 창조한 방법과 똑같은 방식으로 마법처럼 성공적인 관계를 만들 수 있다. 먼저 상상이라는 우리의 내적 세계에서 그것을 할 수 있다. 내면을 바로잡으면, 외부는 자연히 해결된다.

우선 원하는 것을 시각화하는 것부터 시작한다. 이때 원하는 것을 최대한 분명하게 상상한다. 우리가 원하는 것에 계속해서 집중하고, 집중된 생각과 말의 힘을 통해서 그것이 실현될 수 있다고 확신한다.

> 우리는 가장 간단한 형태의 마법을 사용한다.
> 즉, 입말의 힘으로
> 그것이 실현될 것임을 확신하는 것이다.

적당한 확신의 말을 찾으면, 삶에서 맺는 모든 관계를 완벽하게 만들 수 있다.

리안 아이슬러Riane Eisler는 《파트너십의 힘the Power of Partnership》이라는 훌륭한 책을 썼다. 이 책에서 그녀는 삶에서 꼭 필요한 관계들을 관찰하는 렌즈(그녀가 그것을 부르는 명칭)를 제공하고, 관계에서 존중에 기반한 파트너십이 있는지, 혹은 두려움과 통제하려는 욕구에 기반한 지배와 착취의 파트너십이 있는지 살펴보라고 한다.

모든 관계의 영역에서 상생 관계를 만드는 것은 어려운 도전 과제다. 관계를 하나씩 점검해 보고, 어떻게 하면 간단하고 쉽게, 순수한 마법으로 멋진 관계를 만들 수 있는지 확인해 보자.

리안 아이슬러가 우리에게 가장 먼저 살펴보라고 말한 영역은 상당히 참신하고 혁신적이다.

자신과의 관계

스스로에게 질문한다. 당신은 자신과 어떤 관계를 맺고 있는가? 좋고, 유쾌하고, 지지적인 관계인가, 아니면 내면의 비판가나 비판적인 부모가 당신의 꿈을 좌절시키고 혹평을 가하고 있는가? 당신의 자아상은 어떠한가? 당신은 건강하고 창의적인 몽상가이자 마법사인가, 아니면 당신 스스로 자신의 일을 방해하는 훼방꾼인가?

우리 모두에게는 내적 비판가가 있고, 그들은 중요한 역할을 한다. 그들은 우리에게 없어서는 안 되는 지혜와 지침을 제공한다. 그러나 그들은 선을 넘고, 횡포를 부릴 수 있다. 그들에게 우리의 진심을 솔직하게 이야기하고, 우리의 꿈과 목표를 뒷받침해 줄 창조적 방식으로 내적 비판가들과 협력할 방법을 찾아야 한다. 내적 비판가는 적이 아닌 훌륭한 아군이 될 수 있다. 그러나 그 비판가들이 당신 내면의 몽상가, 공상가, 마법사를 추방하거나 파괴하지 않도록 단호하게 다루어야 한다.

당신이 지닌 창조적인 사고력으로 내적 비판가와 내적 부모들을 협상 테이블로 데려와서, 당신의 꿈과 계획을 전적으로 지지하는 아군으로 만들 수 있다고 상상한다. 그들은 강력한 아군이 될 수 있다. 그들은 취해야 할 조치와 피해야 할 조치에 대한 통찰력 있는 조언을 해줄 수 있다.

다음과 같은 확신의 말을 한다(당신의 말로 표현하면 좋다).

나는 충분하다.
나는 지금 이 순간을 즐기는 데 필요한
모든 것을 갖고 있다.
나는 매일 모든 면에서 나아지고 있다.

우리는 자녀, 연인, 절친들에게 대하는 것처럼 우리 자신에게도 친절하고 포용적이어야 한다. 당신은 당신의 자녀와 친구들에게 그들이 할 수 있는 것은 뭐든 하라고 격려하고 싶을 것이다. 그렇지 않은가? 우리는 그들이 행복하고, 건강하며, 충만한 삶을 살기를 바란다. 그런 변함없는 격려를 자신에게도 해줘야 한다.

자신에게 반복적으로 힘차게 말한다. "당신은 할 수 있다. 당신은 꿈꾸는 삶을 마법처럼 창조할 수 있다. 그것은 그리 어렵지도, 복잡하지도 않다. 모든 것은 당신 안에서, 당신의 꿈과 상상에서 시작된다." 에크하르트 톨레가 《지금 이 순간을 살아라》에서 이야기했던 핵심적인 말을 기억하라.

내면을 올바로 인식하면
외부도 제자리를 찾을 것이다.

그렇게 될 것이고 그렇다.
정말 그렇게 간단할까? 물론이다.
윌리엄 화이트클라우드William Whitecloud는 자신의 저서 《마법사의 길The Magician's Way》에서 자신, 그리고 타인과 완벽한 관계를 만드는 마법의 열쇠를 쥐여주었다.

생각의 초점이 당신의 현실을 창조한다.

이는 관계에 대한 아주 통찰력 있는 요약이다. 생각의 초점이 당신의 현실을 창조한다. 그러므로 모든 사람과 아주 멋진 관계를 맺는, 성공적이고 유능하며 영향력 있는 사람이 되는 것에 정신을 집중해야 한다.
다음과 같은 확신의 말을 한다.

나는 몽상가이자 마법사이다.

나는 지금 쉽고 편안하게, 건강하고 긍정적인 방식으로,

그 자체로 완벽한 시간에, 모두의 최고선을 위해서

내가 꿈꾸는 삶을 창조하고 있다.

이러한 확언이 지닌 힘을 과소평가해서는 안 된다. 이 말이 효과가 없다면, 당신에게 효과적인 말을 찾아보자.

친밀한 가족 관계

모든 것을 요약하자면, 아주 간단하다. **생각의 초점이 당신의 현실을 창조한다.** 그러므로 내면의 생각을 바로잡고 그것에 집중하면, **외부도 제자리를 찾을 것이다.** 이는 친밀한 관계와 가족 관계를 비롯해 우리가 맺는 모든 관계에 적용된다.

어떻게 하면 내면을 바로잡을 수 있을까? 한 가지 방법은 마법과 같은 간단한 수행을 하는 것이다. 즉 삶의 매 순간, 사랑하는 사람들과 서로를 완전하게 지지하고 깊이 사랑하는 좋은 관계를 맺은 모습을 시각화하는 것이다.

계속해서 시각화하고, 계속해서 상상하며, 완벽하게 친밀한 관계에 정신을 집중한다. 의구심, 걱정, 두려움을 버린다. 그러한 부정적인 생각에 에너지를 쏟지 않는다. 대신 삶에서 진정으로 원하는 것에 집중한다. **생각의 초점이 당신의 현실을 창조한다.** 이 말이 지금 당신의 삶에서 실현되고 있다고 확언한다. 이렇게 확신의 말을

하는 것이 좋다.

내 결혼생활과 가정생활은
은총, 평화, 빛으로 가득 차 있다.

내면의 비판가는 이렇게 말할지도 모른다. '그게 다야? 이런 문구를 계속 중얼거리면 엉망진창이 된 우리 관계가 변한다고? 기도 안 차네.'

잘못된 길을 가리키는 내적 비판가의 말에 이끌려 경로에서 이탈하지 않도록 한다. 두려움과 의심이 당신을 압도하게 돼서는 안 된다. 한동안 이 짧은 문구 몇 개를 계속해서 읊고 무슨 일이 일어나는지 지켜본다. 당신에게 도움이 되는 작은 우연의 기회가 생길 수도 있고, 아니면 갑자기 인생을 송두리째 바꾸어 놓는 마법과 같은 기적이 일어날 수도 있다.

이 도구들이 너무 간단하다고 해서 의구심을 품어서는 안 된다. 이는 효과가 있다는 것이 거듭 입증되었다. 이 도구들은 우리에게 성공과 자아실현으로 가는 지름길을 알려준다. 우리는 존재하는 것의 경이로움을 깨닫는다.

당신의 교우 관계와 가족 관계를 잘 살펴본다. 그 관계들은 스트레스를 주는가, 즐거움을 주는가? 대체로 행복하고 만족스러운 관계인가? 직장에서 동료들과 서로 협력하는 원만한 관계를 맺고 있는가, 아니면 지배나 착취의 역학이 존재하는가?

타인을 지배하려는 욕구가 있는가, 아니면 모두를 존중하는가? **존중**은 성공적인 관계를 맺기 위한 가장 기본적인 비결이다. 모두가 각자 의견을 낼 수 있는가? 어떤 방식으로든 사랑이 전제된 관계인가?

수년 전 나는 다음의 글을 크게 써서 출력한 다음, 우리 집에서 눈에 잘 띄는 곳에 붙여놓았다.

가족이 존재하는 이유는 무엇인가?

서로를 보호하고 지지하기 위해서
동반자가 되기 위해서
서로 존중하고, 사랑하고, 서로의 말에 귀 기울이기 위해서
행복하고 유익한 기운을 북돋기 위해서
그리고 모두가 큰 꿈을 펼칠 수 있도록 돕기 위해서

그렇게 될 것이고, 그렇다.

생각의 초점이 당신의 현실을 창조한다. 그러므로 모든 가족 구성원과 서로 사랑하고 지지하는 관계를 만드는 데 집중한다. 다음의 말이 나에게 효과적이었던 것처럼, 당신에게도 같은 힘과 효과를 발휘하는 확신의 말을 찾아라.

내 결혼생활과 가정생활은

은총, 평화, 빛으로 가득 차 있다.

그렇게 될 것이고, 그렇다.

직장동료와의 관계

마법처럼 멋진 직장동료와의 관계를 구축하는 중요한 비결은 2장에 나온 '기적 같은 이야기'를 통해서 언급한 바 있다. 일을 시작한지 30년 차에 접어든 한 여성은 30년 내내 다음과 같은 확신의 말을 반복했다.

나는 멋진 사람들과 멋진 방식으로,
멋진 일을 하면서 충분한 보수를 받는다.

이 말은 그녀의 잠재의식 속에 존재하는 무언가를 자극하고 용기를 북돋웠다. 그녀는 자신의 사업을 시작할 수 있는 영감을 얻었고, 자신이 좋아하는 물건을 수집하고 판매했다. 결국 멋진 사람들과 멋진 방식으로 멋진 일을 하면서 충분한 보수를 받게 되었다.

나는 '멋진wonderful'이라는 말을 좋아한다. 이 말에는 경이로움이 담겨 있고, 마법이 내재하기 때문이다. 물론, 당신은 다른 단어나 말을 더 선호할지도 모른다. 그렇다면 당신이 좋아하는 단어나 표현을 찾아도 된다.

삶의 다른 모든 관계와 마찬가지로, 직장동료와 멋진 관계를 구축하는 비결은 상호 이익이 되는 파트너십을 만드는 것이다. 당신들은 모두 한 팀이며, 모두 같은 목표를 갖고 있다. 당신의 직장은 꿈과 목표가 실현되는 곳이다.

　여기에 이 비결을 알려주는 한 가지 방법을 소개한다.

생각의 초점이 현실을 창조한다.
직장에서 즐거운 상호 이익의 관계를 만드는 데 집중한다.

다음과 같은 확신의 말을 반복한다(당신에게 적절한 표현을 찾는다).

나는 멋진 사람들과 멋진 방식으로 일한다.
나는 은총, 평화, 빛 속에서 내가 좋아하는 일을 한다.
우리는 매일 모든 면에서 나아지고 있다.

　또 다른 비결은 우리 모두 이전에 수없이 들어본 적 있으며, 별다른 노력을 기울이지 않고도 목표와 꿈을 쉽게 달성할 수 있도록 도와준다. 이것을 황금률이라고 부르는 데는 합당한 이유가 있다.

무엇이든지 남에게 대접을 받고자 하는 대로
너희도 남을 대접하라.

　함께 일하는 사람들에게 당신이 바라는 것은 무엇인가? 당신은 존중받기를 원할 것이다. 꿈을 이룰 수 있도록 그들이 도와주기를 바랄 것이다. 당신은 자신이 정의한 모습의 성공을 원한다. 당신은 많은 수익을 원한다. 당신은 다른 사람들을 돕고 싶고, 이 세상을 더 나은 곳으로 만들 수 있는 일을 하기를 원한다.

> 다른 사람이 꿈을 이룰 수 있도록 도와준다면
> 당신의 꿈을 이룰 때도 도움을 받게 될 것이다.

만일 당신이 고용주라면, 직원들이 당신을 대해 주기를 바라는 대로 당신도 직원들을 대해야 한다. 그들을 존중하라. 그들이 꿈을 꿀 수 있게 격려하고, 그 꿈을 이루도록 도와줘야 한다. 회사의 성공을 함께 공유하고, 그들에게 수익의 공정한 몫을 제공해야 한다(그러면 그들은 앞으로 당신이 훨씬 더 많은 수익을 창출할 수 있게 도울 것이다). 그들이 더 나은 세상을 만드는 일을 할 수 있게 도와야 한다.

어떤 업무 환경에서든, 좋은 관계를 구축하는 비결은 하루 동안 당신이 교류하는 모든 이들(직원, 고객, 공급업체, 서비스 담당자)과 협력하여 일하는 것이다. 진실하고 오래 지속되는 성공은 지속적인 상생 파트너십이라는 단단한 기반 위에 세워진다.

모든 형태의 지배 혹은 착취는 문제를 해결하기보다는 더 많은 문제를 일으킨다. 온 세상은 위대한 지도자이자 스승을 얻었다. 길잡이가 되는 빛인 그는 이 위대한 비결을 분명하게 알았고, 그것을 아주 간단명료하게 표현했다.

내가 너희를 사랑한 것처럼 너희도 서로 사랑하여라.

— 예수

이것이 영원한 성공과 은총, 평화, 빛으로 가득 찬 삶에 이르는 비결이다.

지역사회와의 관계

우리는 이웃이나 지역사회 구성원들과 협력하여 일하고 있는가? 어떻게 하면 지역사회 구성원들과 이들을 둘러싼 환경을 존중하는 창조적인 해결책을 찾을 수 있을까? 모두가 존중받고 각자의 목소리를 낼 수 있는 환경인가? 어떻게 하면 우리 회사가 우리가 속한 지역사회에 좀 더 크게 기여할 수 있을까?

지역사회 차원에서 공동의 문제를 해결하기 위해 창조적인 파트너십이 점점 늘어나는 추세다. 협력하여 일하는 것이 그러한 공동의 문제를 해결할 수 있는 유일한 길이다.

여기에서 이 비결 중 하나를 소개하려고 한다.

생각의 초점이 당신의 현실을 창조한다.
지역사회의 구성원들과 평화롭고
만족스러운 관계를 만드는 데 집중한다.

다음과 같은 확신의 말을 반복한다(당신에게 적절한 말을 찾는다).

나는 내가 속한 지역사회의 자산이며,

은총, 평화, 빛 속에서 모두의 최고선을 위해서 일한다.

그렇게 될 것이고 그렇다.

우리의 국가 공동체

우리는 위대한 국가 공동체의 모든 구성원과 원활한 협력 관계를
만들기 위해 최선을 다하고 있는가? 우리는 정부와 좋은 협력 관계
를 맺고 있는가? 선지자들이 건설한 우리 정부는 어떤 면에서 통찰
력 있는 파트너지만, 또 어떤 면에서는 착취자이자 지배자 역할을
계속하고 있다. 지배 시스템이 여전히 남아 있는 부분은 어느 영역
이며, 파트너십이 작동하는 곳은 어느 영역인가? 현재의 시스템에
서 관련된 모든 사람과 더욱 긴밀하게 협력하는 시스템으로 나아가
려면 어떻게 해야 할까?

우리 앞에는 무수히 많은 과제가 놓여 있으며, 이는 **우리 모두에**
게 무한한 기회, 혜택, 선물이 있음을 의미한다. 우리는 하나의 대규
모 국가 가족이기 때문이다. 그러나 여러 측면에서 우리는 제 기능
을 하지 못하는 역기능 가정dysfunctional family에 해당한다. 이 문제를
극복하기 위한 마법의 열쇠는 우리 사이에 존재하는 불가피한 차이
를 최대한 경건하게 받아들이고, 그러한 차이에도 불구하고 협력해
야 함을 깨닫는 것이다.

우리는 꿈과 목표를 성취하기 위해서 창조적으로 협력해야 한

다. 즉 다른 사람들이 꿈을 이룰 수 있도록 지지해 주어야 한다. 보수와 진보, 우익과 좌익 등 항상 서로 다른 관점이 존재할 것이다. 따라서 우리에게 요구되는 어려운 문제는 **'어떻게 협력 관계를 구축해서 공동의 목표를 달성할 수 있을까, 나아가 우리 각자가 가진 다양한 목표도 달성할 수 있을까?'**이다.

좀 더 폭넓은 관점에서 보면, 우리 모두 비슷한 목표와 꿈을 갖고 있음을 알 수 있다. 우리는 모두 존중받기를 원하며, 삶, 자유, 행복을 추구한다. 이는 자명한 사실이다. 그래서 개인적·지역적·국가적·국제적 문제를 포함한 수많은 문제를 해결할 방법은 사람들과 마주 앉아서 서로 어떤 도움을 줄 수 있는지 묻는 것이다.

내가 당신을 어떻게 도울 수 있을까? 당신은 나를 어떻게 도울 수 있을까? 원대한 꿈을 달성하기 위해 우리는 서로에게 어떤 도움을 줄 수 있을까? 이는 우리 모두가 물어야 할 좋은 질문이다. 이 질문에 답할 수 있을 때, 평화롭고 생산적인 화합을 이루며 더불어 살아갈 수 있다.

그 비결 중 하나는 다음과 같다.

생각의 초점이 당신의 현실을 창조한다.
자유롭고 용감하게 사는 것,
우리나라와 전 세계 모든 사람의 삶과 자유를 지지하고
행복과 성취를 추구하는 데 집중한다.

다음과 같은 확신의 말을 반복한다(당신에게 적절한 표현을 찾는다).

나는 자유의 땅에서 자유롭게 살고 있다.
내 일과 내 삶은 모든 이의 삶, 자유,
그리고 행복과 성취를 추구하는 것을 지지한다.

그렇게 될 것이고 그렇다.

우리의 국제사회 공동체

우리는 위대한 국가를 건설하기 위해 하나의 단위로 함께 노력하는
국가적 가족일 뿐만 아니라, 이 작은 지구 공동체를 공유하는 국제
적 가족이기도 하다. 우리는 서로 연결되어 있으며, 제 기능을 하지
못하는 하나의 거대한 역기능 가정이다. 따라서 할 수 있는 최선은
서로 죽이지 않고 더불어 사는 법을 배우는 것이며, 서로 사랑하고
존중하는 것이다. 우리는 모두 이곳에 있을 권리가 있고, 각자의 의
견을 표현할 권리가 있다.

우리는 전 세계 다른 모든 정부 및 그 시민들과 얼마나 성공적인
파트너십을 유지하고 있는가? 전 세계 무대에서 우리나라가 동반
자로 활동하는 곳과 여전히 지배자로 군림하는 곳은 어디인가? 다
른 국가들과 좀 더 긴밀한 파트너십을 구축하기 위해서 우리는 어
떤 국가적 조치를 취할 수 있는가? 정부가 무엇을 하도록 설득할
수 있을까? 글로벌 기업들이 무엇을 하도록 도울 수 있을까? 정부

혹은 전 세계적인 대기업들과 어떻게 협력할 수 있을까? 전 세계 시민과 협력하면서 살기 위해서 개인적으로 무엇을 할 수 있을까?

이 질문들에 대한 답은 무수히 많다. 그 답에는 힘든 과제뿐만 아니라, 우리 모두를 위한 큰 기회, 혜택, 선물도 들어 있다.

아인슈타인은 그의 명석함에 걸맞게 이렇게 말했다.

> 중대한 문제는 그 문제를 유발한 것과
> 동일한 수준의 사고로는 해결할 수 없다.

이것은 우리가 맺는 모든 관계에 영향을 미치는 대단한 통찰이다. 국가적·국제적으로 우리는 양극화되어 있다. 선한 사람과 악한 사람, 진보주의자와 보수주의자, 기독교인과 이슬람교인, 친구와 적으로 양분돼 있다. 이러한 분열은 타인을 악마화하고, 수많은 문제를 야기하여 끝없는 갈등을 초래했다.

아인슈타인이 한 말은 옳았다. 우리는 문제를 유발한 것과 동일한 수준의 분열 상태에서는 문제를 해결할 수 없다. 우리는 보다 높은 차원의 사고로 발전해야 한다. 즉 존중하는 마음으로 서로 대화를 나눠야 한다. 이러한 한 차원 높은 사고를 바탕으로 우리는 결국 같은 것을 원한다는 사실을 깨닫는다. 우리는 모두 평화, 번영, 그리고 자기 자신으로 존재하는 자유를 원한다. 우리는 모두 존중받기를 바란다. 우리는 모두 우리의 인권이 존중받고 보호받기를 원한다. 당신도 그렇지 않은가? 그것이 당신이 당신 자녀들에게 주고 싶은 것이 아닌가?

국가적·국제적 문제들을 해결하는 유일한 방법은 **모두가 협력**하는 것이다. 이를 위해서 우리는 서로를 있는 그대로, 즉 같은 인류라는 가족의 일원으로 봐야 한다. 우리는 유전적으로나 영적으로 모두 형제자매다. 그리스도는 이러한 높은 수준의 의식에 도달하는 방법을 분명한 말로 우리에게 정확하게 알려주셨다.

원수를 사랑하라.

나는 차량에 이렇게 쓰인 범퍼 스티커가 붙어 있는 것을 본 적이 있다. **"원수를 사랑하라. 그것이 그들을 미치게 만들 것이다."**

최소한 한 번 시도해 보고 무슨 일이 일어나는지 지켜보자. 이미 많은 사람들이 모든 인류와 협력하고 있으며, 그렇게 할 때 우리는 놀라운, 심지어 마법과 같은 결과를 볼 수 있다.

우리는 전 인류에게 이로운 세상을 만드는 것이 가능하다는 것을 깨닫기 시작했다. 이 비결 중 하나를 여기에 소개한다.

생각의 초점이 당신의 현실을 창조한다.
당신은 이 세상을 모두에게
더 나은 곳으로 만들 수 있는 힘을 갖고 있다.

다음과 같은 확신의 말을 반복한다(당신에게 적절한 표현을 찾는다).

나는 모두가 함께 누릴 수 있는

평화롭고 풍요로운 세상에 살고 있다.

나는 이 세상을 모두에게 유익한

세상으로 만드는 데 기여할 것이다.

이 신성한 지구에 사는 모든 이가

자고, 먹고, 치유받고, 교육받음으로써

그들이 바라는 가장 원대한 꿈을 이룰 수 있도록 말이다.

그렇게 될 것이고 그렇다.

자연과의 관계

우리는 대자연과도 부정할 수 없는 협력 관계를 맺고 있다. 따라서 대자연을 사랑과 존경으로 대해야 한다. 우리는 너무 많은 자원을 낭비하고 있지는 않은가? 혹은 올바른 자원을 소비하고 있는가? 생태계의 수단 안에서 지속 가능한 방식으로 살아가고 있는가?

우리의 자녀들, 그리고 그들의 자녀들과 앞으로 올 모든 세대에게 어떤 세상을 물려주고 싶은가?

우리는 이미 자연과 훌륭한 협력 관계를 맺고 있으며, 항상 그래 왔다. 대자연은 생명을 비롯해 수많은 것을 인간에게 베풀었다. 그리고 무한한 풍요와 이보다 더 중요한 행복한 삶을 사는 비결 등 더 많은 것을 우리에게 제공할 것이다.

여기에 그 비결이 있다.

생각의 초점이 당신의 현실을 창조한다.
모든 신성한 자연과
완벽한 조화를 이루며 사는 데 집중한다.

다음과 같은 확신의 말을 반복한다(당신에게 적절한 표현을 찾는다).

자연은 나를 가르치고 인도하며
삶을 살아가는 방법을 알려준다.
자연은 산처럼 강력하고 태양처럼 생명을 주는 존재로서
자아를 온전히 실현하는 방법을 알려준다.

우리와 영혼과의 관계

우리는 영혼과도 협력 관계를 맺고 있을까? 우리가 육체적·정서적·정신적 본성뿐만 아니라 영적인 본성도 가진 존재임을 온전히 인식하고 있는가? 우리는 우리의 영적인 면을 인정하고 존중하는가? 영혼이 우리 삶을 인도하게 하는가? 우리는 타인이 내린 영적 선택을 존중하는가?

다음은 내가 목표 목록을 만들 때 확신의 말로서 서두에 사용하는 말들이다. 다음과 같은 말을 반복하고 어떤 변화가 일어나는지 지켜본다.

치유의 에너지를 가진 영혼이 매 순간 나를 통해 흐른다.

나는 그 영혼의 안내를 받아 매 순간 신의 뜻을 행한다.

나는 삶에 아무런 저항도 하지 않으며,

있는 그대로 만족하고,

은총, 평화, 빛으로 가득 차 있다.

매 순간 나는 나의 존재를 느낀다.

이것이 깨달음이다.

그렇게 될 것이고 그렇다.

여기에 만족스러운 삶을 만드는 비결 중 하나를 소개하고자 한다.

생각의 초점이 당신의 현실을 창조한다.

당신이 진정으로 누구인지를 깨닫는다.

당신은 물리적 경험을 하는 영적인 존재이다.

다음과 같은 확신의 말을 반복한다(당신에게 적절한 표현을 찾는다).

나는 매 순간 영혼의 안내를 받는다.

나는 지금 그리고 영원토록

영혼, 사랑, 빛으로 이루어진 존재다.

그렇게 될 것이고 그렇다.

만족스러운 관계를 만드는
간단한 비결

8장 전체를 되짚어보고 요약하자면 이렇다. 우리가 꿈꾸는 인생을 온전히 실현하려면 우리가 맺는 모든 관계에 파트너십 모델을 적용해야 한다. 매일 모든 면에서 우리를 이끌어 줄 간단한 비결이 여기에 있다.

> 매일 모든 면에서 당신 자신과
>
> 타인을 사랑하고 섬긴다.

이 말을 앞으로 몇 달간 수천 번 반복하고 무슨 일이 일어나는지 지켜본다. 기적은 기적을 부른다.

9장

생각이 현실로
구현되는 원리

모든 지혜의 끝은 사랑, 사랑, 사랑이다.

— 라마나 마하르시 Ramana Maharshi

일이 지연된다고 조급해하지 말고,
깨우친 사람처럼 기다려라.
영혼이 깨어나 명령을 내리면,
신들은 기꺼이 따를 준비가 되어 있으리니.

— 엘라 휠러 윌콕스 Ella Wheeler Wilcox

이 세상과 그 안에 존재하는 모든 것은 마법의 창조물이다. 존재하는 모든 것은 기적이라고 할 수 있다. 이것은 당신이 믿어야 할 종교도 아니고, 당신의 일상생활과 무관한 철학도 아니다. 이것은 단지 현실이다. 우리의 위대한 과학자들은 신비주의자들과 같은 결론에 도달했다. 앞서 언급한 바 있는 아인슈타인의 뛰어난 통찰을 다시 한번 살펴보자.

인생을 사는 방식은 단 두 가지뿐이다.
하나는 기적이란 절대 없는 것처럼 사는 것이고,
다른 하나는 모든 것이 기적인 것처럼 사는 것이다.
그리고 나는 후자를 선택한다.

우리는 우리가 선택한 방식으로 세상과 우리 자신을 바라본다. 우리의 선택은 대체로 무의식적으로 이루어지지만, 의식적으로 선택할 수도 있다. 우리는 이 세상을 기적이 끊임없이 이어지는 곳으로 볼 수 있다. 우리는 우리 자신을 유능하고 창조적인 주체로 바라볼 수 있다. 실제로 우리에게는 기적을 일으킬 수 있는 능력이 있다. 선택은 우리에게 달렸다.

자신을 솔직하게 바라보자. 당신은 통제할 수 없는 힘에 휘둘리는 무력한 피해자에 불과한가? 아니면 이해의 힘과 의지력으로 당신의 세계를 구축할 능력을 지닌 창조자인가?

선택은 당신에게 달려 있다. 그리고 후자는 전자보다 당신의 진정한 모습에 훨씬 더 가깝다. 햄릿의 말을 빌리자면 이렇다. "**하늘과 땅 사이에는 인간의 철학으로는 상상할 수도 없는 일이 얼마든지 있다.**" 그리고 우리는 우리가 아는 것보다 훨씬 더 위대한 존재다. 우리는 무한한 창조력을 지닌 온 우주와 하나이며, 거대한 힘을 불러일으킬 수 있는 존재다.

우리는 이미 많은 방법으로 그러한 에너지를 작동시키는 법을 알아냈다. 유대교의 신비주의 사상인 카발라Kabbalah를 고찰해 보는 것이 그 방법 중 하나이다.

카발라에 대한 고찰

서양의 여러 마법 전통과 마찬가지로, 카발라는 처음에는 긴 역사와 난해함을 가진 것처럼 보인다. 많은 사람들이 카발라를 연구하는 데 평생을 바쳤고, 그 결과 내가 범접할 수 없는 깊은 지식을 갖추었다. 그러나 나는 카발라에 대해 박식한 지식을 얻고자 하는 것이 아니다. 나는 짧은 시간 안에 내 삶과 세계를 바꿀 간단하고 효과적인 도구, 즉 지식과 수련 방법을 찾고 있다. 나는 지름길을 찾고 있으며 카발라를 포함해서 여러 곳에서 그 길을 발견했다.

카발라는 마법과 같은 창조의 힘과 과정에 대한 위대한 진리를 담고 있다. 다음에 소개하는 내용 중 일부는 이스라엘 레가디의《생명의 나무The Tree of Life》에서 가져왔다. 이런 훌륭한 저작물을 남긴 그에게 감사의 말을 전한다.

카발라는 10단계 혹은 **세피로트**Sephiroth라고 알려진 생명의 나무를 연구한다. 생명의 나무는 창조의 지도다. 여기서 '창조'란 우주의 창조, 인간 육체의 창조, 우리가 바라는 모든 것에 대한 창조를 말한다. 우선 나무의 뿌리에 대해서 생각해 보자. 이 생명의 나무는 뿌리가 하늘을 향하고 있기 때문에 어떤 의미에서 나무가 뒤집어져 있는 것처럼 보인다. 창조의 원천은 영혼의 최상위 영역에 있다.

여기에 카발라의 핵심 가르침을 소개한다.

모든 창조는 영적 충동에서 시작하여

생각이 되고, 그다음에는 감정이 된다.

생각과 감정을 집중할 때

빚어지는 결과물이 물리적 창조다.

카발라는 창조의 이야기로 시작된다.

최초에는 숫자 0으로 상징되는 무한한 공허가 있으며, 순수한 무한대를 비춘다. 그리고 나서 첫 번째 기적이 일어난다. 이 끝없는 무의 공간 안에 초점인 하나 The One가 등장한다.

이것은 최초의 세피로트로, 꼭대기다. 즉 의식의 최상위 차원, 무한대, 하나를 말한다.

○

그다음 또 다른 놀라운 창조의 기적이 일어난다. 하나는 둘이 된다. 두 번째, 세 번째 세피로트인 아버지와 어머니가 등장한다.

○

○   ○

이 모든 것은 매우 미묘한 순수한 영혼의 형태에서, 설명이 불가능한 천상의 최상위 영적 차원에서 일어난다. 이곳이 나무의 무한한 원천인 생명나무의 뿌리가 존재한다.

창조의 충동은 이제 좀 더 밀도가 높은 차원에 반영된다. 이 차원은 우리가 설명할 수 있고 경험할 수 있는 차원이다. 왜냐하면 사고의 차원이자 정신적 영역이기 때문이다. 그것은 하나the One의 최상위 영적 차원이자 하나가 둘로, 남자와 여자로 나누어지는 것을 보여준다. 그리고 이제 그곳엔 여섯 개의 세피로트가 있다.

영적 영역

정신적 영역

창조가 생각이 되면 감정이 될 정도로 강력한 에너지를 가지며, 이 에너지는 정적이고 좀 더 밀도가 높은 차원에 반영된다. 창조는 감정, 욕망이 된다. 다시 말하면, 이 반영에는 중앙에 초점이 된 하나One와 좌우로 나뉜 둘the Two을 모두 포함한다.

정신적 영역

내적 영역

정서적 영역

그리고 여기에 이제 아홉 개의 세피로트가 있다. 이때 영혼이 집중된 생각이 되고, 생각이 집중된 감정이 됐을 때, 창조의 에너지는 좌측 혹은 우측으로 이동하면서 경로를 이탈하지 않고 미들필라의 중앙을 타고 아래로 이동할 수 있다. 이런 일이 일어날 때, 즉 집중된 생각이 분산되지 않고 양의 감정들로 지지될 때, 물질계가 점차 분명해진다. 우리는 열 번째 세피로트에 의해 상징되는 이 물질계를 볼 수 있고, 만질 수 있으며, 느낄 수 있다.

정신

생각

감정

물리적 창조

열 번째 세피로트는 물리적 창조의 영역이다. 그것은 모두 영에서 시작해서 집중된 생각이 되고, 이어서 감정, 욕망이 되며, 마침내 물리적 현실로 나타난다.

생명의 나무는 세 개의 강력한 기둥으로 이루어져 있다. 좌측에는 여성의 기둥, 즉 창조 전체에 걸쳐 있는 신성한 여성의 존재가 있다. 우측에는 남성의 기둥, 즉 창조 전체에 걸쳐 있는 신성한 남성의 존재가 있다. 그리고 중앙을 관통하는 미들필라가 있다. 이곳에서 여성과 남성의 에너지가 완벽한 조화를 이루며 결합해서 물리적 창조가 이루어진다.

하나의 거대한 상징이 있다. 그것은 행성과 성에 대한 상징으로,

생명의 나무 전체를 연결하고 통합한다. 하나의 상징은 모든 것을 초월하는 하나의 힘, 하나의 에너지로 창조의 힘 전체를 포함하고 있으며 생명의 신비를 푸는 열쇠다. 당신은 그것이 보이는가?

열 개의 세피로트를 보라. 맨 위의 여섯 개가 하나의 원을 형성하는 것이 보이는가? 상부의 여섯 개를 연결하는 원을 그려본다. 그런 다음 여섯 번째 세피로트에서 아홉 번째와 열 번째까지 직선을 긋는다. 그리고 나서 일곱 번째부터 여덟 번째 세피로트를 연결하는 가로선을 그린다.

이제 당신은 비너스의 상징, 여성의 상징, 창조의 힘을 나타내는 상징, 사랑의 힘을 나타내는 상징을 그렸다. **모든 지혜의 끝은 사랑이다.**

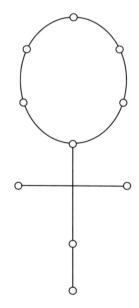

나는 너희에게 새 계명을 주겠다.

내가 너희를 사랑한 것처럼 너희도 서로 사랑하여라.

— 예수

카발라의 가르침

이 모든 것이 의미하는 바는 무엇일까? 다양한 것을 상징하는 이 일련의 단계를 연구하면 진정으로 마법의 힘이 생긴다는 뜻일까? 과연 우리는 이를 통해서 우리의 삶과 이 세상에 영향을 미칠 방법을 배울 수 있을까?

카발라는 단순한 다이어그램 형태로 창조의 과정을 보여주는 지도를 제공한다. 모든 창조물은 영적인 근원을 가지며, 모든 것은 영적인 충동에서 시작된다. 모든 창조의 단 하나의 영적인 원천은 좌측과 우측, 여성과 남성이라는 두 가지로 나뉜다. 이 둘은 이내 좀 더 밀도가 높아져서 생각이 되고, 훨씬 더 밀도가 높아져서 감정이 된다.

생각과 감정은 둘 다 좌측과 우측, 여성과 남성이라는 이원성 단계에서 시작한다. 그리고 나서 창조가 일어나려면, 생각과 감정이 하나로 집중되어야 한다. 그러면 에너지는 영혼에서 생각으로, 그 다음 감정에서 물리적 형태로, 생명의 나무를 이루는 중앙 기둥인 미들필라를 따라 확실하게 아래로 이동한다.

모든 창조의 비결은 다음과 같다. 의구심과 두려움의 어두운 영역으로 들어가든, 아니면 의구심과 두려움의 상반된 감정으로 상징되는(다른 대안을 고려하거나 다른 방식으로 산만해지는) 밝고 가벼운 영역으로 들어가든, 분산되거나 다른 길에 한눈팔지 말고 우리의 생각을 집중시켜야 한다.

처음에는 방황하며 다양한 생각과 가능성을 고려하는 것이 자연스러운 일이다. 하지만 무언가를 창조하기 위해서는 우리의 생각을 단 하나의 강력한 생각에 집중시켜야 한다.

집중된 생각으로 끊임없이 되돌아오라.
생각의 초점이 당신의 현실을 창조한다.

이는 정서적 차원에서도 마찬가지다. 우리가 뭔가를 창조하기로 결정하고 나면, 좋은 감정과 나쁜 감정을 비롯해 수많은 감정이 생겨난다. 불안감이 생기는 것은 자연스러운 일이다. 우리의 꿈이 크면 클수록 더 많은 의구심과 두려움이 밀려온다. 무언가를 창조하기 위해서 우리의 생각은 물론 감정도 집중시켜야 한다.

그리고 가장 강력한 감정, 즉 우리의 생각과 꿈을 집중시킬 수 있는 가장 강력한 감정은 바로 사랑의 감정이다.

사랑으로 꿈에 집중하면,

그 꿈이 곧 실현될 것이다.

머지않아 당신은 몇 년 전까지만 해도
실체 없이 꿈에 불과했던 세상에서 살게 될 것이다.

'생명의 나무' 그림을 다시 한번 보자. 그리고 그 그림을 에너지가 흘러갈 수 있는 경로를 그린 지도라고 생각한다. 한복판을 쭉 따라 내려가면 미들필라가 있다. 우리는 마법과 같은 창조에 필요한 이 멋진 열쇠를 이미 부여받았다. 영적 충동이 집중되면 생각이 되고, 그 생각이 분산되지 않으면, 이 집중된 생각은 집중된 감정이 된다. 그 에너지는 분산되지 않으면 다시 영혼에서 생각으로, 생각에서 감정으로, 그리고 감정에서 물리적 실현으로 별다른 노력 없이 쉽게 흐른다.

그러므로 당신의 꿈에 계속해서 집중한다. 당신의 생각이 의구심 혹은 망설임이 되어 너무 오래 방황하지 않도록 한다. 당신의 감정이 두려움과 불안으로 너무 오랜 시간 방황하지 않게 한다. 꿈, 목표, 바람 등 당신의 삶에서 창조하고 싶은 것이 무엇이든, 그 생각에 계속 집중한다. 이 순간 당신이 할 수 있는 만큼의 사랑으로 그러한 생각들을 끊임없이 채운다.

당신이 진정으로 누구인지를 기억한다. 당신의 존재, 당신의 본질을 느껴야 함을 기억한다. 당신은 강렬한 빛의 장에 떠 있다. 그 빛은 생명이다. 그 빛은 사랑이다.

숨을 깊게 들이마시고 모든 생각을 놓아버린다.

다시 한 번 숨을 깊이 들이마시고 당신이라는 존재의 빛을 느낀다.

당신 존재의 바다를 느낀다.

당신은 강렬한 빛의 장에 떠 있다.

당신이 바로 그 빛이다.

그 빛은 생명이다.

그 빛은 사랑이다.

사랑으로 창조하고 싶은 것을 과감하게 꿈꿔라.

그렇게 될 것이고 그렇다!

10장

창조의 에너지를
불러오는 법

나는 내 마음대로 쓸 수 있는
전능함과 영원함을 갖고 있다.
— 엘리파스 레비 Eliphas Lévi

엘리파스 레비는 1800년대 프랑스에서 활동한 작가이자 마법사다
(솔직히 말하면, 나는 이 장의 도입부에 인용된 구절을 제외하고는 레비의
글을 읽어본 적이 없다. 이 구절은 내가 정말 흥미롭게 읽었던 알레이스터
크롤리Aleister Crowley의 소설 《문차일드Moonchild》에 인용된 글이다. 이 책
은 빛과 어둠의 세력 간의 마법 전투를 다룬다.) 그의 글은 마법의 본질
을 담고 있다. 자, 이제 다음 구절을 다시 한번 천천히 읽어보고, 잠
시 생각해 보기로 하자.

나는 내 마음대로 쓸 수 있는
전능함과 영원함을 갖고 있다.

이 구절은 그 자체로 마법사의 마음속에 있는 강력한 도구다. 이

는 확언, 선언, 소환이다. 이 말은 초점을 맞추는 위대한 힘, 즉 전능함과 영원함을 소환하는 힘을 가지고 있다.

전능

전능이란 모든 힘, 모든 창조의 힘을 말한다. 전능은 우리의 명령에 달려 있다. 엘라 휠러 윌콕스는 이를 다음과 같이 표현했다.

영혼이 깨어나 명령을 내리면,
신들은 기꺼이 따를 준비가 되어 있으리니.

전능함의 원천은 무엇일까? 기독교인으로 양육된 사람들은 이를 이해할 수 있는 간단한 방법을 어렸을 때부터 배웠다. 우리는 어린 시절, 신은 **전능**(모든 다 할 수 있고)하고, **전지**(모든 다 알고)하며, **전재적**(모든 곳에 다 있는)이라고 배웠다. 신은 어디에나 계시므로, 당연히 우리 몸속에 있는 모든 세포의 모든 원자 안에도 있다. 그러므로 우리는 신의 일부다.

신의 에너지는 우리 몸속 모든 세포는 물론, 우주의 모든 원자에도 스며들어 있다. 우리는 대우주 전체를 반영하는 소우주다. 우리는 창조의 필수적인 부분이며, 창조의 원천과 모든 창조물과 영원히 연결되어 있다.

우리는 전능함을 명령할 수 있다. 단지 그것을 소환하기만 하면, 매 순간 우리가 우주의 무한한 창조적 에너지로 가득 차 있음을 알게 된다.

인도의 고대 가르침은 이를 훨씬 더 단순하게 표현한다.

네가 바로 그것이다.

네가 바로 그것이다. 그것이 전부다. 소우주와 대우주는 하나다. 당신은 우주의 창조적 에너지로 가득한 온 우주와 하나다. 당신은 이 에너지를 마음대로 사용할 수 있다. 이는 그것이 당신이고, 당신이 바로 그것이기 때문이다.

영원

우리는 육체와 영혼을 갖고 있다. 육체는 죽지만, 영혼 속에서 우리는 영원히 산다. 우리는 마음대로 쓸 수 있는 영원을 갖고 있다. 5천년 전 바가바드 기타Bhagavad Gita는 그것을 다음과 같이 분명하게 설명했다.

당신이 존재하지 않았던 때는 단 한 번도 없었다.

당신이 존재하지 않을 때도 절대 없을 것이다.

타로카드의 마법사는 그의 머리 위에 영원의 상징을 갖고 있다. 그 마법사의 모습은 바로 우리의 모습이다. 우리는 오른손을 들어서 우주의 창조력을 불러온다. 그리고 왼손으로는 땅을 가리키며, 우리의 꿈이 실현되도록 명령한다.

우리는 머리 위에 위와 같은 영원의 상징을 갖고 있다. 우리는 영원히 살고 성장해서 점점 더 깨어나고, 더 강력해지며, 더 평온해진다.

우리는 끊임없이 진화하고 있으며
의식적으로 이 과정을 가속화할 수 있다.
그리하여 점점 더 깨어나고, 더 강력해지며, 더 평온해질 수 있다.

제단의 에너지

지구에 사람이 살기 시작한 이래로, 사람들은 제단의 힘에 대해서 알고 있었다. 제단에 당신이 원하는 이미지를 올려놓는다. 당신이 생각할 때 아름답거나 영감을 준다고 여겨지는 이미지라면 무엇이든 좋다. 당신이 알고 있는 것을 상기시켜 주는 이미지를 찾는다.

당신은 강력하고 창조적인 자연의 에너지이며, 처음에는 꿈꾸는 삶을 상상하고 이후에는 실제로 그런 삶을 창조한다.

제단은 커도 되고 작아도 된다. 제단에는 하나의 이미지만 둘 수도 있고, 아니면 수십 개의 조각상, 그림, 만다라, 양초, 향, 장신구, 기념품을 둘 수도 있다. 제단은 당신이 원하는 대로 만들 수 있다. 단순해도 좋고 화려해도 좋다.

정기적으로 제단에 관심을 쏟는다(혹은 당신이 나와 비슷하다면, 아주 가끔 관심을 줘도 된다). 제단과 관련된 자신만의 방법을 개발한다. 제단 위 이미지에 기도를 받치거나 그 이미지들을 가지고 명상한다.

긴장을 풀고 편안한 상태에서 명상할 때, 당신은 내면의 제단을 시각화하거나 상상할 수 있다. 즉 마음속에 당신의 제단을 만드는 것이다. 내 내면의 제단은 굉장히 크고, 다양한 전통에서 유래한 수많은 이미지가 올라가 있다(이미 눈치챘겠지만, 나는 영적인 혼합물에 관심이 있다). 제단을 훑어보며 기억하고 싶거나, 집중하고 싶거나, 기도하고 싶거나, 그 순간에 소환하고 싶은 이미지 하나를 선택한다.

내면의 제단 명상

조용히 혼자 있을 만한 장소를 찾는다. 앉거나 편안하게 눕는다. 벨트를 느슨하게 풀고, 휴대전화를 끈다.

숨을 깊게 들이마시고 천천히 내쉬면서 머리부터 발끝까지 몸의 긴장을 푼다.
다시 한번 더 숨을 깊게 들이마시고 숨을 천천히 내쉬면서 마음을 편안하게 하고 모든 생각을 놓아버린다.
또다시 숨을 깊게 들이마시고 모든 것을 놓아버린다.
몸과 마음을 완전히 이완시키는 것이 얼마나 좋은지 느낀다.
내면의 당신 존재를 느낀다.
강렬한 빛의 장에 당신이 떠 있는 것을 느낀다.
긴장을 풀고 빛, 생명, 사랑의 바다에 떠다닌다.

당신 앞에 아름다운 제단이 있다고 상상한다.

제단 위에는 단 하나의 이미지가 있을 수도 있고, 몇 장의 이미지가 보기 좋게 배치돼 있을 수 있다. 아니면 좌우로 기다란 제단이 있고, 그 위는 각양각색의 조각상과 이미지로 가득 채워져 있을 수 있다.

제단 위의 다양한 이미지들을 훑어보고 정신을 집중할 이미지 하나를 고른다. 그 이미지를 최대한 명확하게 머릿속에 떠올린다.

그 이미지에서 퍼져 나오는 에너지를 느낀다.

당신과 그 에너지가 연결되어 있음을 느낀다.

당신은 이제 당신이 선택한 이미지의 에너지와 은총을 불러오는 중이다.

그 에너지와 은총이 당신을 채우게 한다.

기도의 말이 머릿속에 떠오르게 한다.

다음에 무엇을 할지는 당신에게 달려 있다. 당신은 소환한 이미지와 대화를 나눌 수도 있고, 질문을 하고 답을 들을 수 있다. 아니면 그 이미지와 말없이 조용하게 교감을 나눌 수 있다.

당신은 마음대로 사용할 수 있는 전능함을 갖고 있다.
당신은 우주의 궁극적인 창조력인 신성한 에너지를 당
신의 의식 영역으로 불러올 수 있다.

이제 당신의 삶에서 창조하고 싶은 것에 확실하게 집중
한다. 그것을 달라고 요청하고 기도한다.
당신 앞의 이미지가 발산하는 에너지를 느낀다.
그 에너지와 지지가 당신 몸 안의 모든 세포를 채우게
한다.

쉽고 편안하게, 건강하고 긍정적인 방식으로,
그 자체로 완벽한 시간에, 모두의 최고선을 위해서
당신의 꿈이 이루어지고 있음을 확신한다.

이것 혹은 이보다 더 나은 일이 이제 모두의 최고선을
위해서 이루어질 것이다.

그렇게 될 것이고, 그렇다.

부적과 인쇄된 기도문의 힘

부적이나 기도문을 몸에 지니고 다니는 것 또한 효과적인 마법의 도구다. 부적이나 기도문은 수천 년 동안 전 세계 모든 문화에서 사용되었다. 다른 도구들과 마찬가지로, 부적은 우리의 기억을 돕는 데 유용하다. 우리의 기도, 소망, 꿈을 잠재의식에 각인시키는 데 도움을 주기 때문이다. 그러고 나면 진정한 마법이 시작된다.

많은 문화권에서 부적을 만들어 착용한다. 어떤 것은 매우 단순하고, 어떤 것은 더 정교하다. 티베트 불교의 학생들은 여러 번 접은 종이 한 장이 들어 있는 부적을 받는다. 이 부적은 만다라를 인쇄한 것으로, 부처님을 중심으로 기도문이 둘러싸고 있다. 이 종이는 가로와 세로가 각각 25.4센티미터인 정사각형 모양이다. 이 종이를 접어서 가로 세로가 각각 8센티미터 정도 되는 실크 파우치 안에 넣는다. 이 파우치에는 가슴 한복판에 오도록 목에 걸 수 있는 단순한 목걸이 줄이 달려 있다.

이 부적을 착용하면 광대하고, 모든 것을 포용하며, 영원히 빛나는 부처의 마음과 본성이 자신에게 있음을 계속해서 떠올리게 된다. 그것은 당신이 깨달음을 얻은 존재라는 사실, 즉 당신 마음의 본질을 상기시킨다. 티베트인들은 분명 이 인쇄된 글자의 힘을 안다. 그들은 기도 깃발과 탕카(만다라 그림), 크고 작은 기도 바퀴들로 자신들을 감싼다.

버클리에 있는 닝마파 티베트 센터에서 우리는 폭이 1.2~1.5미터가량 되는 긴 종이 두루마리에 수천 개의 기도문을 인쇄했다. 그 센터 지하실에는 지름이 약 10센티미터 정도 되는 큰 파이프가 여러 개 있었고, 우리는 기도문이 인쇄된 종이로 각 파이프를 겹겹이 감았다(주로 밤에 그 작업을 하는데 수 시간이 소요됐다). 이렇게 감은 종이는 두께가 최소 60센티미터가량 되는 원통 모양이 됐다. 이 원통들에 전동기를 장착해서 고속으로 하루 24시간 돌리면서, 매일 수백만 개의 기도문을 양자장으로 퍼져나가게 했다.

기도들이 인쇄된 이 종이는 대체로 단 하나의 위대한 기도로 채워지는 경우가 많다.

옴 마니 파드메 훔 Om Mani Padme Hum!

'옴 Om'은 우주의 단독음으로, 이 음은 당신과 양자장을 하나로 결합한다. '마니 Mani'는 우리 마음속에 있는 행복의 보석을 의미한다. '파드메 Padme'는 의식의 연꽃으로, 햇빛을 받으면 진흙 속에서 꽃을 피운다. '훔 Hum'은 이 모든 것을 가능하게 하는 음절로, 우리는 의식이라는 연꽃 속에 행복이라는 보석이 있음을 깨닫는다.

간단한 수련 한 가지를 더 소개한다. 종이에 당신만의 기도문을 반복해서 쓴 후, 그것을 벽에 붙이거나 휴대하고 다니는 방법이다.

수년 동안 나는 사무실 벽에 다음과 같은 문구가 적힌 종이를 붙여두었다.

나는 쉽고 편안하게,
건강하고 긍정적인 방식으로,
그 자체로 완벽한 시간에,
모두의 최고선을 위해서
나의 꿈을 달성할 것이다.

이것 혹은 이보다 더 좋은 것이
완전히 만족스럽고 조화로운
방식으로 모두의 최고선을 위해서
곧 이루어질 것이다.

그렇게 될 것이고 그렇다!

나는 쉽고 편안하게,
건강하고 긍정적인 방식으로,
그 자체로 완벽한 시간에,
모두의 최고선을 위해서
나의 꿈을 달성할 것이다.

이것 혹은 이보다 더 좋은 것이
완전히 만족스럽고
조화로운 방식으로
모두의 최고선을 위해서
곧 이루어질 것이다.

그렇게 될 것이고 그렇다!

나는 쉽고 편안하게,
건강하고 긍정적인 방식으로,
그 자체로 완벽한 시간에,
모두의 최고선을 위해서
나의 목표를 달성할 것이다.

이것 혹은 이보다 더 좋은 것이
완전히 만족스럽고 조화로운
방식으로 모두의 최고선을 위해서
곧 이루어질 것이다.

그렇게 될 것이고 그렇다!

나는 쉽고 편안하게,
건강하고 긍정적인 방식으로,
그 자체로 완벽한 시간에,
모두의 최고선을 위해서
내가 꿈꾸는 삶을 살게 될 것이다.

이것 혹은 이보다 더 좋은 것이
완전히 만족스럽고
조화로운 방식으로
모두의 최고선을 위해서
곧 이루어질 것이다.

그렇게 될 것이고 그렇다!

당신의 꿈을 계속 마음속에 되새길 수 있는 방법을 찾는 것이 중요하다. 수많은 대안이 존재하므로 자신에게 가장 적합한 것을 선택하면 된다.

사랑의 부적 만들기

무수히 많은 전통이 사랑의 부적을 활용하고 있다. 하지만 이 강좌에서는 한 가지 부적만을 소개한다. 그 이유는 몇 년 전 단순한 부적 하나를 직접 만들어서 사용했는데, 그것이 나를 포함해서 여러 사람에게 확실히 긍정적인 영향을 미쳤기 때문이다.

어느 날, 미네소타 대학교에 있는 오래된 도서관의 문서보관소에서 책들을 뒤져보다가 1900년대 초반 유럽의 집시 문화(로마니)에 관한 놀라운 고서 두 권을 찾았다. 이 중 한 권에는 집시 치유자들에 대한 이야기가 연달아 수록돼 있었다. 그 치유자들은 약초, 기도, 부적을 이용해서 종종 의사들이 고치지 못한 질병이나 질환을 치료했다. 그중 하나는 시각 장애를 갖고 태어난 한 소년에 관한 이야기로, 그 소년은 평생 맹인으로 살아야 한다는 말을 들었다. 하지만 한 집시 노파가 아이의 눈을 씻어내고 그 위에 약초로 채워진 찜질약을 여러 번 붙여 아이의 눈을 낫게 했다. 마침내 그의 시력은 완전히 회복되었다.

집시, 주술 숭배, 위칸(위카, 즉 어떤 형태로든 마법을 행하는 사람들), 그리고 전 세계 원시 부족들은 약초와 다른 천연 재료를 사용해서 병을 효과적으로 치유하는 전통을 갖고 있다. 개인적으로 나는 화학적 약물 치료보다는 약초를 활용한 치유 방법을 훨씬 더 신뢰한다. 과거에 약물 치료가 필요하다고 판단한 상황이 몇 번 있었는데, 그때 나는 5천 년 이상의 검증된 의약 전통인 약초나 침술을 행하는 한의사를 찾아갔다.

약초는 별다른 부작용이 없는 신뢰할 만한 치료 방법이다. 처방약은 비교적 최근에 등장한 기술이다. 나는 그런 처방약을 절대 사용하지 않는다. 어쩌다 주제에서 벗어났지만, 어떤 의학적 조언을 하려는 것은 아니다. 나는 그저 당신이 자신을 치유할 수 있는 최고의 치유자라는 말을 하고 싶을 뿐이다. 우리 몸의 자연 치유 과정을 믿길 바란다. 인류는 수백만 년 동안 진화를 거듭해 왔고, 우리 몸의 치유 시스템은 강력하다. 특히, 우리가 긴장을 풀고 최대한 스트레스에서 벗어난 상태에 있을 때 그렇다.

미네소타 도서관에서 찾은 또 다른 고서 한 권에는 그들의 언어인 로마니어 혹은 롬어로 필사된 집시의 부적이 몇 개 있었다. 이 로마니어는 산스크리트어와 라틴어와의 자매어다. 그중 하나가 사랑의 부적이었다.

당시 나는 젊었고 아직 미혼이었기에 그 사랑의 부적을 종이에 옮겨 적은 후 접어서 휴대하고 다녔다. 나중에는 두 겹으로 접은 후 실로 꿰맨 광폭의 리본 천으로 만든 작은 파우치 안에 이 부적을 넣었다. 그리고 종이에 로즈메리 오일을 소량 묻힌 다음, 그 파우치 안에 로즈메리 가지 몇 개를 함께 넣었다(몇몇 전통에 따르면 로즈메리는 연인을 끌어당기는 힘이 있다고 전해진다). 이 부적을 휴대하고 다녔을 때 나의 연애사는 확실히 활기를 띠었다.

나는 '진저'라는 이름의 한 여성을 만났다. 혼자 아이를 키우며 살던 그녀는 사랑의 부적에 얽힌 이야기에 매료됐다. 그 이야기는 이렇다. "새해 전날 자정에 버드나무 아래로 가서 나뭇잎이 떨어질 정도로 세게 흔들면서 이 주문을 반복해서 외워라. 만일 그 후 흰 개가 짖는다면, 당신에게 진정한 사랑이 찾아올 것이고, 그다음 해 해가 바뀌기 전에 결혼하게 될 것이다."

진저는 그 이야기를 알게 된 후, 그다음 새해 전날 밤에 버드나무를 흔들면서 주문을 반복해서 외웠다. 그녀는 나뭇잎이 몇 장 떨어질 때까지 힘차게 나무를 흔들다가 멈췄다. 그리고 잠시 기다렸지만, 아무 일도 일어나지 않았다.

몇 주 후, 그녀는 딸과 함께 그 버드나무 근처에서 피크닉을 하면서 점심을 먹고 있었다. 그때 흰 개가 계속해서 짖어댔다. 잠시 후 키가 크고 피부가 까무잡잡한 잘생긴 남자가 그녀에게 다가와서 "혹시 진저니?"라고 물었다. 그 남자는 몇 년 만에 만난 고등학교 동창생이었다. 그리고 다음 해 새해 전야가 오기 전에, 두 사람은 결혼해서 부부가 됐다.

사랑의 부적에 적힌 주문은 다음과 같다. 이 주문을 외울 때 음악이 흘러서 나는 그 말에 음악을 붙이고, 고대 롬어 단어를 자유롭게 해석한 영어 단어 몇 개를 추가했다.

사랑의 부적

Per de, per de prajtina

Varakaj heen has kamov

Baso paro dzui u klo

Perano dzal may dzigo

새해 전날, 버드나무에 가면

거기에 나의 진정한 사랑이 있을까?

그 나무를 흔들어라. 그 나무를 흔들어라.

내 사랑은 언제 나를 찾아오려나.

지구에는 무수히 많은 사람들이 있다.

내 사랑은 누구일까.

자라라, 자라라, 버드나무야.

너에게 슬픔은 없다!

나에게 슬픔은 없다!

주변에 흩어져 있는

나뭇잎들이 보이네.

내 사랑은 누구일까.

드디어 흰 개가 짖는다.
그리고 내 사랑이 빠르게 달려온다.

신이시여, 고맙습니다.
이제 저는 사랑의 부적으로
내 사랑을 붙잡았습니다.
다음 새해 전야가 오기 전에
결혼해서 가정을 이룰 것입니다.

Per de, per de prajtina

Varakaj heen has kamov

Baso paro dzui u klo

Perano dzal may dzigo

별의 에너지

수천 년 동안 다섯 개의 꼭짓점을 가진 별은 다양한 형태의 마법과
연관되어 왔다. 별은 남자와 여자의 몸을 나타낸다. 다섯 개의 점은
머리, 좌우로 쫙 벌린 두 팔, 그리고 넓게 벌린 두 다리를 의미한다.

별은 하나의 만다라이며, 온 우주를 나타내기도 한다. 우리 각각은 하나의 별이다. 우리 각자는 온 우주를 반영하고 상징한다.

주로 유대교와 관련된 여섯 개의 꼭짓점을 가진 별 역시 강력한 마법의 상징이다. 그것은 두 개의 큰 정삼각형으로 구성되어 있다는 점에서 카발라 전체를 담고 있다. 하나는 밑변이 아래쪽에 있다는 점에서 모든 창조물을 의미한다. 다른 하나는 밑변이 위쪽에 있고 그 에너지가 아래로 퍼진다는 점에서 모든 창조물에 빛과 생명을 불어넣고, 무에서 유를 창조하는 온 우주의 정신과 에너지를 나타낸다.

명상과 시각화, 그리고 종이 위에 별을 그리는 방법으로 별의 에너지를 이용할 수 있다.

별 명상

숨을 깊게 들이마시면서 두 눈을 감고 긴장을 푼다.

다시 한번 숨을 깊게 들이마셨다가 숨을 내쉬면서 모든 생각을 놓아버린다.

또다시 숨을 깊게 들이마셨다가 숨을 내쉬면서 모든 것을 놓아버린다. 그리고 빛의 바다에 떠다니며 별빛을 흠뻑 받는 모습을 상상한다.

이제 당신을 별이라고 상상한다.

당신 앞에 따뜻하게 빛나는 빛의 장, 즉 별이 있다고 상상한다.

당신이 그 빛의 일부라고 상상한다. 그 빛이 당신의 몸속 모든 세포에 침투해서 채우는 것을 느낀다.

그것을 느낀다. 그리고 그것이 당신이고 당신의 본질임을 깨닫는다. 당신은 별이다.

마음속으로 눈앞에 타오르는 듯한 강렬한 별이 있다고 상상한다.

그 별에서 빛나는 팔이 나온다. 밝은 빛으로 이루어진 대여섯 개의 팔이 뻗어 나오는 모습을 상상한다.

별의 각 꼭짓점은 당신 삶의 일부를 나타낸다.

맨 꼭대기에서는 당신과 영혼이 영원히 연결된다.

그 빛에 몸을 담그고 다음과 같이 확신의 말을 한다.

치유의 에너지를 가진 영혼이 매 순간 나를 통해 흐른다.
나는 그 영혼의 안내를 받아 매 순간 신의 뜻을 행한다.
나는 삶에 아무런 저항도 하지 않으며,
있는 그대로 만족하고, 은총, 평화, 빛으로 가득 차 있다.
매 순간 나는 나의 존재를 느낀다.
이것이 깨달음이다.

별의 꼭대기에서 발산된 빛을 신의 빛, 은총의 빛, 창조의 빛 등 뭐라고 부르든 상관없다. 그 빛이 당신 몸속 모든 세포에 스며드는 것을 느낀다.

별의 나머지 꼭짓점에서 발산되는 빛에 당신의 다른 꿈, 희망, 목표를 올려놓고, 그것들이 실현되리라 확신한다.

빛나는 그 별의 가족, 우정과 관련된 부분을 잊지 않도록 한다. 그리고 다음과 같이 확신의 말을 한다.

나의 결혼 생활, 가정생활, 우정이
은총, 평화, 빛으로 가득 채워진다.
그렇게 될 것이고, 그렇다.

별을 그려서 그 그림을 당신의 마법사 도구함에 보관해도 좋다. 별의 모든 꼭짓점에 당신의 꿈, 목표, 기도, 확언을 적는다. 이렇게 하면 당신의 꿈과 목표에 우주의 강력한 창조 에너지를 불러올 수 있다.

그렇게 될 것이고, 그렇다.

1분 요가

요가는 '결합'을 의미한다. 그것은 영어 단어 yoke(멍에)와 유사하다. 우리는 요가를 통해서 우리의 영적인 본성과 다시 연결된다. (종교religion라는 단어도 요가와 비슷하다. 그 단어의 어원은 아마도 '결합하다' 혹은 '연결하다'라는 의미의 라틴어 ligare일 것이다. 종교를 통해서 우리는 신성과 다시 연결된다).

나는 극도로 게으른 편이고, 나의 요가 수련 시간은 대체로 아주 짧다. 1분 요가로 당신의 낮 혹은 밤에 큰 변화를 줄 수 있다.

일어서서 두 팔을 높이 뻗은 다음, 1분간 태양 경배와 같은 요가 동작을 하거나 그 순간 마음에 내키는 신체 운동을 한다. 요가 스트레칭을 그냥 단순한 동작으로 바꿔서 해도 괜찮다.

이제, 인도의 한 스승이 이야기한 대로

눈을 감고 신을 본다.

마지막으로, 눈을 뜨고
도처에 있는 신을 본다.

전재하는
전지한
전능한

모든 곳에 존재하고
모든 것을 알고
모든 것을 다 할 수 있는.

———

1주를 구성하는 일곱 날

1주를 구성하는 7일에 우리가 부여한 각각의 이름에는 마법, 즉 힘이 있다. 그것은 아주 심오하고 아름다운 방식의 전형이다. 이성적 사고가 개입해서 그것이 모두 임의적이고 아무 의미 없다고 말하지 못하도록 한다. 요일의 명칭은 수천 년 전에 알려진 다섯 개의 행성 이름을 따서 붙인 것이다. 그리고 그 행성들의 이름은 모두 그리스와 로마의 신과 여신의 이름을 따서 붙였다. 그것은 점성술 연구의 일부이다. (나를 포함해) 어떤 이들은 점성술을 즐기고, 또 어떤 이들은 말도 안 되는 엉터리라고 생각한다(그래도 괜찮다. 점성술 연구가 꼭 필요한 것은 분명 아니니까). 과학 혁명의 핵심 인물인 요하네스 케플러Johannes Kepler는 이렇게 말한 바 있다.

점성가의 어리석음과 신성모독에서
유용하고 신성한 지식이 나올 수 있음을
누구도 부정해서는 안 된다.

7일의 이름에는 분명히 유용하고 신성한 지식이 포함돼 있다. 각 요일은 각기 다른 신성한 에너지를 나타내며, 하루 종일 그 힘에 대해서 생각하는 것은 상당히 효과적일 수 있다.

일요일은 이름에서 알 수 있듯 태양에서 이름을 따왔다. 일요일은 재충전을 위한 완벽한 날이다. 날씨가 좋다면 외출해서 편하게 쉬어도 좋다. 주중 하루 휴식의 날을 갖는다. 심지어 하느님조차도 휴식이 필요했다. 가족과 친구와 보내기에도 좋은 날이다. 일요일은 쾌활한 기질의 날이다.

월요일은 달의 날이다. 내 기준으로 월요일은 일주일의 업무를 시작하기에 최악의 날이다. 달은 감정과 연관되어 있기에 월요일은 감정적일 때가 많고, 성찰하며 조용히 지내기에 좋은 날이다. 월요일은 직관적인 돌파구와 발견의 날이 될 수 있다. 최대한 적게 일하도록 한다. 저녁에 뜨거운 물이 담긴 욕조에 들어가거나 뜨거운 물로 목욕하는 것이 좋다. 잠시 달을 바라본다. 달이 당신에게 뭔가 메시지를 줄지 모른다.

화요일은 화성의 날이다. 몇몇 요일의 영어 명칭이 노르웨이 혹은 게르만의 신이나 여신의 이름을 따왔다는 것은 흥미로운 사실이다. 화요일은 게르만의 신 티우Tiu에서 유래했다. 라틴어에서는 로마어 이름을 사용하고, 프랑스어에서는 화요일을 mardi(스페인어로는 martes이고 이탈리아어로는 martedì)라고 한다. 즉 화성의 날이다. 화요일이야말로 한 주의 업무를 시작하기에 좋은 날이다. 이날은 화성의 힘과 에너지를 받아서 세상 밖으로 나가서 활동하고 창의적인 아이디어를 내기에 좋은 날이다. 단, 화성의 에너지가 지나칠 정도로 넘치거나 테스토스테론이 지나치게 많아서 갈등이 발생할 수 있음을 경계해야 한다.

지나친 화성의 에너지 즉, 테스토스테론 과잉이 어쩌면 이 세계가 직면한 대다수의 큰 문제들을 유발하는 핵심 원인일지 모른다. 자연적인 남성의 공격성은 연민이나 사랑과 같은 부드러운 에너지와 균형을 이루어야 한다. 화성 에너지와 금성 에너지가 함께 작용할 때, 마법과 같은 창조가 일어난다.

수요일은 수성의 날(불어로 mercredi)이다. 그것은 게르만의 신 오딘Odin(혹은 워탄)에서 따온 이름이다. 수요일은 의사소통, 정신노

동, 업무 처리, 글쓰기, 방문, 회의를 하기에 좋은 날이다.

목요일은 토르Thor의 날, 또는 불어로 jeudi이며, 목성의 날이다. 광활한 날, 성장, 창조력, 긍정적인 만남의 날이다. 회의하기에 좋은 날이기도 하다(나는 늘 목요일에 회의 일정을 잡으려고 노력한다. 수요일은 나의 두 번째 선택지다. 하지만 월요일엔 절대 회의를 잡지 않는다). 사람들은 목요일에 기분이 좋을 때가 많다.

금요일 혹은 불어로 vendredi는 금성의 날이다. 영어 단어 Friday는 게르만의 여신 프리가Frigga의 이름에서 따왔다. 여신 프리가는 비너스와 거의 대등한 여신이다. 여성성, 연민, 여성의 비전을 기린다. 아름다운 곳을 찾아서 떠나라. 금요일 밤이 데이트하기 좋은 날임에는 의심할 여지가 없다. 사랑의 관계가 움틀 수 있다. 금요일은 창조적 표현을 하거나 갈등을 해결하기에도 좋은 날이다. 금요일은 사랑의 날이다.

> 공간, 바람, 조수, 중력을 이용한 후
> 언젠가는 신을 위해서
> 사랑의 힘을 이용하게 될 날이 올 것이다.
> 바로 그날, 인류는 세계사에서 두 번째로
> 불을 발견하게 될 것이다.
> ― 테야르 드 샤르댕Teilhard de Chardin

토요일은 토성의 날이다(우리는 로마의 신들에 대해서 다시 이야기

나누게 될 것이다). 목성이 팽창과 관련이 있듯이, 토성은 수축과 관련이 있다. 일을 마무리 짓고, 세부적인 일을 처리하기에 좋은 날이다. 토성은 또한 성취와 숙달을 상징하는 별자리인 염소자리의 지배행성이기도 하다. 토요일은 꿈에 집중하고, 자기 삶의 주인이 되기 위해 한 걸음 더 나아가기에 좋은 날이다.

1년 열두 달

일주일 내내 우리는 그날의 리듬을 갖고 살아간다. 마찬가지로 일 년 내내 그달의 리듬에 맞춰서 살아간다. 각 달은 고대 점성술의 이름과 별자리를 갖고 있으며, 각각에 깊은 의미가 있다.

아주 실용적인 측면에서, 1년 중 각 달과 그달이 나타내는 다양한 별자리를 인식하는 것은 계절을 인식하는 것과 같다. 즉 봄과 여름의 팽창, 그리고 가을과 겨울의 수축을 인식하는 것이다. 연중 매월은 고유한 리듬을 갖고 있으며, 활기차고 남성적인 양의 에너지와 좀 더 조용하고, 사려 깊고, 여성적인 음의 에너지 사이를 오간다.

1월은 새해를 축하하는 것으로 시작하며, 새로운 계획과 새로운 시작을 위한 시간이다. 1월은 중천을 지배하는 염소자리의 달이다. 중천은 점성술에서 열 번째 집으로, 우리 머리 바로 위에 있으며 천정, 즉 태양의 가장 높은 지점에 있다. 염소자리는 지배행성이다. 당신의 숙련도를 연마하라. 이 달은 별다른 노력을 기울이지 않아도 성취로 이어지는 준비와 성장의 달이 될 수 있다. 염소자리는 토성의 지배를 받는다. 토성은 나이가 들면서 늘어나는 지혜를 상징한다.

그러나 이러한 성장을 강제할 수는 없다. 1월은 겨울의 한복판에 있으며, 고요와 휴식의 계절이다. 그해 후반에 결실을 맺게 될 계획을 수립하고 내적 작업을 수행하기에 좋은 시기다.

2월은 한겨울이지만, 대부분의 시간 동안 태양은 선지자와 미래주의자를 의미하는 물병자리 별자리에 있다. 2월은 겨울의 어둠 속에서 새로운 아이디어, 놀라움, 빛으로 가득한 달이 될 수 있다. 당신의 계획과 꿈을 확장하기에 좋은 달이다. 당신은 충분히 큰 꿈을 꾸고 있는가?

3월은 겨울의 끝자락이자 물고기자리의 달이다. 무리하게 행동하거나 큰 성과를 기대하며 계획을 추진하지 않는 게 좋다. 3월은 내실을 다지고, 휴식하고, 성찰하기에 좋은 시기다. 이는 3월이 겨울에서 봄으로 가는 심오하고 신비스러운 변화의 달이기 때문이다. 물고기자리는 한해 전체 주기의 정점으로, 마지막 별자리에 해당한다. 그것은 궁극적 이해의 별자리이자 신비스러운 별자리이며, 정적과 고요의 시간이고, 만물의 가장 깊은 내적 경이를 발견하는 시간이다.

이달에는 외부 활동을 지나치게 많이 하지 않는 것이 좋다. 책을 읽고 사색하라(이달에 읽으면 좋은 책으로 에크하르트 톨레의《고요함의 지혜》를 추천한다.)

4월은 마침내 봄기운이 분출하고 엄청난 창조적 에너지가 샘솟는 달이다. 모든 영광 속에서 생명이 다시 살아나기 때문에 진정한 의미의 새해다. 4월은 양자리의 달이다. 새로운 프로젝트를 시작하고, 새로운 아이디어를 시도하며, 세상 밖으로 나가서 모험하고, 정신을 한껏 고양하기에 좋은 달이다. 이 달에는 큰 에너지가 흐른다. 양자리는 화성의 지배를 받기 때문이다. 과감하게 꿈꾸고 도전해 보자!

5월은 황소자리의 달이다. 모든 일이 천천히 흘러가도록 속도를 조금 늦추고, 좀 더 깊고 느린 리듬을 찾아야 하는 시간이다. 땅에 뿌리를 내리고, 대지의 강력하고 지속가능한 에너지들과 연결할 때다. 이달은 꿈을 실현하기 위한 기초를 다지는 달이다. 이 황소자리 달에는 큰 아름다움이 있다. 황소자리는 금성의 지배를 받기 때문이다.

6월은 쌍둥이자리의 달로, 4월과 마찬가지로 에너지가 넘치는 달이다. 수성의 지배를 받는 달이므로, 의사소통, 글쓰기, 비전 표현, 대외적인 활동을 수행하기에 좋다. 마음의 힘을 갈고닦아 능숙하게 사용하기에 좋은 달이기도 하다. 대외적 성공을 기대해도 좋은 달이다.

7월은 여름의 절정으로, 게자리별(나는 이 별자리를 '달의 아이Moonchild'라고 부르는 걸 더 선호한다)의 달이다. 달의 지배를 받으며, 쌍둥이자리인 달의 흥분이 지나간 후 에너지가 다시 가라앉는 달이다. 7월은 집에 머물면서 뿌리를 내리고 성장하기에 좋은 시기다. 답을 찾기 위해 내적 성찰을 하고, 생각과 감정을 넘어 당신 안에 있는 근본적 행복을 되돌아보는 시간이다. 당신의 가정과 가족, 삶의 충만함을 축하하고 감사하는 시간이다.

8월은 태양의 지배를 받는 사자자리의 달이다. 강렬한 태양이 사람들을 빛 속으로 끌어내며, 무언가를 공유하고, 여행하고, 관계를 맺고, 실행하기에 좋은 달이다. 쇼를 선보이자! 당신의 꿈을 실현해 보자. 당신이 주인공이다. 그러니 빛을 발해보자.

9월은 여름이 물러나고 가을이 다가오는 달이다. 처녀자리의 달로 수성이 지배하는 달이며, 집안을 정돈하고, 사업과 창조적인 삶을 준비하기에 좋은 시기이다. 무엇보다도 자신과 다른 사람을 사랑하고, 섬기고, 당신이 진정으로 누구인지, 무엇을 하기 위해 여기에 왔는지를 기억하는 시기이다.

10월은 금성의 지배를 받는 아름다운 천칭자리의 달이다. 가을이 오면 온갖 다양한 색깔로 가득 찬다. 이달은 영감을 얻고, 다른 사람들과 교류하며, 풍요롭고 아름다워지는 시기이고, 주변의 아름다움과 조화로움을 창조하는 시기다.

11월은 전갈자리의 달로 겨울이 다가오는 달이다. 특히 겨울은 종종 급작스럽게 찾아오는 경우가 많다. 해가 훨씬 빨리 진다. 전갈자리의 경우, 진화하지 않은 상태에서는 전갈의 맹렬한 찌름의 힘을, 진화된 상태에서는 (신의 사자 머큐리가 갖고 다니는 지팡이로 상징되는) 척추를 감아 옥죄는 뱀의 치유 에너지를, 진화된 상태의 독수리의 시야를 갖고 있다. 11월에 명상을 하면, 이 치유의 에너지가 당신의 척추를 타고 위아래로 움직이는 것을 쉽게 감지할 수 있고, 제3의 눈에서 독수리의 시야를 발견할 수 있다.

전갈자리는 화성의 두 가지 에너지인 힘과 불을 갖고 있고, 궁극적으로 저승세계 명왕성과 연결돼 있다. 이 시기는 심연의 달이며, 명상하고 사색하는 때이지만 (물고기자리 달과 마찬가지로) 바깥세상에서만큼은 큰일을 시도하지 않아야 하는 달이다. 휴식을 취하고, 재충전과 내적 성찰을 하는 시기로 삼는 것이 좋다.

12월은 목성의 지배를 받는 궁수자리의 달로, 확장적이고 활력이 넘친다. 이달에는 강력하고 활기차고 외향적 에너지가 넘친다. 이 에너지는 11월 말 추수감사절을 시작으로 기독교의 성탄절, 유대교의 하누카Hanukkah를 비롯해 수많은 전통에서 다양한 방식으로 기념하는 동짓날까지 이어진다. 추수감사절부터 한 달 내내 풍요를 축하한다. 또 한 해가 끝났고, 우리는 앞으로 감사할 일이 더 많을 것이다.

현재를 축하한다. 에크하르트 톨레가 한 말을 되새겨 본다.

현재의 순간에 감사하면서
지금 충만한 삶을 사는 것이야말로 참된 행복이다.

그렇게 될 것이고 그렇다.

요약

우리는 모두 마음대로 쓸 수 있는 전능함과 영원함을 가지고 있다. 우리는 끊임없이 진화하고 있으며, 필요한 모든 수단을 동원해서 우리의 영혼, 즉 모든 에너지의 근원이자 모든 창조의 근원과 다시 연결되어야 한다. 그럼으로써 이 진화의 과정을 의식적으로 촉진할 수 있다.

11장

성공을
가속화하는 법

우리는 결코 창조의 에너지를 이해할 수 없지만,
그 에너지를 활성화할 수는 있다.
그다음 편안하게 앉아서
그 모든 것의 신비와 장엄함에 경탄하게 될 것이다.

마법적인 것, 신비적인 것, 영적인 것은 모두 상호 연관돼 있다. 마법의 수행은 영적 에너지와 연관돼 있으며, 그 결과는 실로 놀랍고 빠르게 나타난다. 마법을 지름길이라고 부르는 이유도 바로 이 때문이다. 이 과정은 우리가 결코 완전히 이해할 수 없을 정도로 신비롭다. 그것은 늘 수수께끼로 남아 있을 것이다.

에크하르트 톨레는 과학자들이 천 년 후에도 여전히 인간의 몸을 연구하며, 새로운 질문을 던지고, 새로운 신비를 밝혀낼 것이라고 말했다. 창조의 과정 역시 마찬가지다. 우리는 결코 창조의 과정을 온전히 이해할 수 없을 것이다. 그러나 창조의 과정을 작동시킬 만큼은 이해할 수 있다. 이를 위해 필요한 것은 아주 짧은 시간이 전부다. 그다음 우리는 편안하게 앉아서 그 모든 신비와 아름다움에 경탄하게 될 것이다.

나는 이전에도 성공에 이르는 다양한 영적 방법에 대해 여러 차례 글을 쓰고 이야기해 왔다.* 우리가 선택할 수 있는 지름길이 실제로 존재하기는 할까? 잠시 생각해 보고 그 길이 우리를 어디로 이끄는지 지켜보자. 이해하기 쉬우면서도 그 함의는 심오한 세상을 보는 방법을 살펴보자.

외적, 내적, 은밀한 형태의 실존

"모든 것은 외적, 내적, 은밀한 차원의 존재 혹은 실존의 형태를 갖는다." 이는 수년 전 한 티베트의 스승에게서 배운 것이다. 각각은 다르고, 각각의 의식은 우리에게 놀라운 지식과 지혜를 가져다준다. 그렇다. 심지어 **깨달음**도 준다.

지금 당신이 앉아 있는 의자를 예로 들어보자. 외양상 그것은 나무 또는 다른 재료로 만들어진 단순한 의자다. 그것은 페인트나 유채색 천으로 덮여 있는 단단한 물체이며, 앉았을 때 당신을 지탱할 수 있도록 만들어졌다.

- 성공에 이르는 영적인 길은 《CEO의 꿈이 필요하다》 11장과 《백만장자 코스 The Millionaire Course》 11장 각각의 주제다. 그것은 또한 「간단한 성공 Success with Ease」 오디오 시리즈의 11강 제목이기도 하며, 개별 다운로드가 가능한 오디오 자료 「성공으로 가는 영적인 길 The Spiritual Path to Success」로도 제공되고 있다.

내부의 형태는 어떨까? 나무로 만들어진 의자라면, 겉보기에는 단단해 보이며, 내부에는 수많은 목질 섬유를 포함하고 있다. 그러나 내부 형태를 좀 더 깊이 들여다보면, 그 의자는 수십억 개의 세포로 구성되어 있으며, 그 세포들은 서로 결합된 수조 개의 분자로 이루어져 있다. 놀랍고 신비로운 협력 관계를 통해서 의자의 외부 형태가 만들어진 것이다. 만일 원자의 수준까지 더 깊숙이 파고 들어가면, 의자는 대부분 텅 빈 공간이며, 그 공간은 소용돌이치는 에너지와 신비한 정보로 가득 차 있다.

의자의 은밀한 차원의 실체는 무엇일까? 그것은 다양한 방식으로 표현될 수 있다. 그것을 표현하는 한 가지 방법은 다음과 같다. 그 의자는 온 우주, 즉 대우주를 반영하는 소우주다. 그 의자를 창조하기 위해서는 온 우주를 창조하는 것과 동일한 에너지가 필요하다. 의자는 만다라다. 즉 창조의 전체 과정과 결과를 보여주는 그림 혹은 도표다.

그것은 불교도들이 약 2,500년 동안 외쳤던 것을 보여준다.

형상은 공空이고 공은 형상이다.

이는 의자의 형태와 비어 있음의 속성이 우주의 모든 것과 완전히 연결되어 있음을 보여준다. 우리는 모두 하나다.

또 다른 예로 우리의 몸을 살펴보자. 외형적으로 우리 몸은 이 세상에서 단단하고 물리적인 실체를 갖는다. 우리 몸은 구체적인 색깔과 형체를 갖고 있어서 쉽게 알아볼 수 있다. 우리 몸은 다양한 범주의 동작과 운동을 할 수 있다. 온갖 것을 할 수 있고 만들 수 있다. 우리 몸은 구부러지거나, 부러지거나, 강한 타격을 받거나, 불구가 될 수 있다. 결국 우리 몸은 마모되고, 죽어서 썩는다.

그러나 우리 몸의 내적 형태는 어떨까? 우리 몸은 여러 장기와 기타 시스템들로 이루어져 있다. 이 장기와 시스템은 신체를 원활하게 유지하기 위해 꼭 해야 할 일을 하고 있다. 그리고 인체의 내적 형태를 좀 더 깊이 들여다보면, 인체는 약 1조 개의 세포로 이루어져 있으며, 놀라울 정도의 복잡함과 조화 속에서 그 세포들이 힘을 합쳐 일하는 것을 알 수 있다. 이 세포들은 원자로 구성된 수조 개의 분자로 이루어져 있다. 더 깊이 들어가면, 우리 몸은 에너지, 정보, 미스터리로 가득 찬 텅 빈 공간임을 알게 된다.

우리 몸의 은밀한 차원의 실체는 무엇일까? 그것은 다양한 방식으로 표현할 수 있다. 그것을 표현하는 한 가지 방법이 여기에 있다. 우리의 몸은 온 우주, 즉 대우주를 반영하는 소우주다. 당신의 몸을 창조하기 위해서는 온 우주를 창조하는 것과 동일한 에너지가 필요하다. 당신의 몸은 만다라다. 즉 창조의 전체 과정과 결과를 보여주는 그림 혹은 도표다.

위에서 그러하듯 아래에서도 그러하다.

당신의 외적 형태와 내적 형태는 일시적이며 곧 사라질 것이다.

하지만 본질적으로 당신의 몸은 생명 에너지로 이루어져 있으며, 존재하는 모든 것과 하나다. 이 에너지는 사라지지 않는다. 창조할 수도, 파괴할 수도 없기 때문이다. 그것은 그냥 존재한다. 그리고 언제나 존재할 것이다.

에너지로 가득 찬 다음의 만트라를 반복하라. **"형상은 공이고 공은 형상이다."** 우리 몸의 공과 형태는 우주에 있는 모든 것과 완전히 연결되어 있다. 우리는 지금도 그리고 영원히 하나다.

이 은밀한 차원의 실체에 대해 생각해 보면, 우리 몸과 우리 존재의 기적과 마법을 깨닫는다. 이를 진정으로 이해할 때 우리는 우리가 누구인지 깨닫고, 깨달음을 얻게 된다. 우리는 자아실현의 존재다. 우리는 **지금 이 순간**의 신비에 경외감을 느낀다.

> 눈에 보이는 물리적인 모습과
> 분리된 형상들의 차원 아래에서
> 당신은 존재하는 모든 것과 하나다.
> ― 에크하르트 톨레 《지금 이 순간을 살아라》

성공, 풍요, 성취

이제 성공, 풍요, 성취에 관해 이야기해 보기로 하자. 이 모든 것을 이룰 수 있는 가장 간단하면서도 효과적인 방법 중 하나는 그 단어들이 우리에게 어떤 의미인지 생각해 보고, 외적, 내적, 은밀한 형태 차원에서 명확하게 상상하고 말하는 것이다.

무언가를 분명하게 상상할 수 있을 때, 그것을 창조하는 데 필요한 조치들이 분명해진다. 우선 외적 성공이 당신에게 어떤 의미인지를 정의하고 상상한 다음, 내적 성공에 대해서 정의하고 상상한다. 물론 은밀한 차원에서 지금 이 순간 당신은 절대적으로 완벽하다. 당신은 존재하는 모든 것과 하나다. 당신이 해야 할 일은 아무것도 없다. 당신은 완전하다.

> 당신은 영원한 창조의 영원한 일부이며
> 신의 계시의 본질이다.

외적 성공
당신에게 **외적 성공**은 무엇을 의미하는가? 당신은 독특하고 창의적인 사람이며, 당신이 정의하는 성공은 아마도 부모님이 자신들이나 자녀인 당신에게 원했던 것과는 다를 것이다. 다른 사람의 생각은 중요하지 않다. 당신만이 당신이 원하는 성공의 의미를 정의할 수 있다.

어쩌면 당신은 이미 인생에서 무엇을 원하는지 정확히 알고 있을지 모른다. 만일 모른다면, 기도하고 인도를 요청해야 한다. 인생에서 무엇을 원하는지 명확하고 구체적인 그림이 없다면, 1장에서 소개한 '이상적 장면' 명상을 수행하거나 아래의 짧은 수련을 한번 시도해 보라.

편안하게 앉아서 긴장을 푼다.
두 눈을 감고 호흡을 의식한다. 호흡이 더 길고 깊어지도록 더 깊이 몸을 이완한다.
머리부터 발끝까지 몸의 힘을 뺀다.
마음을 편안하게 하고, 모든 생각을 놓아버린다.
모든 것을 놓아버린다.
내면의 활기찬 빛의 장으로 들어가서 긴장을 푼다.

이제 2년, 3년, 혹은 5년 후 당신이 꿈꾸는 삶을 그려본다. 당신은 무엇을 하며 대부분의 날을 보내고 있는가?
당신이 있는 곳의 환경은 어떤가? 무엇을 성취했는가?

매일, 매 순간 영혼에게 당신을 안내해 달라고 요청한다.
당신이 원하는 완벽한 삶, 상상할 수 있는 최고의 꿈으로 데려다 달라고 요청한다.

이제 완벽하고 만족스러운 삶을 창조하는 데 필요한 다음 조치가 무엇인지 알려달라고 요청한다.

조용히 긴장을 풀고, 편안한 상태에서 무엇이 떠오르는지 지켜본다.

당신이 생각하는 외적 성공을 최대한 명확하고 구체적으로 정의한다. 외적 성공이란 여행하거나, 글을 쓰거나, 가르치거나, 무언가를 창조하는 자유를 의미하는가? 아니면 가족을 의미하는가? 은행에 저금한 특정 금액을 의미하는가? 외적 성공에 부동산도 포함되는가? 얼마나 많은 여가 시간이 있기를 바라는가? 당신은 편안하고 안락하며, 건강하고 긍정적인 삶을 원하는가? 원하는 것이 무엇인지 명확하게 규정한다.

그런 다음 기도 중에 그것을 요청해라. 아니면 쉽고 편안하게, 건강하고 긍정적인 방식으로, 그 자체로 완벽한 시간에, 모두의 최고선을 위해서 당신의 바람이 이루어지고 있다는 확언을 반복한다. 그것이 바로 마법의 길, 즉 성취로 가는 직선로에서 당신이 해야 할 일의 전부다.

다음과 같이 확신의 말을 한다.

나는 매 순간 영혼의 안내를 받는다.

나는 영혼의 안내를 받아 나의 소명,
천직을 찾고 성취할 것이다.

나는 영혼의 안내를 받아 잠재력을 발휘하고
내가 꿈꾸는 삶을 실현할 것이다.
그렇게 될 것이고 그렇다.

아니면 이렇게 말해도 괜찮다.

나는 멋진 사람들과 멋진 방식으로
멋진 일을 하면서 충분한 보수를 받을 것이다.

계속해서 내적 안내를 구하고, 그다음 계획이 떠오르기를 기다린다. 그 계획들을 기록한다. 각 계획의 맨 위에 구체적인 목표를 적는다. 그 목표를 달성하기 위해서 당신이 가장 먼저 해야 할 조치를 취한다. 한 번에 한 걸음씩 앞으로 나아간다. 가장 높은 산을 오르는 세상에서 가장 긴 여정도 일련의 작고 실행 가능한 단계들이 모여야 가능하다.

너무 작은 꿈을 꾸지 말아라. 꿈을 이루기 위해 노력한 것을 결코 후회하지 않을 것이다.

작은 계획들은 세우지 마라.

그것들은 당신의 피를 끓게 하는 마법을 부리지 못한다.

큰 계획을 세워라.

원대한 목표를 세우고 노력해라.

— 다니엘 번햄 Daniel Burnham

내적 성공

외적 성공을 달성하려는 과정에서 내적인 갈등을 겪는 이들도 있다. 왜냐하면 우리는 마음속으로 너무나 잘 알고 있기 때문이다. 세상에서 이룬 성취나 우리를 둘러싸고 있는 물질적인 것들보다 훨씬 더 중요한 삶의 가치가 있음을 말이다. 그러나 이러한 갈등을 겪을 때, 우리는 스스로 훼방꾼이 되어 외적 성공과 내적 성공을 모두 방해할 수 있다.

외적 성공을 추구하는 것을 두려워하지 말아야 한다. 그것은 결국 당신뿐만 아니라 모두를 위한 최고선이기 때문이다. 외적 성공을 끊임없이 확신하면 그것은 현실이 된다.

완전히 만족스럽고 조화로운 방식으로

모두의 최고선을 위해서

이것 혹은 이보다 나은 것이

곧 실현될 것이다.

그렇게 될 것이고 그렇다.

이 말을 계속해서 반복한다. 그러면 이 말은 우리가 사는 이 넓고 큰 신비로운 세상에서 원하는 것을 성취하고, 현재 삶에 만족하며, 우리의 최고선을 달성하는 것을 막는 많은 두려움을 극복할 힘을 갖게 된다.

우리는 외적인 세상에서 진정으로 성공하려면, 우리가 중요하다고 생각하는 내적 성공도 포함해야 한다는 것을 안다. 이는 내적 성공이 행복하게 잘 살기 위해서 꼭 필요한 것들이기 때문이다.

당신에게 내적 성공이란 무엇을 의미하는가? 대다수는 같은 것을 원한다. 그것은 최대한의 행복, 내면의 평화, 만족감, 성취감, 평온함 등이다. (예외도 있다. 뉴욕 출신의 한 여성은 나에게 이렇게 말했다. "난 요가나 건강식품이나 평온에는 관심이 없어요." 하지만 그녀 역시 어떤 방식으로든 만족감과 성취감을 느낄 수 있는 행복한 삶을 원한다고 확신한다. 우리 모두 그렇지 않은가?)

이 문제에 대해서 잠시 고민해 보기를 바란다. 당신은 어떠한 육체적·정신적 상태를 달성하기를 원하는가? 그리고 그것을 어떻게 이룰 수 있을까?

확언, 만트라, 마법의 주문 등 당신이 뭐라고 부르든, 이것은 우리의 내적 상태에 강력한 영향을 미친다. 그것들은 목표 실현으로 가는 지름길에서 우리가 사용할 수 있는 마법의 도구다. 특히 어려움과 난관을 만날 때마다 확신을 주는 말들을 계속해서 찾아라. 당신에게 적절한 말을 찾는 것이 좋다. 여기 몇 가지 제안이 있다.

나는 충분하고 완전하다.

나는 현재를 즐기는 데 필요한 모든 것을 갖고 있다.

나는 매 순간 영혼의 안내를 받으며

내가 사랑하는 일을 하고 있다.

내 결혼생활과 가정생활은

은총, 평화, 빛으로 가득 차 있다.

치유의 에너지를 가진 영혼이 매 순간 나를 통해 흐른다.

나는 그 영혼의 안내를 받아 신의 뜻을 행한다.

나는 삶에 아무런 저항도 하지 않으며,

있는 그대로 만족하고, 은총, 평화, 빛으로 가득 차 있다.

이것이 깨달음이다.

성공의 비밀

전혀 비밀이 아닌 위대한 비밀이 있다. 사람들은 그 비밀을 수천 년
동안 이야기해 왔지만, 대부분의 사람들에게 그것은 아무 의미가
없다. 왜냐하면 그 비밀은 고난과 역경, 좌절과 실패의 연속인 우리
의 실제 삶과 완전히 모순되는 것처럼 보이기 때문이다.

물론 다양한 방식으로 그 비밀을 표현할 수 있다. 그러므로 그
비밀을 나의 말로 표현하기에 앞서, 당신 스스로 다음의 질문들을

해보고 머릿속에 답을 떠올려 보는 것이 좋다. 예를 들면, 다음과 같은 질문을 던질 수 있다.

> 삶에서 진정으로 중요한 것은 무엇인가?
> 영구적이고 의미 있는 것은 무엇인가?
> 내가 생각하는 성공의 비밀은 무엇인가?

이러한 질문을 했을 때, 지금 내 머릿속에 떠오르는 말들은 다음과 같다. '삶에서 진정 중요한 것은 무엇인가? **존재를 이해하는 것**이다. 영구적이고 의미 있는 것은 무엇인가? 그것은 삶이다. 삶은 끝없고 영원하다. 삶은 빛이고 사랑이다.'

'성공의 비밀은 무엇인가? 당신은 지금 모습 그대로, 이 순간 살아 있는 것만으로도 이미 충분히 놀라울 정도로 완전하고 성공적이다. 꿈을 꾸고 그것을 이루기 위해 노력하라. 하지만 당신은 있는 그대로 완벽하며, 현재도 그렇다는 사실을 절대 잊어서는 안 된다.'

티베트 학자 롱첸빠Longchenpa는 수천 년 전에 지금은 전 세계적으로 유명해진 글을 남겼다. 그는 절대완벽absolute perfection을 뜻하는 '**족첸**Dzogchen'이라는 것에 대해 설교했다(내가 그를 좋아하는 이유 중 하나는 수천 명의 학생들을 가르치던 학자로서 경력이 가장 절정에 이르렀던 시기에 휴가를 내고 12년 동안 동굴에 들어가 명상에 몰두했기 때문이다). 그는 《정신의 국가적 자유The National Freedom of Mind》라는 책을 썼는데, 그 안에는 다음과 같은 구절이 있다.

모든 것은 환상이며 있는 그대로 완벽하다.
좋든 일이든 나쁜 일이든,
우리가 그것을 받아들이든 거부하든 아무런 상관이 없다면
한바탕 웃음을 터뜨릴 수 있을 것이다.

모든 것은 있는 그대로 완벽하다. 그 안에는 당신과 나, 그리고 온 우주가 포함된다. 그러므로 우리가 성취해야 할 것은 아무것도 없다. 우리는 단지 우리가 누구이며, 무엇인지에 대한 경이로움, 마법, 기적을 깨닫기만 하면 된다. 우리는 생명 그 자체다.

기도라는 영적인 길

지금쯤 기도의 효과를 깨달았기를 바란다. 기도는 강력한 형태의 마법이다. 기도를 통해서 지름길에 도달할 수 있다. 이 사실을 믿을 필요는 없다. 그저 열린 마음으로 한번 시도해 보고, 무슨 일이 일어나는지를 지켜봐라. 기도 후 이어지는 생각으로 당신이 바친 기도를 무효로 만들지만 않는다면, 기도는 분명 효과가 있다.

기도, 확언, 선언, 만트라, 주문, 마법, 긍정적인 생각, 전략적 계획은 모두 효과가 있다. 안타깝게도, 부정적인 생각 역시 효과가 있다. 그러므로 당신이 하는 생각에 주의를 기울여야 한다.

부정적인 생각은 긍정적인 생각 못지않게 강력한 창조력이 있다. 이는 전 세계적으로 입증된 사실이다. 그러나 올바른 기도, 올바른 확신, 올바른 긍정적인 생각을 몇 주, 몇 달, 몇 년간 한다면, 수십 년간 해온 부정적 생각마저도 극복할 수 있다.

과거는 잊어라. 이미 지나간 일이다. 우리 앞에 있는 것은 바로 이 순간뿐이다. 지금 이 순간 당신이 원하는 것을 기도하라.

당신이 상상할 수 있는 가장 높고 멋진 삶을
과감하게 꿈꾸고, 확신하라.
오늘 우리의 생각과 기도가 미래의 삶을 결정한다.

그렇게 될 것이고 그렇다.

성공으로 가는 영적인 길

나는 우리가 영적인 삶을 살고 있음을 진정으로 이해한다면, 그것이 성공으로 가는 가장 빠른 지름길이 될 수 있음을 시행착오를 통해서 깨달았다. 당신에게 성공이 무엇을 의미하든 말이다.

이 책 전체를 '성공으로 가는 **영적인 길**'이라고 부를 수 있다. 왜냐하면 영적인 길과 마법의 길은 하나이기 때문이다. 영혼의 안내를 받아 우리는 먼저 마음속으로 무언가를 창조하고, 그다음에 그것이 물리적 차원에서 실현된다.

우리의 외부 세계는 거대하고 견고한 구조물로 가득 차 있으며, 이는 인류의 천재성과 성취의 산물이자 인류보다 훨씬 더 위대한 존재의 천재성, 성취, 지적 설계이다. 모든 창조물은 처음에는 내적 창조물, 즉 하나의 아이디어와 집중된 생각에서 출발했다.

그리고 이러한 창조물 중 가장 위대한 것은 영혼에서 비롯된다. 영혼은 모든 창조의 자비롭고 애정 어린 근원이다. 그리고 우리는 매 순간 영혼과 직접적으로 연결돼 있다.

구하여라, 받을 것이다.
찾아라, 얻을 것이다.
문을 두드려라, 열릴 것이다.
누구든지 구하면 받고, 찾으면 얻고,
문을 두드리면 열릴 것이다.
— 마 7:7-8

그 대답은 당신 영혼의 고요함과 조용한 음성 속에 있다. 내면으로 들어가라. 깊게 숨을 들이마시고, 몸의 긴장을 풀고, 눈을 감는다.

내면으로 들어가라.
모든 것을 놓아버린다.

당신의 존재를 느낀다.

당신 안의 빛을 느낀다.

이것은 마법과 같은 창조의 차원이다.

이것은 영적 계시의 차원이다.

12장

모두에게
이로운 세상 창조하기

이 강좌는 쉽고 편안하게, 건강하고 긍정적인 방식으로,
그 자체로 완벽한 시간에, 모두의 최고선을 위해서
자신의 삶은 물론 온 세상을 변화시키고,
모든 이에게 이로운 세상을 창조할
일단의 이상가, 예술가, 기업가, 사업가, 교사, 지도자들의
성장을 돕는 것이 목적이다.

우리는 이제 필요한 모든 도구를 갖고 있다. 창조의 과정은 여전히 수수께끼로 남아 있지만, 우리는 그 과정을 활성화시킬 방법을 안다. 우리는 이미 우리 삶이 놀라우리만큼 달라지는 것을 확인했다. 이제 우리가 사는 세상에서도 놀라운 변화를 일으킬 때다. 우리가 꿈꾸는 삶을 실현하는 데 사용한 것과 동일한 마법의 도구로, 우리가 이 세상에 도착했을 때보다 이곳을 훨씬 더 나은 곳으로 만들 수 있다.

세상을 크게 변화시키는 과정은 우리의 삶을 크게 변화시키기 위해 거쳐온 과정과 같다. 우선, 모두에게 이로운 세상을 과감하게 꿈꾼다. 그리고 나서 실현 가능성을 상상하고, 계획을 세우고, 첫걸음을 내딛는 것이다. 입말의 힘으로 꿈을 확신하고, 글말의 힘과 헌신적 행동으로 그 꿈을 실현한다.

사려 깊고 헌신적인 소수가
세상을 바꿀 수 있다는 사실을 절대 의심하지 말아라.
실제로 이 세상은 그러한 소수에 의해 변화해 왔다.

— 마거릿 미드Margaret Mead

세상을 더 나은 곳으로 변화시키는 빠른 길, 직선로가 있다. 더 많은 사람들이 이를 깨닫게 되면, 변화는 빠르게 일어날 수 있고 일어날 것이다.

꿈

우선 꿈꾸는 것에서부터 시작해야 한다. 그러고 나서 어떻게 그 꿈을 실현할 수 있을지 상상한다. 브레인스토밍을 하고, 가상의 시나리오를 목록으로 만든다. 다양한 가능성을 논의하고 나서 명확한 목표를 세우고, 그 목표를 달성하기 위한 계획을 세운다. 우리 앞에 떠오른 첫 번째 조치들을 취한다. 그렇게 우리는 세상을 변화시킨다.

그러나 더 나은 세상을 꿈꾸는 사람은 너무 적다. 전 세계적인 차원에서 필요한 것은 바로 그런 사람들이다. 많은 이들이 모두에게 이로운 세상을 꿈꾸고(마거릿 미드가 말했듯이, 그들은 전 인류의 극소수에 불과하지만), 그 비전을 실현하기 위해 무엇인가를 하는 것이다.

늘 명심해야 할 가장 중요한 것은 꿈과 비전이다.

모두를 먹이고, 재우고, 교육하는 것이 가능한 세상,
모두에게 이로운 세상을 창조하는 것이
가능하다는 꿈과 비전을 마음속에 품어라.
이것이 우리 앞에 놓인 '대업'이다.

위대한 이상주의자이자 개척자인 버크민스터 풀러Buckminster Fuller는 수십 년 전 이 사실을 깨달았다. 그는 1960년대에 우리가 이제 지구상에 사는 모든 이의 생활 수준을 향상시킬 능력과 기술을 보유하고 있다고 말했다.

그는 우리가 매슬로우의 인간 의식의 피라미드에서 모든 사람들을 위로 이동시킬 수 있는 도구를 갖고 있다고 말했다. 앞서 살펴본 바와 같이, 매슬로우는 인간이 거대한 욕망의 피라미드로 이루어져 있다고 보았다. 각 단계마다 우리는 각기 다른 욕망을 갖고 있으며, 그 결과 서로 다른 의식 수준에 도달한다.

피라미드의 하단에 있는 대다수의 사람들은 식량과 거처를 원한다. 이러한 욕구가 충족되면, 피라미드의 다음 단계로 올라간다. 그곳에서 필요한 것은 안전, 건강한 사랑, 회복이다. 이러한 욕구가 충족되면 피라미드의 다음 단계로 올라가서, 교육이라는 훌륭하고 확장된 세계로 나아간다.

이곳에서 마법을 부리는 방법을 배운다. 사람들을 교육시킨다는 것은 그들에게 인간 의식의 피라미드 꼭대기 — 매슬로우의 용어를 사용하자면 **자아실현** — 에 도달할 도구를 주는 것이다. 그것을 뭐라고 부르든, 사람들이 지닌 잠재력을 최대한 발휘하게 하는 것이다.

늘 다음의 말을 명심하기를 바란다.

우리는 지구상에 존재하는 모든 이가
인간 의식의 피라미드를 올라가도록
도울 수 있는 기술을 갖고 있다.
다만 우리에게 부족한 것은
자신과 타인을 돕기 위해 이 기술을 사용할 사람들이다.

이용 가능한 기술과 자원을 사용해서 이 세상을 좀 더 나은 곳으로 만들려는 사람들이 점점 더 늘어나고 있다. 강력한 변화의 물결이 전 세계를 휩쓸고 있다. 그리고 우리가 계속해서 이를 확신한다면, 그것은 모두의 최고선을 위한 변화가 될 것이다.

전 세계 모든 정부의 주요 목적은 자국민 모두가 식량, 주거, 안전, 교육의 자유를 누릴 수 있도록 그들을 돌보는 것이다. 이를 달성할 수 있는 유일한 방법은 정부가 국민과 협력하는 것뿐이다. 성공한 수많은 정부가 이미 이 사실을 알고 있다. 그러나 안타깝게도, 너무나 많은 국가가 여전히 실마리를 찾지 못하고 있다.

세계가 직면한 문제들을 해결할 방법을 어떻게 찾을 것인가? 이는 매우 좋은 질문이다. 알베르트 아인슈타인은 문제를 만든 사고의 차원으로는 그 문제를 해결할 찾을 수 없음을 우리에게 일깨워준다. 해결책은 고차원적인 사고를 통해서만 찾을 수 있다.

우리는 어떻게 해결책을 찾을 수 있을까? 사람들은 다양한 방식으로 해결책을 발견하고 있다. 나에게 가장 간단하고 효과적인 방법으로 해결책을 알려준 사람은 바로 작가이자 이상주의자인 리안 아이슬러Riane Eisler다. 이 방법은 내가 일상에서 이해하고 사용할 수 있는 방법이다.

우리는 앞서 만족스러운 관계를 만드는 방법에 대해 논의하는 장에서 리안 아이슬러의 연구를 확인한 바 있다. 그녀는 두 권의 저서 《성배와 칼날The Chalice and the Blade》, 《파트너십의 힘The Power of Partnership》에서 이 모든 것을 다음과 같이 요약했다. "모든 문제의 핵심은 전 세계적으로 고착된 지배와 착취의 모델에 있으며, 이는 통제하려는 욕구에서 비롯된다. 그리고 해결책은 서로에 대한 존중을 바탕으로 한 파트너십 모델에 있다."

꿈을 실현하는 단 하나의 간단한 비결은 다음과 같다.

모두에게 이로운 세상을 만드는 단 하나의 비결은
모든 사람과 협력하는 것이다.
아주 간단하다.

세상의 문제는 지배와 착취에 의해 발생하며, 그 밑바탕에는 두려움과 통제하려는 욕구가 있다. 상호 존중을 바탕으로 협력하여 그 해결책을 찾아야 한다. 모든 이에게 이로운 세상을 꿈꾸고, 그 꿈을 달성할 방법을 상상하고, 함께 협력하여 한 번에 한 걸음씩 나아가야 한다.

꿈을 실현하기 위한 명상 ————————————

방해받지 않을 만한 조용한 장소를 찾아서 편안하게 앉는다.

천천히 깊게 숨을 들이마신 후, 숨을 내쉴 때 머리부터 발끝까지 몸의 긴장을 푼다.

다시 한번 숨을 깊게 들이마신 다음, 숨을 내쉴 때 마음을 편안하게 하고 모든 생각을 놓아버린다.

또다시 숨을 깊게 들이마시고 모든 것을 놓아버린다.

당신 존재의 바다에 떠 있는다.

당신 존재의 에너지를 느낀다.

그것이 생명이다.

그것이 사랑이다.

당신 앞에 놓인 형체가 없는 빈 공간, 즉 거대한 내면의 시야 속에 몇 가지 형태가 떠오르게 둔다. 모두에게 이로운 세상을 상상한다.

자신에게 묻는다. '어떻게 하면 모두에게 이로운 세상을

만들 수 있을까?'
어떤 이미지들이 머릿속에 떠오르는지 지켜본다.

이상가, 예술가, 사업가, 교사, 지도자, 활동가, 정치가로
이루어진 평화로운 군단이 모두 함께 협력해서 새로운
세상을 만드는 모습을 상상한다.

우리 모두 같은 비전을 품고, 같은 꿈을 꾼다.

　　모두에게 이로운 세상을 만드는 것은 가능하다.

우리는 이 지구상에 존재하는 모든 사람을 먹이고, 재우
고, 보호하고, 교육할 기술과 능력이 있음을 안다. '모두
에게 이로운 세상을 창조하자'라는 이 간단한 목표에 초
점을 맞춘다.

함께 협력하는 것만이 유일한 해결책이며, 우리는 그 과
정에서 각자가 해야 할 몫이 있음을 알고 있다. 그렇다
면 당신의 몫은 무엇일까?

모두에게 이로운 세상을 상상한다.
그 세상은 어떤 모습인가?

그 세상을 만들기 위해 당신이 생각하는 **이상적인 장면**은 무엇인가?

그 꿈을 실현하기 위해 당신은 무엇을 할 수 있는가?

그 꿈을 강화할 수 있는 확신의 말은 무엇인가?

다음과 같은 말을 해볼 수 있다.

쉽고 편안하게, 건강하고 긍정적인 방식으로,

그 자체로 완벽한 시간에, 모두의 최고선을 위해

모든 사람과 협력하여

모두에게 이로운 세상을 만들고 있다.

그렇게 될 것이고 그렇다.

꿈 실현하기

수백만 명의 사람들이 이미 더 나은 세상을 만드는 꿈을 꾸고 있다. 이들은 이미 위대한 일을 하고 있다. 그러나 아직 해야 할 일이 너무나 많다. 그리고 우리 모두 무언가를 할 수 있다. 시간이 없거나 돈이 없다고 생각하더라도, 길을 걸을 때 주변에 있는 쓰레기를 주울 수 있다. 재활용에 동참할 수 있고, 다른 사람들을 친절하게 대할 수 있으며, 다른 사람들과 함께 협력하여 일할 수 있다.

더 나은 세상, 즉 모두에게 이로운 세상을 만들기 위해서
모두 무언가를 할 수 있다.

우리 앞에 놓인 대업은
두려움과 통제 욕구에 기반한 뿌리 깊은 지배 모델을
모든 인간, 모든 창조물에 대한
사랑과 존중에 기반한 새로운 삶의 방식,
새로운 파트너십 모델로 바꾸는 것이다.

그렇게 될 것이고 그렇다.

누구나 무언가를 할 수 있다. 그러니 지금, 오늘, 아니면 적어도 이번 주에 뭔가를 하자. 우리에게는 주어진 과제가 있다. 이 지구상에 존재하는 모든 이에게 주거, 음식, 교육을 제공하는 것이다. 모든 사람에게 안전과 기본적인 인권을 보장해 주어야 한다. 이는 전쟁을 종식해야 한다는 의미다. 전쟁은 인권을 심각하게 침해하기 때문이다. 비록 어려운 과제이지만 실현 가능하다. 우리는 오랫동안 그 기술을 갖고 있었다. 단지 우리에게 부족했던 것은 비전이었다. 이제 우리는 '모두에게 이로운 새로운 세상을 만들 수 있다'는 비전

도 갖고 있다.

당신은 이 세상을 좀 더 나은 곳으로 만들기 위해서 무엇을 하고 있는가? 우리 모두가 도움을 줄 수 있다. 부자이든 가난하든, 낙관주의자이든 비관주의자이든, 우리가 누구인지는 중요하지 않다. 어떤 대의를 지지하든, 우리의 정체성을 뭐라고 규정하든 상관없다. 보수적인지 진보적인지, 종교적인지 무신론자인지, 영적인지 실용주의적인지 상관없다. 우리는 모두 한 가족을 이루는 구성원이며, 이 세상에는 개선할 것이 많다는 데 모두 동의할 것이다.

나쁜 소식은 이 세상이 엉망이라는 것이다. 지구상에는 굶주리고, 집을 잃고, 전쟁으로 죽어가는 사람들이 있다. 너무나 많은 이들이 빈곤에 시달리고, 희망 없는 삶에 고통받고 있으며, 피할 수 있는 질병으로 죽어간다.

좋은 소식은 이런 불행을 해결하기 위해서 우리가 할 수 있는 일이 있다는 것이다. 우리 모두 자신의 삶은 물론 다른 사람의 삶을 개선하기 위해 무언가를 할 수 있다. 우리는 교우 관계와 가족 관계에서, 직장과 지역 사회에서, 우리 조국과 전 세계에서 놀라운 파트너십의 힘을 발견할 수 있다. 그 과정에서 우리가 자연과 영혼과도 멋진 협력 관계를 맺고 있음을 깨닫게 될 것이다.

모두에게 이로운 세상

모두에게 이로운 세상을 상상해 보자.

우리가 취할 수 있는 네 가지 조치가 있다.
그것은 꿈꾸고, 상상하고, 믿고, 창조하는 것이다.

모든 사람이 존중받고, 생명, 자유, 행복 추구라는 기본적인 인권이 보장되는 세상을 꿈꿔보자. 모든 사람이 주거와 먹을 것을 제공받고, 교육받을 권리를 누릴 수 있는 세상을 꿈꿔보자. 우리 모두가 꿈을 꾸고, 꿈꾸는 삶을 살도록 격려받는 세상을 꿈꿔보자.

우리의 꿈을 실현할 수 있는 수많은 방법, 무한한 가짓수의 방법을 상상해 보자.

이 모든 것이 가능하다는 사실을 믿어야 한다.

우리가 믿는 것은 이루어질 것이다.

꿈꿀 수 있다면, 분명하게 상상할 수 있다면, 그것을 창조할 수 있다.

우리는 모두 우리 앞에 놓인 대업을 마주하고 있다. 대업이란 우리 자신과 지구를 치유하고, 대대손손 지구상의 모든 생명을 지원하는 자급자족 시스템을 만들고, 모든 사람이 의식의 피라미드에서 가장 높은 차원인 교육과 자아실현의 영역에 도달하도록 돕는 일이다.

그렇게 될 것이고 그렇다.

99퍼센트를 위한 생각
(그리고 1퍼센트를 위한 생각)

이 중 일부는 우리가 이미 알고 있는 내용을 반복하는 것이지만, 우리의 행복에 꼭 필요한 내용이므로 반복할 가치가 있다.

아인슈타인의 명구를 기억해 보자. 그가 한 말이 유명한 이유는 그의 통찰이 모든 문제에 대한 해답이 될 만큼 뛰어나기 때문이다.

중대한 문제는 그 문제를 유발한 것과
동일한 수준의 사고로는 해결할 수 없다.

우리가 직면한 문제들을 유발한 사고의 수준은 무엇일까?

그것은 지난 3천여 년 동안 전 세계에 확고하게 뿌리내린 **지배자 모델**이다. 이는 두려움에 기반한 의식의 수준으로, 세상은 적대적이고 힘든 곳이며, 생존을 위해 주변의 적들과 싸워야 한다는 뿌리 깊은 신념에서 비롯된 결과다.

이 의식 수준은 끝없는 문제, 분노, 원한, 적대감을 만들고, 결국 폭력으로 이어질 때가 많다. 그리고 폭력은 더 많은 폭력으로 이어진다. 사람들이 더 높은 수준의 사고와 행동을 통해서 그러한 의식 수준을 깨지 않는 한, 우리는 서로를 향한 끝없는 폭력의 순환에 갇히게 된다.

분노는 문제를 해결하는 데 도움이 되지 않는다. 분노는 문제들을 야기한다. 타인을 악마화하는 것도 문제를 해결하는 데 도움이 되지 않는다. 타인의 악마화 역시 문제를 야기할 뿐이다. 두려움에서 나오는 모든 반응은 문제를 해결하기보다는 더 많은 문제를 만든다. 두려움에 사로잡힌 상태에서 내린 결정은 모두 나쁜 결정일 수밖에 없다.

문제에 대한 해결책을 찾는 것은 그리 어렵지 않다. 하지만 이를 실행하는 것은 상당히 어려운 일이다. 우리 자신과 우리를 둘러싼 세상에 대한 인식을 바꿔야 하기 때문이다. 두려움과 통제 욕구가 아닌, 사랑과 존중을 바탕으로 한 고도의 의식 수준으로 올라가야만 그 해결책을 찾을 수 있다. 모두가 존중받고, 서로 원하는 것과 마땅히 받아야 할 것을 얻을 수 있는 파트너십을 구축했을 때만 그 해결책을 찾을 수 있다.

우리는 앞서 예수의 말씀을 본 적이 있다. 그리고 앞으로도 계속 보게 될 것이다. 언젠가는 우리가 이 말대로 살아갈 수 있을지도 모른다.

내가 너희를 사랑한 것처럼 너희도 서로 사랑하여라.

1900년대 인도의 위대한 성자 중 한 사람인 라마나 마하르시Ramana Maharshi는 이 모든 것을 다음의 말로 요약했다.

모든 지혜의 끝은 사랑, 사랑, 사랑이다.

아주 간단하다. 서로를 사랑하라. 그것이 우리가 직면한 문제를 풀 수 있는 열쇠다. 우리가 모든 사람을 사랑과 존중의 마음으로 대할 때, 모든 인류에 대해 연민을 느낄 때, 우리가 직면한 전 세계적인 심각한 문제들을 해결할 방법을 찾을 수 있다.

내가 믿는 것

하늘과 땅에는 인간의 철학으로는 상상할 수 없는 훨씬 더 위대한 일이 많다고 믿는다.

나는 우리가 상상하는 것보다 우리가 훨씬 더 위대한 존재라고 믿는다.

나는 우리가 깨달음 못지않은, 더 위대한 목적을 위해 이곳에 존재한다고 믿는다. 그리고 그 목적을 달성하는 과정에서 지구에 사는 모든 이가 성장하여 평화롭고 풍요롭게 살 수 있는 세상을 만들 수 있도록 돕고자 한다.

나는 우리가 가장 위대한 정신적·육체적·영적인 강인함을 발견하는 때가 바로 고난의 시기라고 믿는다. 인간은 혼란의 시기에 영적인 길을 찾고, 우리를 안전, 평화, 빛으로 이끌기 위해 필요한 생각과 도구를 단련한다.

가장 힘겹고 어두운 시기에 우리는 영원한 내면의 평화를 찾는다.

나는 아인슈타인의 말에 동의한다. "인생을 사는 방식은 단 두 가지뿐이다. 하나는 기적이란 절대 없는 것처럼 사는 것이고, 다른 하나는 모든 것이 기적인 것처럼 사는 것이다. 그리고 나는 후자를 선택한다."

나는 모든 삶이 기적이라고 믿는다.

우리가 살고 있는 이 아름다운 지구는 기적과 같은 창조물이다. 우리의 삶은 기적이다.

당신의 삶, 현재, 오늘 매 순간이 기적임을 깨닫고 감사하는 것이 모든 순간을 밝히고 빛나게 만든다.

나는 우리가 대자연의 어머니인 지구를 보호하고 돌보기 위해서 이곳에 있다고 믿는다. 지구가 앞으로 수천 년 동안 대대손손 풍요롭고 아름다울 수 있도록 말이다.

나는 전쟁은 살인이며, 살인은 불법이라고 믿는다. 따라서 생명,

자유, 행복 추구라는 기본적인 인권을 존중하는 모든 국가는 전쟁을 불법으로 규정해야 한다.

나는 파트너십과 협상의 힘을 믿는다.

서로에 대한 사랑과 존중,
그리고 지구에 대한 사랑과 존중을 바탕으로
협력하여 함께 일하는 법을 배울 때
우리가 직면한 문제들을 해결할 방법을 찾을 수 있다.

나는 깨달음을 얻고 인류의 진화를 달성할 열쇠가 여기에 있다고 믿는다.

우리는 우리 자신을 포함한
모든 사람을 사랑하고 섬기기 위해서,
그리고 모두가 각자의 꿈을
실현하도록 돕기 위해서 이곳에 있다.

그렇게 될 것이고 그렇다.

요약

    모든 것을 단순하게 유지하고, 최대한 쉬운 말로 간결하게 표현하는 것에는 큰 가치가 있다. 이 장의 내용을 요약하면 다음과 같다.

    최대한 서로를 사랑한다. 적어도 우리 모두 인간이고, 존중받아야 하는 존재임을 깨달아야 한다. 우리 모두의 의견은 존중받아야 한다. 우리는 모두 생명과 자유를 누릴 권리와 행복을 추구할 권리가 있다.

인간의 삶에서 중요한 것이 세 가지 있다.
첫 번째는 친절이다. 두 번째도 친절이다.
그리고 세 번째도 친절이다.

― 헨리 제임스Henry James

    최대한 협력해서 살아가고 일해야 한다. 그 결과는 충분히 그럴 만한 가치가 있기 때문이다. 우리가 협력해서 일할 때 나오는 천재성, 힘, 마법을 통해서 우리는 모두에게 이로운 세상을 만들 수 있다.

만일 보편적 자선이 우세한다면
이 세상은 천국이 될 것이고, 지옥은 우화가 될 것이다.

― 찰스 콜튼Charles Colton

우리는 모두 금전적인 도움이 아니더라도 무언가를 줄 수 있다. 약간의 시간을 내어줄 수도 있다. 그리고 거의 모두가 아주 조금이나마 금전적으로도 도움을 줄 수 있다. 수백만 명의 사람들이 기부한 작은 금액이 모여서 변화를 만들 수 있는 강력한 힘이 된다.

우리는 문제의 일부가 아니라 해결책의 일부가 될 수 있다. 당신은 무엇을 할 수 있는가? 무한한 선택지들이 있다. 그리고 모든 사람에게 이로운 세상을 만드는 데 기여하는 것보다 더 보람 있는 일은 없을 것이다.

지상낙원을 만드는 마법의 열쇠

모두에게 이로운 세상을 꿈꿀 때, 우리는 필연적으로 일종의 유토피아를 건설하는 꿈을 꾸게 된다. 과거에 제시된 많은 유토피아적 이상에는 중대한 결함이 있었다. 그것은 외부의 변화가 적절하게 이루어지면 이상적인 사회를 만들 수 있으리라는 믿음이다.

유토피아적 이상은 그 이상을 실현하기 위해 필요한 외부 작업에 중점을 둔다. 그러나 가장 중요한 작업은 외부가 아닌 내부에서 이루어져야 한다는 사실을 깨닫기 전까지는 어떤 유토피아적 사회도 만들어지지 않을 것이다.

이 마법의 열쇠는 새로운 것이 아니다. 위대한 영국 작가 존 밀턴

John Milton은 무려 3백 년 전 강력하고 간단한 말로 이를 표현했다.

> 마음은 자신의 터전으로,
> 그 자체로 지옥 속에서 천국을 만들 수도 있고,
> 천국 속에서 지옥을 만들 수도 있다.

지상낙원에 이르는 마법의 열쇠는 내면, 즉 우리의 마음 안에서 찾을 수 있다. 기독교 전통에서 교육받고 자란 우리는 다음의 말을 수없이 들어왔다.

> 천국은 너희 안에 있다.

평화, 고요, 행복, 성취 등 지상낙원에 이르는 길은 무수히 많다. 그 길 하나하나가 각자의 방식으로 그 열쇠가 우리 안에, 우리의 마음과 이성에 있음을 보여준다. 우리의 마음은 대업을 지속하기 위해 필요한 조치가 무엇인지 알고 있으며, 더 높고 명확한 의식 수준으로 진화하여 궁극적으로 자아실현, 내면의 평화, 빛에 이르게 된다.

그렇게 될 것이고 그렇다.

평안하게 잘 지내기를.

마법의 구절

이 구절들을 복사해서 벽에 붙여둬라. 복사한 구절들을 휴대하고 다니거나 자신에게 이메일로 보내라.

이 구절 전부는 아니더라도 몇 개만이라도 암기해라. 당신의 마음, 정신, 영혼을 울리는 구절 하나를 고르고 반복해서 외우면 잠재의식에 깊이 새겨질 것이다.

당신의 광대하고 강력한 잠재의식에
이 말들이 새겨질 수 있도록 가능한 모든 일을 한다.

그러고 나서 진정으로 마법과 같은 기적적인 결과와 마주할 준비를 하라.

그렇게 될 것이고, 그렇다.

영혼이 매 순간 우리의 생각과 말 행동을
이끌어 주게 해주소서.

그러면 기적이 기적을 부르고
경이로운 일이 결코 끊이지 않을 것이다.
이는 우리의 모든 바람이
모두의 최고선을 위한 것이기 때문이다.

어떤 위대한 목적이나 멋진 계획에 깊은 영감을 받으면
모든 생각이 제약을 벗어나고, 마음은 한계를 초월하고,
의식은 사방으로 확장된다.
그리고 당신은 새롭고 위대하고 멋진 세상에 있는
자신을 발견하게 될 것이다.

내면에 잠재되어 있던 활력, 능력, 재능이 되살아나고
당신은 이제껏 꿈꾸던 것보다 자신이
훨씬 더 훌륭한 사람임을 깨닫게 된다.
— 파탄잘리

언제나 창조라는 신비의 과정은 존재한다.

우리는 그것을 다양한 이름으로 부른다.

이 과정이 어떻게 역사하는지 결코 이해할 수는 없겠지만,

의식적으로 그것을 작동시킬 수는 있다.

마법과 같은 창조에 필요한 도구는

우리의 꿈과 상상력이 전부다.

생명의 에너지

모든 사람의 내면에는

삶의 과정을 통제하고 방향을 지시해 주는 힘이 있다.

올바르게 사용하면 그 힘은 우리가 겪게 될

모든 고통과 질병을 치유할 수 있다.

— 이스라엘 레가디 《진정한 치유의 기술》

구하여라, 받을 것이다.

찾아라, 얻을 것이다.

문을 두드려라, 열릴 것이다.

누구든지 구하면 받고, 찾으면 얻고,

문을 두드리면 열릴 것이다.

— 마 7:7-8

외부에서 일어나는 일에 관심을 갖는 만큼,

자신의 내면에서 일어나는 일에도 관심을 가져라.

내면을 올바로 인식하면,

외부도 제자리를 찾을 것이다.

내면의 현실이 먼저이고, 외부의 현실은 그다음이다.

— 에크하르트 톨레《지금 이 순간을 살아라》

쉽고 편안하게, 건강하고 긍정적인 방식으로,

그 자체로 완벽한 시간에, 모두의 최고선을 위해서

나는 매일 모든 면에서 나아지고 있다.

나는 치유의 에너지로 가득 차 있다.

나는 치유되었고, 온전하다.

나는 있는 그대로 완벽하다.

나는 두 눈을 감고 빛의 장을 본다.

그리고 그 빛과 생명이 내 몸속 모든 세포에 스며들어

영양분을 공급하고 치유하는 것을 느낀다.

나는 그 빛과 생명, 사랑이

나이고, 현재이며, 영원히 내 모습임을 안다.

아멘.

<hr />

완전히 만족스럽고 조화로운 방식으로

모두의 최고선을 위해서

이것 혹은 이보다 나은 것이

곧 실현될 것이다.

그렇게 될 것이고 그렇다.

<hr />

말씀은 한처음 천지가 창조되기 전부터

하느님과 함께 계셨다.

그 안에 생명이 있었으니

이 생명은 사람들의 빛이어라.

— 요 1:4

마음은 틀을 짜고 만드는 힘이다.

사람은 곧 마음이며,

생각을 도구 삼아 원하는 것을 빚고,

천 가지 기쁨과 천 가지 불행을 낳는다.

우리가 은밀히 생각하는 것은 그대로 현실이 된다.

우리의 세계는 우리를 비추는 거울에 불과하다.

— 제임스 앨런 《당신이 생각한 대로》

나는 인생이 기쁨이라는 꿈을 꿨다.

나는 잠에서 깨어나 인생은

봉사라는 것을 깨달았다.

그래서 나는 행동으로 옮겼고

봉사가 즐거움이라는 것을 알게 됐다.

— 라빈드라나트 타고르 Rabindranath Tagore

나는 돈 관리를 현명하게 잘할 수 있다.
나는 쉽고 편안하게, 건강하고 긍정적인 방식으로,
그 자체로 완벽한 시간에, 모두의 최고선을 위해
재정적으로 성공할 것이다.

나는 멋진 사람들과 멋진 방식으로
멋진 일을 하면서 충분한 보수를 받을 것이다.

나는 모두가 함께 누릴 수 있는
평화롭고 풍요로운 세상에 살고 있다.
나는 이 세상을 모두에게 유익한
세상으로 만드는 데 기여할 것이다.
이 신성한 지구에 사는 모든 이가
자고, 먹고, 치유받고, 교육받음으로써
그들이 바라는 가장 원대한 꿈을 이룰 수 있도록 말이다.

자연은 나를 가르치고 인도하며
삶을 살아가는 방법을 알려준다.
자연은 산처럼 강력하고 태양처럼 생명을 주는 존재로서
자아를 온전히 실현하는 방법을 알려준다.

치유의 에너지를 가진 영혼이 매 순간 나를 통해 흐른다.
나는 그 영혼의 안내를 받아 매 순간 신의 뜻을 행한다.
나는 삶에 아무런 저항도 하지 않으며,
있는 그대로 만족하고,
은총, 평화, 빛으로 가득 차 있다.
매 순간 나는 나의 존재를 느낀다.
이것이 깨달음이다.

모든 지혜의 끝은 사랑, 사랑, 사랑이다.
— 라마나 마하르시

인생을 사는 방식은 단 두 가지뿐이다.
하나는 기적이란 절대 없는 것처럼 사는 것이고,
다른 하나는 모든 것이 기적인 것처럼 사는 것이다.
그리고 나는 후자를 선택한다.
— 알베르트 아인슈타인

모든 창조는 영적 충동에서 시작하여
생각이 되고, 그다음에는 감정이 된다.
생각과 감정을 집중할 때
빚어지는 결과물이 물리적 창조다.

나는 너희에게 새 계명을 주겠다.
내가 너희를 사랑한 것처럼 너희도 서로 사랑하여라.
— 예수

사랑으로 당신의 꿈에 집중하면,

그 꿈이 곧 실현될 것이다.

머지않아 당신은 몇 년 전까지만 해도

실체 없이 꿈에 불과했던 세상에서 살게 될 것이다.

나는 내 마음대로 쓸 수 있는

전능함과 영원함을 갖고 있다.

― 엘리파스 레비

공간, 바람, 조수, 중력을 이용한 후

언젠가는 신을 위해서

사랑의 힘을 이용하게 될 날이 올 것이다.

바로 그날, 인류는 세계사에서 두 번째로

불을 발견하게 될 것이다.

― 테야르 드 샤르댕

———— ·•· ————

쉽고 편안하게, 건강하고 긍정적인 방식으로,
그 자체로 완벽한 시간에, 모두의 최고선을 위해서
나는 기도한다.

치유의 에너지를 가진 영혼이 매 순간 나를 통해 흐른다.
나는 영혼의 안내를 받아 신의 뜻을 행한다.
나는 삶에 아무런 저항도 하지 않으며,
있는 그대로 만족하고
은총, 평화, 빛으로 가득 차 있다.
이것이 깨달음이다.

———— ·•· ————

쉽고 편안하게, 건강하고 긍정적인 방식으로,
그 자체로 완벽한 시간에, 모두의 최고선을 위해
나는 내가 꿈꿔온 삶과 세상을 만들어 가는 중이다.

우리는 모두에게 이로운 세상을 만들기 위해
다 함께 협력하며 살아간다다.

그렇게 될 것이고, 그렇다.

부록 — 마법의 구절

쉽고 편안하게, 건강하고 긍정적인 방식으로,
그 자체로 완벽한 시간에, 모두의 최고선을 위해서
나는 기도한다.

나의 결혼생활, 가정생활, 혼자 보내는 시간은
은총, 평화, 빛으로 채워진다.
나는 가족과 친구들과 함께할 시간이 충분하며
나 자신을 위한 치유의 시간도 충분하다.

그렇게 될 것이고 그렇다.

당신은 지배적인 열망만큼 위대해질 것이다.
마음속에 비전과 높은 이상을 품으면
그것을 실현하게 될 것이다.
― 제임스 앨런 《당신이 생각한 대로》

───────◆───────

삶에 저항하지 않는 것은
은총과 평화와 빛 속에 존재하는 것이다.
— 에크하르트 톨레《지금 이 순간을 살아라》

───────◆───────

신의 빛이 나를 에워싸고
신의 사랑이 나를 감싸안고
신의 힘이 내 안에 흐른다.
내가 어디에 있든 신이 함께하시므로
모든 것이 잘될 것이다.

신의 빛이 우리를 에워싸고
신의 사랑이 우리를 감싸안고
신의 힘이 우리 안에 흐르고,
우리를 치유하고 보호한다.
우리가 어디에 있든 신이 함께하시므로
모든 것이 잘될 것이다.

원하는 것을 분명하게 상상할 수 있다면,
쉽고 편안하게, 건강하고 긍정적인 방식으로,
그것은 실현될 것이다.
당신이 꿈꾸는 삶을 분명하게 상상해 보자.

사랑이 해답이고 사랑이 열쇠다.
사랑은 모든 문을 열어
우리가 볼 수 있게 해준다.
우리의 마음속에는 비밀이 있고,
그것은 우리를 자유롭게 해준다.
우리에게 필요한 것은 사랑뿐이다.

우리는 생명 에너지로 이루어진 창조물이다.
끊임없는 환희와 갈등의 혼합체이며
우주가 존재하는 한
은하계의 낮과 밤을 통해 영원히 살아간다.

빅뱅의 시작부터 블랙홀의 소멸까지
우주 창조의 차원에서는 단 하루에 불과하다.
우리는 영원히 살 것이며,
별과 같은 물질로 이루어져 있고,
끊임없이 성장하고 변화하며
이 생에서 태어나고, 저 생에서 태어나
지금의 모습을 다음의 모습으로 바꾸는
영원한 창조의 영원한 일부다.
우리는 신성한 계시의 본질적인 일부다!

⸻ ◆ ⸻

당신에게는 훌륭한 창조력이 있다.
이를 통해 삶에서 가장 원대한 꿈을 실현하고
진정한 목적을 달성하며,
자신과 다른 사람들이 인간 의식의 피라미드에서
자아실현과 성취를 향해 올라가도록 도울 수 있다.

⸻ ◆ ⸻

네가 무엇을 결정하면
이루어질 것이요.
네 길에 빛이 비치리라.

— 욥 22:28

오늘은 어제 우리가 한 생각의 산물이고,
현재의 생각이 내일의 삶을 만든다.
우리의 삶은 마음의 창조물이다.
—《법구경》

기도는 원하는 결과를 도출할 수 있도록
우리의 마음을 신의 마음에 다다르게 하는 것이다.
— 어니스트 홈즈

그대는 그대가 되고자 하는 사람이 될 것이다.
실패는 '환경'이라는 보잘것없는 변명을 내세우며
거짓된 만족감을 느끼지만,
영혼은 이를 경멸하며 환경으로부터 자유롭다.

영혼은 시간을 지배하고, 공간을 정복하며,
'운'이라 불리는 거만한 협잡꾼을 물리치고,
'상황'이라 불리는 독재자를 권좌에서 몰아내어
하인으로 삼는다.

영혼의 자녀인 '의지'는 눈에 보이지 않지만,
단단한 돌벽이 그 앞을 가로막는다 해도
벽을 뚫고 길을 내어 목표를 향해 나아갈 수 있다.

일이 지연된다고 조급해하지 말고
깨우친 사람처럼 기다려라.
영혼이 깨어나 명령을 내리면,
신들은 기꺼이 따를 준비가 되어 있으리니.
— 엘라 휠러 윌콕스

———————•———————

모든 역경 속에는 그 아픔에 상응하는,
혹은 그보다 더 큰 유익한 씨앗이 들어 있다.
모든 문제 안에는 기회가 있다.
심지어 인생의 실패 속에서도
우리는 큰 선물을 발견할 수 있다.
— 나폴레온 힐과 《바가바드 기타》의 영감을 받음

첫째, 현실을 명확하게 판단한다.

둘째, 상황이 전개되기를 바라는 방향 혹은

표현하고 싶은 가치가 무엇인지 분명히 파악한다.

셋째, 우리 자신 혹은 상황을

그 방향으로 움직이는 데 필요한 조치를 취한다.

― 조애나 메이시Joanna R. Macy, 크리스 존스톤Chris Johnstone의 《액티브 호프》

내면의 마법사를 상상할 때,

당신은 우주의 창조력을 불러와

당신이 하고자 하는 일을 실행시킨다.

종교에서는 번뜩이는 깨달음의 순간을

변하지 않는 영원한 빛으로 바꾸는 것이

인간에게 주어진 기회라고 가르친다.

― 휴스턴 스미스

눈에 보이는 물리적인 모습과
분리된 형상들의 차원 아래에서
당신은 존재하는 모든 것과 하나다.
― 에크하르트 톨레《지금 이 순간을 살아라》

나는 몽상가이자 마법사다.
나는 지금 쉽고 편안하게, 건강하고 긍정적인 방식으로,
그 자체로 완벽한 시간에, 모두의 최고선을 위해서
내가 꿈꾸는 삶을 창조하고 있다.

내 결혼생활과 가정생활은
은총, 평화, 빛으로 가득 차 있다.

그렇게 될 것이고, 그렇다.

부록 ― 마법의 구절

가족이 존재하는 이유는 무엇인가?

서로를 보호하고 지지하기 위해서
동반자가 되기 위해서
서로 존중하고, 사랑하고, 서로의 말에 귀 기울이기 위해서
행복하고 유익한 기운을 북돋기 위해서
그리고 모두가 큰 꿈을 펼칠 수 있도록 돕기 위해서

현재의 순간에 감사하면서
지금 충만한 삶을 사는 것이야말로 참된 행복이다.
— 에크하르트 톨레《지금 이 순간을 살아라》

우리는 결코 창조의 에너지를 이해할 수 없지만,
그 에너지를 활성화할 수는 있다.
그다음 편안하게 앉아서
그 모든 것의 신비와 장엄함에 경탄하게 될 것이다.

작은 계획들은 세우지 마라.

그것들은 당신의 피를 끓게 하는 마법을 부리지 못한다.

큰 계획을 세워라.

원대한 목표를 세우고 노력해라.

— 다니엘 번햄

나는 매 순간 영혼의 안내를 받는다.

나는 영혼의 안내를 받아 나의 소명,

천직을 찾고 성취할 것이다.

나는 영혼의 안내를 받아 잠재력을 발휘하고

내가 꿈꾸는 삶을 실현할 것이다.

그렇게 될 것이고 그렇다.

당신이 상상할 수 있는 가장 높고 멋진 삶을

과감하게 꿈꾸고, 확신하라.

오늘 우리의 생각과 기도가 미래의 삶을 결정한다.

모두를 먹이고, 재우고, 교육하는 것이 가능한 세상,
모두에게 이로운 세상을 창조하는 것이
가능하다는 꿈과 비전을 마음속에 품어라.
이것이 우리 앞에 놓인 '대업'이다.

모든 것은 환상이며 있는 그대로 완벽하다.
좋든 일이든 나쁜 일이든,
우리가 그것을 받아들이든 거부하든 아무런 상관이 없다면
한바탕 웃음을 터뜨릴 수 있을 것이다.
— 롱첸빠《정신의 국가적 자유The National Freedom of Mind》

사려 깊고 헌신적인 소수가
세상을 바꿀 수 있다는 사실을 절대 의심하지 말아라.
실제로 이 세상은 그러한 소수에 의해 변화해 왔다.
— 마거릿 미드

만일 보편적 자선이 우세한다면
이 세상은 천국이 될 것이고, 지옥은 우화가 될 것이다.
— 찰스 콜튼

인간의 삶에서 중요한 것이 세 가지 있다.
첫 번째는 친절이다.
두 번째도 친절이다.
그리고 세 번째도 친절이다.
— 헨리 제임스

마음은 자신의 터전으로,
그 자체로 지옥 속에서 천국을 만들 수도 있고,
천국 속에서 지옥을 만들 수도 있다.
— 존 밀턴

쉽고 편안하게, 건강하고 긍정적인 방식으로,

그 자체로 완벽한 시간에, 모두의 최고선을 위해서,

모든 사람과 협력하여 모두에게 이로운 세상을 만들고 있다.

부차적인 근원에서 온 행복은 결코 깊지 않다.

당신이 아무런 저항 없는 상태에 들어갔을 때

내면에서 선명하게 느끼는 평화와 존재의 기쁨에 비하면,

그것은 희미한 그림자에 불과하다.

존재는 당신을 마음의 양극 너머로 데려가서

눈에 보이는 형상에 의존하는 당신을 자유롭게 해방시켜 준다.

설령 주위의 모든 것이 붕괴되고 무너지더라도

당신은 여전히 깊은 내면의 평화를 느낄 것이다.

행복하지 않을지라도

당신은 여전히 평화로울 것이다.

— 에크하르트 톨레 《지금 이 순간을 살아라》

우리는 하나의 생명 에너지이며,
자신의 삶은 물론 온 세상을 변화시키고
모든 이에게 이로운 세상을 창조할
마법사, 이상가, 예술가, 기업가, 사업가,
교사, 지도자로 이루어진 군단이다.
우리는 쉽고 편안하게, 건강하고 긍정적인 방식으로,
그 자체로 완벽한 시간에, 모두의 최고선을 위해서
모두에게 이로운 세상을 만들어 가고 있다.

그렇게 될 것이고, 그렇다.

평안하게 잘 지내기를.

많은 이들의 도움이 없었다면 이 책은 세상에 나올 수 없었다. 나를 마법의 길로 이끈 것은 이스라엘 레가디의 소책자《진정한 치유의 기술》이었다. 또한 세키다 가츠키 덕분에 멋진 선의 세계에 입문했으며 그의 저서《두 개의 선 고전》을 통해서 나를 짓누르던 불안, 의구심, 공포에서 헤어 나올 수 있었다. 그리고《상위의식에 대한 안내서 Handbook to Higher Consciousness》의 저자 켄 키스 주니어 Ken Keyes Jr.와의 워크숍을 통해서 나의 수많은 뿌리 깊은 믿음을 고찰하고 바꾸는 방법을 찾을 수 있었다.

제임스 앨런의《당신이 생각한 대로》덕분에 나만의 강좌를 개설할 수 있었다. 또한 과거 '실바 마인드 컨트롤 Silva Mind Control'(현재는 그것보다 훨씬 멋진 이름인 실바 마인드 바디 힐링 Silva Mind Body Healing으로 변경되었다.)이라는 명칭의 주말 강좌 덕분에 이 책에 포함된 내적 안식처와 내적 안내자와 같은 몇몇 마법의 도구를 창안할 수 있었다.

비전과 조언을 제시해 준 버크민스터 풀러, 리안 아이슬러, 바바라 막스 허버드에게도 감사의 말을 전한다. 나는 그들 덕분에 모두에게 이로운 세상을 창조하는 것이 절대 불가능한 일이 아님을 깨달았다.

편집 작업을 훌륭하게 해준 크리스틴 캐시먼과 마크 콜루치에게도 감사의 말을 전한다. 그들의 노력 덕분에 이 책이 훨씬 더 멋진 모습으로 세상에 나올 수 있었다. 이 책을 출판하고 세상에 나오기까지 모든 노력을 기울여 준 뉴월드라이브러리와 퍼블리셔 그룹 웨스트의 모든 임직원에게도 진심 어린 감사의 말을 전하고 싶다.

마지막으로 변함없는 사랑과 지지를 보내주고, 이 작업을 수행하는 데 필요한 시간과 공간을 허락해 준 아내 오릴렌에게도 고맙다는 말을 전한다. 그리고 늘 내게 넘치도록 많은 것을 주는 아들 카이에게도 고마움을 전하고 싶다(네가 나중에 사랑하는 자식이 생기면 이 말의 의미를 이해하리라 생각한다).

열린 마음으로 이 책을 흔쾌히 읽어줄 독자와 내 강좌를 들었던 모든 수강생에게 이 책을 바친다. 사랑과 관심, 무엇보다도 기적과 같은 이야기의 마르지 않는 샘의 원천인 그대들에게 심심한 감사의 말을 전한다.

한미선

서울여자대학교 문헌정보학과 졸업 후 이화여자대학교 통번역대학원 박사학위를
취득하였다. 현재 번역에이전시 엔터스코리아에서 출판 기획 및 전문 번역가로 활동
하고 있다. 역서로는 《낭비》, 《호흡 그리기》, 《모두를 움직이는 힘》, 《지워진 기억을
쫓는 남자》, 《사랑과 기도를 담아서》, 《하룻밤에 읽는 심리학》 등이 있다.

백만장자 명상법

1판 1쇄 인쇄 2024년 8월 20일
1판 1쇄 발행 2024년 8월 28일

지은이 마크 앨런
옮긴이 한미선

발행인 양원석 **책임편집** 이아람
디자인 남미현, 김미선 **영업마케팅** 양정길, 윤송, 김지현, 정다은, 박윤하

펴낸 곳 ㈜알에이치코리아
주소 서울시 금천구 가산디지털2로 53, 20층 (가산동, 한라시그마밸리)
편집문의 02-6443-8855 **도서문의** 02-6443-8800
홈페이지 http://rhk.co.kr
등록 2004년 1월 15일 제2-3726호

ISBN 978-89-255-78471-4 (03190)